最新果樹園芸学

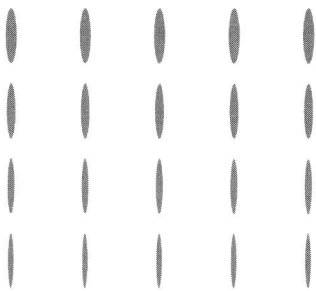

水谷房雄　平塚　伸　伴野　潔　久保田尚浩
石井孝昭　若菜　章　片岡郁雄　米森敬三
　　　　久保康隆　山田　寿
　　　　　　　　著

朝倉書店

執 筆 者

水谷 房雄（みずたに ふさお）	愛媛大学農学部教授
平塚 伸（ひらつか しん）	三重大学生物資源学部助教授
伴野 潔（ばんの きよし）	信州大学農学部助教授
久保田 尚浩（くぼた なおひろ）	岡山大学農学部教授
石井 孝昭（いしい たかあき）	京都府立大学大学院農学研究科教授
若菜 章（わかな あきら）	九州大学大学院農学研究院助教授
片岡 郁雄（かたおか いくお）	香川大学農学部教授
米森 敬三（よねもり けいぞう）	京都大学大学院農学研究科教授
久保田 康（くぼた やすし）	岡山大学農学部助教授
山田 寿（やまだ ひさし）	愛媛大学農学部助教授

(執筆順)

序

　果樹園芸学は他の多くの農学の分野と同じく応用科学である．この「応用」には二重の意味がある．ひとつは基礎科学の果樹園芸学への応用であり，もうひとつは果樹園芸学の果樹栽培への応用である．基礎科学の進歩によって，応用科学も発展をとげる．近年，基礎科学の発展は著しく，その知識や技術が果樹園芸学の分野にも取り入れられてきている．それらの進歩が果樹栽培の発展につながることを期待したい．果樹園芸の興隆は栽培技術の革新によるだけではなく，社会の経済的，文化的影響を受けることが大きい．医食同源といわれるが，最近，人間の健康面から果実の機能性に注目が集まっている．また，食の安全性や環境保全に対する関心から果樹栽培が環境に与える負荷の軽減に関心が向けられている．世界はますますグローバリゼーションが進んでいる．アメリカ合衆国に輸出された'二十世紀'ナシ果実の素晴らしさにニューヨーカーたちは驚き，「オリエンタルマジック」と称したという．日本で育成されたリンゴの品種'ふじ'は今や世界的な評価を受けている．日本は明治以来，果樹園芸の分野においても，ヨーロッパ，アメリカからの情報収集に終始してきたが，今後は日本から世界へと情報を発信しなければならないのではないだろうか．

　本書は1978年の『果樹園芸学』，1991年の『新果樹園芸学』の後を受けて，企画されたものである．前二著はこれまで大学・短期大学の農学部や農業大学校の教科書や参考書として好評のうちに利用されてきた．本書を企画するにあたっては，前著と構成をほぼ同じくしたものの，それぞれの章の担当者には，この十数年の間に明らかにされた最新の知見を織り込んで執筆するようにお願いした．

　本書の刊行にあたり，京都大学名誉教授杉浦明先生には貴重なご助言を頂いた．また，編集・校正に多大の労をわずらわした朝倉書店には心からお礼申し上げる．

2002年9月

著者代表　水　谷　房　雄

目　　次

1. 果樹園芸の特徴と最近の動向 ……………………〔水谷房雄〕… 1
　1.1　果樹園芸の特徴 ………………………………………………… 1
　1.2　果樹園芸の最近の動向 ………………………………………… 3

2. 環境と果樹の生態 …………………………………〔水谷房雄〕… 15
　2.1　気 候 条 件 ……………………………………………………… 15
　2.2　地理的，地形的条件 …………………………………………… 26
　2.3　土 壌 条 件 ……………………………………………………… 28
　2.4　生物的条件 ……………………………………………………… 29

3. 果樹の種類と品種 …………………………………〔平塚　伸〕… 33
　3.1　果樹の分類 ……………………………………………………… 33
　3.2　果樹の主要品種 ………………………………………………… 38

4. 繁殖と育種 …………………………………………〔伴野　潔〕… 58
　4.1　果樹の繁殖 ……………………………………………………… 58
　4.2　果樹の育種 ……………………………………………………… 69

5. 開園と栽植 …………………………………………〔久保田尚浩〕… 82
　5.1　園地の整備 ……………………………………………………… 82
　5.2　栽植の様式 ……………………………………………………… 85
　5.3　栽植の方法 ……………………………………………………… 86
　5.4　矮 化 栽 培 ……………………………………………………… 89
　5.5　施 設 栽 培 ……………………………………………………… 94

6. 水分生理と土壌管理 〔石井孝昭〕… 99
- 6.1 水分生理 … 99
- 6.2 土壌管理 … 107

7. 樹体栄養と施肥 〔水谷房雄〕… 119
- 7.1 果樹の栄養特性 … 119
- 7.2 樹体の構成成分 … 120
- 7.3 樹体栄養に及ぼす諸要因 … 122
- 7.4 施肥 … 125
- 7.5 光合成と光合成産物の動態 … 132

8. 整枝・せん定 〔若菜 章〕… 138
- 8.1 整枝・せん定の意義と目的 … 138
- 8.2 せん定に関する樹体各部の名称と役割 … 139
- 8.3 せん定の時期と方法 … 140
- 8.4 整枝の方法 … 142
- 8.5 結果習性とせん定 … 146
- 8.6 樹の性質と整枝・せん定 … 150
- 8.7 主要果樹のせん定 … 152

9. 花芽形成と開花・結実 〔片岡郁雄〕… 157
- 9.1 果樹の生育相と生殖生長 … 157
- 9.2 花芽形成の過程と要因 … 158
- 9.3 受精による種子形成と結実 … 163
- 9.4 受精に影響する要因 … 165
- 9.5 単為結果 … 169
- 9.6 単為生殖と多胚性 … 171
- 9.7 生理的落果 … 172
- 9.8 隔年結果 … 174

10. 果実の発育と成熟 ……………………………〔米森敬三〕… 177
　10.1　果実の発育 ……………………………………………… 177
　10.2　果実の成熟 ……………………………………………… 187

11. 収穫後の果実の取り扱い …………………〔久保康隆〕… 195
　11.1　収穫後の果実生理 ……………………………………… 195
　11.2　流通と貯蔵の技術 ……………………………………… 207

12. 生理障害・自然災害・病虫害 ………………〔山田　寿〕… 218
　12.1　生 理 障 害 ……………………………………………… 218
　12.2　自 然 災 害 ……………………………………………… 222
　12.3　病 虫 害 ………………………………………………… 226

索　　引 ………………………………………………………… 235

1. 果樹園芸の特徴と最近の動向

　果樹園芸は野菜（蔬菜）園芸および花卉園芸と並んで，園芸分野の重要な部分を構成している．園芸は英語では horticulture といい，ラテン語の *hortus* + *cultūra*（英語 garden + cultivation）から由来しており，日本語に直訳すれば「庭を耕す」という意味である．庭は家の近くにあり，多種の植物が植えられ，よく手入れがなされているのが特徴である．この集約性が，穀類などの作物生産に比べて，園芸におけるきめの細かい栽培技術の開発を促し，品種・系統や作型の多様性をもたらしてきたといえる．資材，対象，空間，目的などに由来する施設園芸，種苗園芸，都市園芸，ベランダ園芸，趣味の園芸などの分野や言葉が生まれてきた．

　果樹園芸は文字通り木本作物の果実を対象にしているから，同じ果実でも草本性作物の果実（イチゴ，トマト，ナスなど）は取り扱わない．通常，これらは野菜園芸で取り扱われる．また，果実に着目した果実科学（fruit science）というカテゴリーの学問分野も可能であり，そこでは果実をつけるすべての作物が対象となるが，本書では樹になる果実（tree fruits）だけを対象にする．

　最近，農業のもつ多面的機能や食品のもつ機能性が注目を集めてきており，果樹園芸でも環境保全や人間の健康面とのかかわりが論議されるようになってきた．たとえば，環境に与える負荷の少ない環境保全型果樹栽培や，機能性食品としての果実の働きなどに関心が寄せられている．また，国際化（グローバリゼーション）の時代となり，果樹園芸における物の流れや情報の流れも全世界を視野に入れなくてはならなくなった．

1.1　果樹園芸の特徴

a.　果実を収穫する永年性木本作物

　果樹は果実を最終的な収穫物とする永年性の木本作物である．したがって，1本の樹の中に，栄養生長器官（葉芽，葉，枝条，根など）と生殖生長器官（花芽，花，果実など）が，生育段階に応じて同時に存在し，相互に影響を及ぼしあう．それが単年だけではなく，引き続き後年にも影響を与えるから，栄養生長と

生殖生長のバランスをとる栽培技術が最も大切になる．また，林業における木材生産とは違って毎年収穫物としての果実を樹から採取するので，栄養を補完する意味での施肥管理が重要である．

b. 広い面積と立体的空間の利用

永年性木本作物であり，1本の樹でも年とともに立体的に大きくなる．いったん植え付けられると，そこで一生を完結することになる．太陽は東から昇り西に沈むので，樹が大きくなればなるほど，南面の陽の当たる部分と北面の日陰の部分ができてくる．果樹の葉は光合成をしているから，樹全体に太陽光をまんべんなく当て，農薬も樹全体にむらなく散布できるように，また管理作業が容易にできるように整枝・せん定が行われる．また，営利的な果樹園では通常多数の果樹が1カ所に植えられるので，単位面積当たりの栽植本数が問題になる．年を経るにつれて樹が大きくなるから，樹齢によって最適栽植本数は変わることになる．あらかじめ最終的な樹の大きさを考慮して栽植を行う粗植栽培に対して，樹齢に応じた最適栽植本数を維持していく計画密植栽培がある．後者では，植え付け当初から収量が上がり，投下資本の早期回収が可能である．

c. 適地適作とそれに合った栽培技術

1年生作物とは違って，果樹は永年性作物であるから，植え付けると長い場合には何十年もその土地を占有することになる．品質のよい果実が連年収穫されないと，投下資本の回収や利潤の確保が不可能になる．したがって，果樹の種類や品種の選定にあたっては適地適作の徹底が必要である．そのうえ，それらに合った栽培技術が伴う必要がある．せっかく適地適作であっても，栽培技術が合わないと失敗することがある．明治維新以降，ヨーロッパの果樹を導入して日本で栽培を試みたが，ほとんど失敗した．かの地と日本の気候風土が違っていたからである．そのような中でも，現在，岡山県を中心として温室で栽培されるヨーロッパブドウ（*Vitis vinifera* L.）'マスカット・オブ・アレキサンドリア'は，露地での栽培がうまくいかず，施設栽培の導入によって成功した事例である．

d. 台木と穂木の複合体

果樹の繁殖はほかの作物と違って，ほとんどの場合，接ぎ木法によっているのが特徴である．接ぎ木個体は台木と穂木の複合体なので，台木と穂木の相互作用

を有効に利用することができる．たとえば，過去にヨーロッパのブドウ園がフィロキセラの害で壊滅的な被害を受けたとき，新大陸からフィロキセラ抵抗性台木を導入して危機を救った有名な例がある．そのほか，土壌に関しては耐乾性，耐水性台木などがある．最近注目を集めているのが，台木による樹勢調節である．台木を選択することによって，同じ品種でも樹勢をコントロールできる．台木の種類によって，累積的な収量が異なってくるから，台木の選択は果樹園経営の上からも大切である．リンゴでは矮性台木から強勢台木まで開発されている．セイヨウナシでも矮性台木の開発が進められているが，モモで試みられているユスラウメ台やニワウメ台は接ぎ木不親和の問題がある．

さらに，新しい品種の開発がなされ，古い品種からそれらに更新されるとき，古い樹を伐採し，新しい苗木を植えていたのでは，成木になるまでに時間がかかる．そこで，新しい品種の穂木や芽を古い品種の枝の多くの部位に接ぎ木をすると，数年のうちにもとの樹と同じような収量を得ることができるようになる．これを一挙高接ぎ更新法と呼んでいる．

e. 集約的な栽培技術

わが国の果樹の栽培技術はきわめて集約的である．たとえば，非常に周密な整枝・せん定，結実確保のための人工受粉，摘果作業，病虫害防除と外観向上のための袋掛け，集約的な施肥と土壌管理，気象災害に対する備え，丁寧な収穫作業があげられる．こういった超集約性は，わが国の果樹経営の規模が小さいことと関係している．さらに，細かな園芸作業を必要とするのは，果実の外観を重んじる日本人の伝統的な美意識によるところも大きく関与していると考えられる．書道，華道，茶道，剣道，柔道などはそれぞれの分野における芸術的な美を追求したもので，このような精神が果樹を含む園芸技術の面でもみられるといってよい．

1.2 果樹園芸の最近の動向

a. 世界の果実生産

表1.1に世界の各地域における果実生産量の分布を示した[1]．ブドウはヨーロッパ地域が最も多く，リンゴ，ナシはアジアが多く，バナナ，オレンジは南米が最も多い．これらの分布には気候的要因が大きく関与しているが，ブドウがヨーロッパに多いことなど文化的要因も関係している．表1.2はそれぞれの果実につい

表 1.1 世界の果実生産の分布（生産量 t）[1]

種類	アフリカ	アジア	ヨーロッパ	北米・中米	オセアニア	南米	世界
オレンジ	4724031	12144337	5569281	17799726	383940	25711064	66332379
タンジェリン/マンダリン類	1031295	11978972	2419399	845776	96060	1493641	17865143
グレープフルーツ/ブンタン	360167	1045047	47300	3148081	23320	429471	5053386
レモン/ライム	616810	3051536	1383480	2183880	44116	1934271	9214093
その他のカンキツ類	2665745	1335718	21400	32325	9655	86217	4151060
リンゴ	1476620	27515097	16967550	6239690	780647	3200705	56180309
ナシ（全種類）	350240	8481698	3543492	884980	197022	911264	14368696
ブドウ	2894400	13165638	28401029	5955508	1019723	4734381	56170679
モモ/ネクタリン	438250	4367632	3903337	1496000	109000	773444	11087663
スモモ（全種類）	166320	3710135	2956364	899016	34500	232115	7998450
アンズ	307730	1057183	776889	123590	38000	55040	2358432
アーモンド	174020	328370	403955	409113	8500	3960	1327918
クリ	260	345073	149320			43858	538511
クルミ	6600	517426	301673	218200	70	25150	1069119
ピスタチオ	1525	256300	8000	88450			354275
ヘーゼルナッツ	140	600672	129296	14970			745078
スグリ		200	595655		2465		598320
ラズベリー	140	600	250927	56960	896		309523
アボカド	193000	240745	59710	1375119	21636	408200	2298410
バナナ	7158915	24364113	371400	8225294	705977	17469251	58294950
マンゴー	1925592	18183745		2026577	38262	890082	23064258
パイナップル	2006033	6660046	2000	1305074	147248	2363939	12484340
パパイア	774155	1259524		603336	19858	2167843	4824716
ナツメヤシ	1634563	3165699	8000	21132		145	4829539

1998 年（FAO）．

て，生産量の多い国上位 3 カ国を示したものである[1]．リンゴ，モモ/ネクタリン，スモモ，ナシ，カキ，タンゼリン/マンダリン類は中国が最も多く，ブドウはイタリア，バナナはインド，オレンジはブラジル，アーモンド，グレープフルーツ/ブンタンはアメリカが 1 位になっている．日本はカキが 2 位，タンゼリン/マンダリン類が 3 位に入っている．

b. 日本における栽培品種の変遷・動向

図 1.1 に主要な果樹の 1973 年以降の結果樹面積の変遷を示した．カンキツではウンシュウミカンとナツミカンが減少しているのに対しイヨカンが増加したが，これも 1990 年を境に減少に転じている．最近では新しく育成された '不知

表 1.2 世界の果実生産の分布（それぞれの果実についての上位3カ国，生産量1000t）[1]

種　類	1　位	生産量	2　位	生産量	3　位	生産量
オレンジ	ブラジル	22622	アメリカ	11479	メキシコ	3863
タンジェリン/マンダリン類	中国	6641	スペイン	2070	日本	1420
グレープフルーツ/ブンタン	アメリカ	2489	イスラエル	359	キューバ	350
レモン/ライム	メキシコ	1115	インド	980	アメリカ	877
リンゴ	中国	17264	アメリカ	4828	フランス	2464
ナシ（全種類）	中国	6402	イタリア	862	アメリカ	842
ブドウ	イタリア	8232	フランス	7288	アメリカ	5697
モモ/ネクタリン	中国	2923	イタリア	1482	アメリカ	1309
スモモ（全種類）	中国	2652	アメリカ	832	ユーゴスラビア	521
アンズ	トルコ	241	イラン	204	パキスタン	190
甘果オウトウ	トルコ	200	アメリカ	173	イラン	162
酸果オウトウ	ロシア	189	ポーランド	147	アメリカ	129
アーモンド	アメリカ	456	スペイン	276	イタリア	96
カ　キ	中国	1340	日本	247	韓国	211
ク　リ	韓国	123	中国	115	イタリア	69
イチジク	トルコ	277	エジプト	212	ギリシャ	75
キウイフルーツ	イタリア	291	ニュージーランド	235	チリ	154
クルミ	中国	246	アメリカ	211	トルコ	116
ピスタチオ	イラン	168	アメリカ	73	トルコ	60
ヘーゼルナッツ	トルコ	479	イタリア	112	アメリカ	25
オリーブ	スペイン	4586	イタリア	2487	ギリシャ	1903
クランベリー	アメリカ	239	カナダ	23	ラトビア	6
スグリ	ロシア	190	ポーランド	177	ドイツ	130
ブルーベリー	アメリカ	97	カナダ	33	ポーランド	15
ラズベリー	ロシア	92	ユーゴスラビア	45	ポーランド	41
アボカド	メキシコ	812	アメリカ	168	ドミニカ	155
バナナ	インド	9935	エクアドル	6905	ブラジル	6002
マンゴー	インド	12000	中国	2096	メキシコ	1384
パイナップル	タイ	1993	ブラジル	1681	フィリピン	1625
パパイア	ブラジル	1763	インド	500	メキシコ	497
ナツメヤシ	イラン	878	エジプト	743	イラク	683

1996年から1998年の年平均値（FAO）.

火'の面積が増えている．リンゴでは従来の'国光'，'紅玉'，'デリシャス'系が減少しているのに対して'ふじ'が増加した．しかし，'ふじ'も面積的には頭打ちになっている．ニホンナシでは'長十郎'，'二十世紀'が減少し，'幸水'，'豊水'が増えている．ブドウでは'デラウェア'と'キャンベル・アーリー'が減少しているのに対して，'巨峰'が増加している．「品種に優る技術なし」といわれるが，最近栽培面積が増加しているニホンナシ，リンゴ，ブドウの

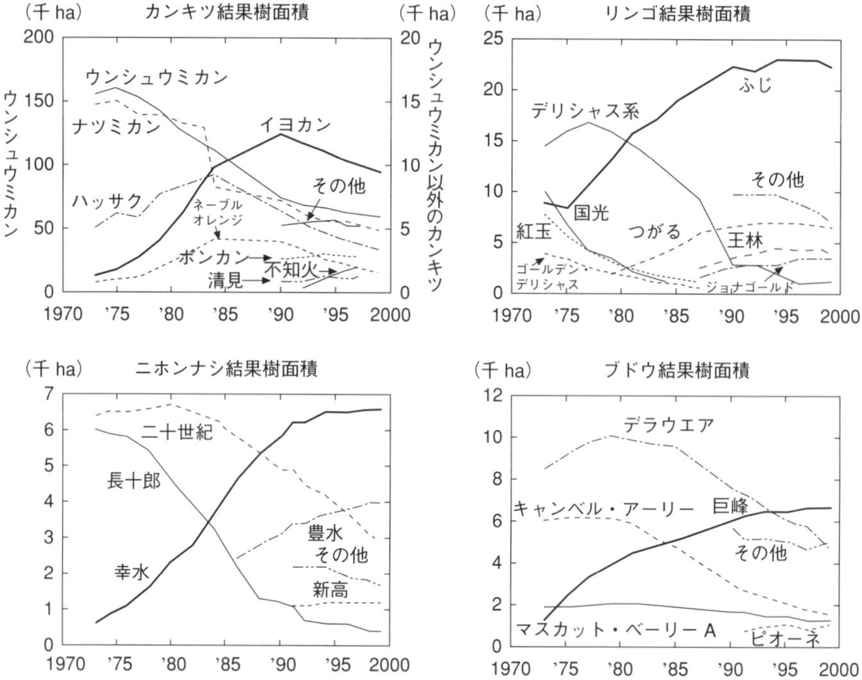

図 1.1 主要果樹の結果樹面積の推移

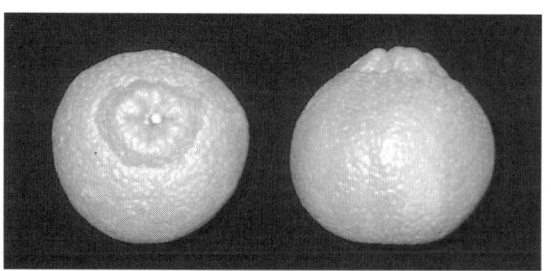

図 1.2 '不知火'('清見'×'ポンカン〔中野3号〕')の果実

品種は日本での交雑育種によって作製されたものである．カンキツでは多胚性という性質が交雑育種を妨げ，育種は主として芽条変異によってきたが，最近，単胚性の'清見'が育成され，これを母本とした'不知火'などの新しい品種が育成されてきている（図 1.2）．

c. 高品質果実の生産

上述の品種の変遷にもみられるように，糖度が高く，酸度が低く，日持ち性のよい果実が消費者に好まれ，高価格で販売される．したがって，そのような品種を育成するばかりでなく，栽培技術によってそれを達成しようとする試みがなされてきた．その1つが施設栽培である．ウンシュウミカンは亜熱帯果樹に属し，露地栽培が可能だが，施設栽培をすることにより，糖度の高い果実が生産され，しかも加温促成を組み合わせることによって早期出荷が可能で，高価格販売ができる．甘果オウトウでは収穫期の降雨が果実の裂果をもたらすので，日本のような梅雨があるところでの栽培は施設を利用するほかない．施設栽培のほか，ウンシュウミカンでは特殊なシートを圃場に敷いて，土壌を乾燥させて果実糖度を上げる栽培法も広がっている．また，根域制限やポット栽培によって果実糖度を高める栽培法もある．この点に関して，最近，非破壊による糖度や酸度や着色を測定するセンサを用いた果実の選果が行われるようになってきている．

d. 果樹栽培と環境保全

食の安全性，環境への負荷の軽減は果樹栽培でも求められるようになった．無農薬栽培が理想であるが，実際には困難なので，できるだけ農薬の使用量を減少する方法が求められる．1つには病原体および害虫の根絶で，わが国では琉球諸島における不妊化雄の大量放飼によるウリミバエと小笠原諸島におけるミカンコバエの例がある．根絶に至らなくても，実害のない程度まで病害虫の密度を低減させる方法として，天敵や拮抗生物の利用，フェロモンの利用がある．カンキツではベダリヤテントウによるイセリヤカイガラムシ，シルベストコバチによるミカントゲコナジラミ，ルビーアカヤドリコバチによるルビーロウムシの例が知られている．さらに，果樹自体の抵抗性品種の開発があり，ニホンナシ'二十世紀'では放射線育種によって黒斑病抵抗性の品種が開発された．最後は栽培環境の改善による方法で，屋根掛けなどによって，雨媒伝染性の病害を防ぐことが可能である．これらの方法によって多くの病害を防ぐことができるが，うどんこ病やダニ，コナジラミのように増加する病害虫もある．しかし，病害虫の発生が単純化するので防除は軽減できる．

かつて，アメリカカリフォルニア州の果樹野菜地帯で地下水の硝酸イオン汚染が問題になった．わが国でも島嶼部のカンキツ園で，施与された肥料によって地下水の硝酸イオンが高くなることが報告されており，施肥の軽減や草生栽培によ

る肥料の流亡阻止などの対策が求められる．また，施肥量の軽減という観点から，果樹園においても豆科植物草生による空中窒素の固定，VA 菌根菌利用によるリン酸吸収の促進など微生物の有効利用が考えられる．

e. 果樹栽培と省力化

　果樹栽培においても，いかに省力化するかは世界的な課題である．日本の場合には，経営規模が小さいので高品質の果実生産による高収益を目指した集約的な栽培が一般的である．したがって，省力化が果実の品質低下をもたらすようでは意味はない．果樹は永年性の木本作物であるから，植物体が大きくなり，作業がしづらくなる．矮性台木を用いた矮化栽培は，リンゴでは世界的に利用されている．モモではニワウメやユスラウメが矮性台木として用いられているが，接ぎ木不親和性の問題の解決が待たれている．適当な矮性台木が開発されていない樹種でも応用できるような，強勢台木を用いての矮化技術の開発研究が行われている．整枝・せん定作業の省力という観点から，スパー型やカラムナー型の利用が試みられている（図 1.3）．傾斜地果樹園では農道や園内道の整備が行われるとともに，モノレール式の運搬システムが導入されている．また，単に灌水するだけではなく薬剤防除にも利用される多目的利用のスプリンクラーが設置され，夏の暑いときなどの防除作業は大変楽になっている．リモコンを利用した無人ヘリコプターによる傾斜地での薬剤散布も試みられている．

f. 果実の消費動向および果樹栽培の国際化

　世界各国における国民 1 人当たり果実の年間消費量を表 1.3 に示しているが，消費量が多いのは地中海沿岸地域のレバノン，イスラエル，ギリシャで，日本はこれらの 1/4 である[2]．また，最近の日本における国民 1 人当たりの生鮮果実消費量を図 1.4 に示した[3]．1980 年代と 1990 年代では若者の消費量の減少が大きい．これを個別にウンシュウミカンとリンゴでみると，ウンシュウミカンではす

図 1.3　カラムナー型のリンゴの並木植え

表1.3 世界各国における国民1人当たり果実の年間消費量（1997年）（単位 kg）[2]

地域	国名	消費量	地域	国名	消費量
アフリカ	エジプト	113.8	アジア (続き)	中国	58.9
	ガーナ	95.2		日本	55.8
	モロッコ	86.5		ベトナム	48.6
	南アフリカ	40.3		ウズベキスタン	43.8
北アメリカ	アメリカ合衆国	131.3		パキスタン	40.7
	カナダ	130.1		インド	34.9
中央アメリカ	ドミニカ共和国	133.6		インドネシア	32.2
	キューバ	118.7	ヨーロッパ	ギリシャ	188.0
	メキシコ	108.0		イタリア	133.2
	コスタリカ	102.0		オーストリア	127.5
	グアテマラ	60.6		スペイン	126.8
南アメリカ	ブラジル	115.7		ユーゴスラビア	124.1
	アルゼンチン	109.2		ドイツ	117.0
	コロンビア	86.5		ポルトガル	113.4
	ペルー	75.3		オランダ	100.1
	チリ	66.4		フランス	88.4
中近東	レバノン	279.8		イギリス	81.3
	イスラエル	204.3		ルーマニア	73.7
	トルコ	146.7		ブルガリア	73.3
	シリア	120.8		ポーランド	52.3
	グルジア	83.4		ロシア	41.9
アジア	イラン	179.6		ウクライナ	39.9
	フィリピン	122.8	オセアニア	ニュージーランド	123.8
	タイ	105.0		オーストラリア	97.6
	大韓民国	95.9			

べての年齢階層にわたって消費が減少しているのに対し，リンゴでは高齢者ではかえって増加している．いずれも20歳前後で最も消費が落ち込んでいる．これは食生活の変化が関係しており，手軽に飲める飲料の需要が活発になってきたことと，果実は昔なら子供のおやつとして食べられていたが，最近は菓子類が主流となり果実とも競合するようになってきたことが原因と考えられる．

医食同源といわれる．果実の消費の減少に関連して，少しでも消費を伸ばすために，果実のもつ機能性に関する研究が多く行われるようになってきた．たとえば，カンキツ果実に含まれるβ-クリプトキサンチンは抗ガン作用があり，ビタミンCやヘスペリジンは動脈硬化や血栓生成に予防効果があることが明らかにされている．また，赤ワインには動脈硬化を防ぎ，血流をよくし，ガンへの抵抗

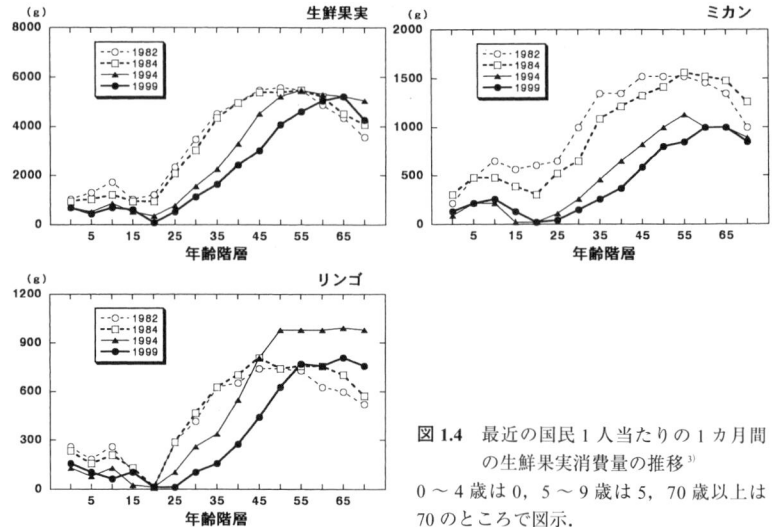

図 1.4 最近の国民 1 人当たりの 1 カ月間の生鮮果実消費量の推移[3]
0～4 歳は 0, 5～9 歳は 5, 70 歳以上は 70 のところで図示.

力を強め，痴呆症を抑え，安らぎを与えるといった全体として老化を防ぐ効果のあることが報告されている．このような効果をもたらす物質としてポリフェノールが注目されている．ポリフェノールは病気や老化を招く体の酸化を防ぎ，中でもリスベラトロールにはガンを抑える働きがあることが明らかにされている．

　国際化の時代となり，貿易の自由化で外国産の果物や果汁が輸入され，国内の果樹栽培もその影響を受けるようになっている．図 1.5 に 1987 年以降生鮮果実の輸入量の推移を示した．輸入果実の中で最も多いのがバナナで，1999 年はほぼ 100 万 t となっている．オレンジは 1991 年に自由化されたが，輸入量はそれまでとあまり変わっていない．輸入されるオレンジの品質が消費者の購買意欲を高めるものではないためと考えられている．一方，図 1.6 に示すように果汁の輸入量は急激に増えている．段階的な輸入枠の拡大を経過してグレープフルーツでは 1986 年に，オレンジでは 1992 年に完全に自由化となった．果汁の中ではオレンジとリンゴの増加が目立つ．輸入果汁の増加とウンシュウミカン生果の消費量の減少には，密接な関係があると思われる．

　外国産果実の輸入自由化，消費環境の国際化が進む中で，最も重要な生産対策は，一定の経営規模内で，いかにして品質のよいものを毎年安定して多く生産するかであろう．産地再編と基盤整備，経営集約化による高品質生産，単収増加による低コスト生産が重要である．

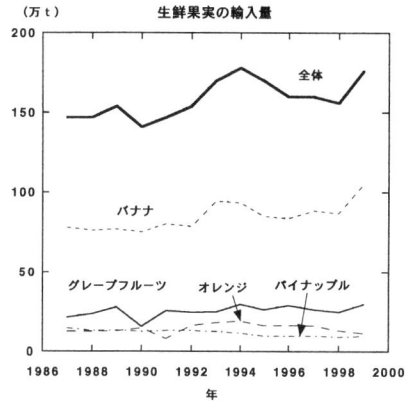

図 1.5 最近の生鮮果実の輸入量の推移
オレンジの自由化は 1991 年.

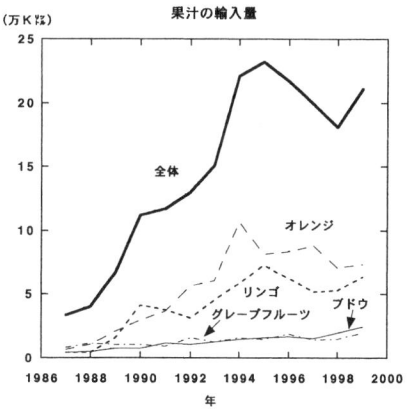

図 1.6 最近の果汁の輸入量の推移

g. 新しい果樹栽培の取り組み

果樹栽培において，従来の栽培法とは異なったアイデアや概念による栽培法の試みがなされているので，そのいくつかを以下に紹介する．

1） メドウオーチャード

メドウ（meadow）は牧草地という意味で，果樹をあたかも牧草のように取り扱うことからこの名が由来している．リンゴ，モモで試みられているが，基本的には果実を収穫した後，樹体を刈り込み，再生してくる枝を結果枝として利用する．したがって，収穫時期が早い早生種のもので，樹体を刈り込んだ後，枝が再生する期間が十分なければならない．モモについての例を図 1.7 に示している[4]．

2） ブドウの二期作

同じ場所で同一の作目を年に 2 回収穫する作型を二期作というが，イネでは高知県などで行われている．一般的に果樹の開花は年に 1 回である．ブドウも伸びてくる一次新梢（しょう）に花房が着生するが，一次新梢に果実をつけながら，発生する副梢に花房をつけることが多い．この性質を利用してブドウでは二期作が試みられている．二番果が生育する時期は温度が下がってくるから，加温を必要とする．また，生育期が，自然状態では短日条件下にあたり新梢の生長が早期に停止するので，電照によって補光をすると葉面積も収量も増大する．

3） 株冷却による不時栽培

イチゴでは，休眠を破り花芽形成を促すために，一定期間高冷地で低温に遭遇

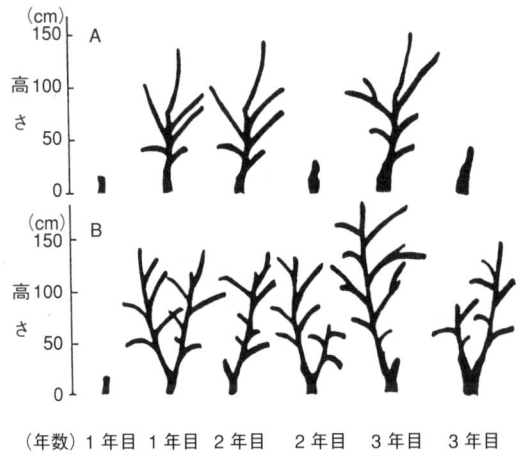

図 1.7 モモのメドウオーチャードにおける 2 つの方法[4]

A（機械的方法）①方法：挿し木苗を冬季に植え付ける．春に枝を 1 本だけ伸長させ，60cm の長さになったときに切り返しせん定をして，充実した側枝を出す．その年の終わりは 130～200cm の樹高になる．通常はその 1 年生枝に数個の花芽しかつかないが，条件がよければ 2 年目に収穫が可能である．地上部を刈り取った後，10 日後には切り株から側芽が出てくる．収穫期が早ければ，再生してもとの樹形に回復し，花芽分化もする．そのためには 4～5 カ月が必要である．②問題点：枝を遅くまで生長させると翌年の萌芽や開花が遅れる．毎年，1 年生枝の基部を 5～6cm 残して切るので，切断面がしだいに高くなる．この方法では台木を使わないで挿し木苗を使うほうが便利である．刈り込んだ後，太陽光の直射で切り口が乾燥しやすい．養分欠乏が出やすい．早生品種にしか適用できない．

B（集約的方法）①方法：枝を 2 本出させ，せん定時期と収穫時期を分ける．毎年，冬季に 2 本の枝のうち 1 本だけを短い切り株を残して刈り込む．他の 1 本はせん定しないで果実をならせる．収穫後，その枝は少し刈り込んで他方の枝に太陽光を当て，冬季に刈り込む．この方法では，それぞれの枝が隔年結果をすることになる．機械的方法のように収穫後の枝の再生期間を考慮する必要がないので，早生品種以外の品種にも適用できる．せん定を冬季に行うので，樹に与える衝撃は少ない．1 樹当たりの収量は機械的方法より多く，花芽分化，着果もよい．②問題点：切り枝は下にあるので遮光気味になる．切り枝から勢いのよい枝をいかにして出すかが問題である．枝全体に光が当たるようにして花芽の着生をはかることが重要である．

させたり冷蔵庫の中に入れて，促成栽培がなされている．果樹でも一般に休眠が打破されるためには，冬季の低温遭遇が必要である．モモでは，コンテナ栽培でコンテナを高冷地に運び低温遭遇をさせた後，再び低地に戻し加温促成をする方法が実施されている．果樹苗を冷蔵庫に入れて低温要求を満たさせ，必要に応じて取り出し，その果実の収穫時期でないシーズンに出荷を目指した栽培も考えられている．

4) 隔年交互結実栽培

　果樹では果実をならせすぎると，翌年は果実の着生が少なくなるという隔年結果現象が存在する．ウンシュウミカンでは最近全国的に隔年結果が顕著で，表年には生産量が多く果実の値崩れを起こし，裏年には生産量が少なく価格が高くなるという現象が生じている．そこで，毎年の収量を平均化するために，隔年結果現象を積極的に利用した隔年交互結実法が考案されている．1本の樹体を主枝，亜主枝単位で交互に結実させる方法，園地内の樹木単位で行う樹別交互結実法，園地ごとに行う園地別交互結実法がある．

5) 地下冷却によるカンキツの早期加温栽培

　加温促成栽培はこれまでにもあり珍しくないが，早期加温の場合，花芽形成が十分に行われてから加温を開始しないと，新梢が出ても花が着生しないという問題がある．カンキツでは地下部の温度を下げると花芽形成が促進されることが実験的に示され，地下部にパイプを敷設して，そこに冷却水を通す方法で地下部の温度を下げ，カンキツの花芽分化を確実にさせて加温する栽培方法である．

6) プラスチックフィルムマルチによる高品質果実の生産

　これまでプラスチックフィルムマルチは，野菜栽培で雑草を抑えたり，地温を高めたりする目的で広く利用されてきたが，果樹では苗木生産の場面で利用される程度であった．一般に果樹では生長の後期から成熟期にかけて，水分ストレスを与えると果実糖度が増大することが知られている．降雨の少ない年には糖度が高く，反対に多いと糖度は低くなる．そこで，土壌表面にマルチした場合，雨水は通さないが，土壌から出て行く水分は通す性質をもったプラスチックシート

図1.8　プラスチックシート（タイベック）によるウンシュウミカンのマルチ栽培

(タイベック)を利用して,ウンシュウミカンでは糖度の高い果実生産が行われている(図1.8).しかし,水分ストレスを与えると果実糖度は上がるが,酸が減少しないという問題がある.　　　　　　　　　　　　　　　　〔水谷房雄〕

文　献

1) Jackson, D.I. and Looney, N.E.(1999):Temperate and Subtropical Fruit Production (Second edition), Cabi, Oxon, UK.
2) 農林水産省統計情報部(2000):ポケット園芸統計平成11年度版,農林統計協会.
3) 日本農業新聞,2001年11月1日.
4) Erez, A.(1982):*HortSci.*, **17**, 138-142.

2. 環境と果樹の生態

　果樹の生育は，遺伝的要因と環境要因によって支配される．遺伝的要因の変化には，交配によるものと突然変異によるものがある．果樹が作物として栽培化されるまでは，生育地の自然環境が主たる淘汰の要因であった．しかしながら，人類が採集生活から積極的に果樹を栽培するようになると，果実のおいしいもの，大きなものを選抜し，それを普及するといった人為的な淘汰要因が入ってくるようになった．さらに，人類の文化の交流が広がると，果樹も自生地や栽培化された地域から別の地域へと伝搬されてきた．自生地で適応した果樹が異なった環境に移されると，果樹は異なった環境に対してこれまでとは違った生育反応を示す．なぜそのような反応を示すのか，その問題はどのようにしたら解決するのかが果樹学あるいは果樹園芸学の課題となる．果樹栽培では，適地適作が原則とされる．本章では，環境と果樹とのかかわりについて一般的な概説をする．

2.1　気　候　条　件

a.　温　　度
1)　年平均気温と果樹の分布

　果樹の生育に対して最も大きな影響をもつ環境要因は，温度である．温度は果樹の生育の全期間に影響を及ぼす．小林（1954）は日本の果樹の分布と年平均気温の関係をもとに，日本の果樹を北部温帯果樹，中部温帯果樹，南部温帯果樹に分類している（表2.1)[1]．

　① 北部温帯果樹：　代表種はリンゴとオウトウで，北海道南部，東北地方，長野県が主産地に属し，その年平均気温は8～14℃である．この地域はリンゴ地帯（apple zone）と呼ばれる．

　② 中部温帯果樹：　代表種はブドウ，カキ，ニホンナシ，モモ，クリ，スモモ，イチジク，ウメで，主産地は山形県から鹿児島県に至り，その年平均気温は11～16℃である．

　③ 南部温帯果樹：　代表種は常緑のカンキツ類やビワで，主産地は千葉，静岡，和歌山，愛媛，熊本，鹿児島県など南部の海岸線に沿った地帯であり，その

表 2.1 主要果樹と主産地における年平均気温（小林，1954[1]）を改変）

果樹の種類	年平均気温（℃）	主産地の年平均気温（℃）
北部温帯果樹		
リンゴ	8〜12	青森（9.7），長野（11.5），盛岡（9.8），山形（11.2），札幌（8.2）
オウトウ	8〜14	山形（11.2），札幌（8.2），青森（9.7），甲府（13.9）
中部温帯果樹		
ニホンナシ	12〜15	鳥取（14.5），銚子（15.0），水戸（13.2），福島（12.6），長野（11.5）
ブドウ	11〜16	甲府（13.9），長野（11.5），山形（11.2），岡山（15.8），福岡（16.2）
カキ	11〜16	和歌山（16.1），福岡（16.2），奈良（14.4），新潟（13.2），山形（11.2）
モモ	11〜16	甲府（13.9），福島（12.6），長野（11.5），和歌山（16.1），山形（11.2）
クリ	13〜16	水戸（13.2），熊本（16.2），松山（15.8），熊谷（14.2），銚子（15.0）
ウメ	12〜15	和歌山（16.1），前橋（13.9），長野（11.5），奈良（14.4）
南部温帯果樹		
ウンシュウミカン	16	松山（15.8），和歌山（16.1），静岡（16.1），熊本（16.2），佐賀（16.1）
ビワ	15〜18	長崎（16.7），鹿児島（17.6），松山（15.8），高松（15.3）

理科年表（文部省国立天文台編）より作成（1961〜90年の月平均気温）．

年平均気温は15〜18℃である．この地域はカンキツ地帯（citrus zone）と呼ばれる．

果樹の生長がほぼ10℃から開始することを基準として，それ以上の温度の積算日数が有効積算温度（温度指数）として用いられる．たとえば，1カ月の有効積算温度（℃日）は$(M-10) \times N$［M：月平均温度，N：その1カ月の日数］で計算できる．年間の積算温度は平均温度が10℃以上の月数を加算すればよい．また，有効積算温度は日単位で10℃以上の温度を加算して年間の総計を計算することも可能である．しかしながら，後者の計算法のほうが値は高くなる．

2）温度の季節的変化

年平均気温に恵まれ，冬季の低温障害がない場合でも，生育期間の温度が不足する場合には栽培の北限となる．たとえば，甘柿は生育期間の温度が不足すると脱渋が困難で，経済栽培はできない．また，リンゴでも'国光'のような晩生種を北海道で栽培すると，成熟期が低温になり，品種固有の品質を発揮できないまま発育が止まってしまうことになる．逆に暖地ではリンゴは夏季の高温が栽培の制限要因となっている．ウンシュウミカン，モモ，リンゴの苗木を鉢植えにし，幹の温度を変えて地上部，地下部の生育をみると，生育適温はウンシュウミカン25〜30℃，モモ20〜25℃，リンゴ18〜20℃と，リンゴで最も低いことが報告

表 2.2 リンゴ果実の果実重（g）に及ぼす果実温の影響[3]

品　種	果実温*		
	15℃	23℃	31℃
ゴールデン・デリシャス	218.3	289.4	222.7
ふ　じ	243.0	263.5	184.9

＊'ゴールデン・デリシャス' は 9 月 3 日から 9 月 25 日まで，'ふじ' は 9 月 22 日から 11 月 12 日まで処理をした．

されている．成熟期にリンゴ果実のみをアクリル樹脂の容器で囲って温度処理をした結果でも，高温では果実肥大が抑制される（表 2.2）[3]．

また，年平均気温がリンゴ地帯に属していても，春先の温度の寒暖の変化が激しいところでは，いったん萌芽した枝が晩霜害を受けることになり，経済栽培はできない．一方，年平均気温からみてカンキツ地帯に属すると思われる地域でも，冬季の最低温度が－5 ℃以下になるところはカンキツは寒害を受ける．

3） 温度と果樹の生理・生態

上に述べたような温度と果樹の分布の関係は，温度がそれぞれの果樹の樹体内の生理，生化学反応に及ぼす影響の結果として現れたものである．ここでは温度が果樹の生理に与える影響の主なものについて概説する．

ⅰ） 光合成　果樹のほとんどが C_3 植物に属する．光合成は明反応と暗反応からなるが，温度が高くなると，C_3 植物では暗呼吸が上昇するばかりでなく，RuBP カルボキシラーセ/オキシゲナーゼの比が低くなり，光呼吸が盛んになって光合成効率が落ちるとされている．

ⅱ） 花芽分化　リンゴでは頂芽の花芽分化は 7 月中旬の平均日最低気温が高くなるほどその率が低下する．また，ブドウ 'マスカット・オブ・アレキサンドリア' では温度が高いほど，花芽分化がよくなる（図 2.1）[2]．

ⅲ） 果皮の着色　果皮色は主としてアントシアン（ブドウ，リンゴなど）とカロチノイド（カキ，カンキツ類など）に大別されるが，いずれも高温で

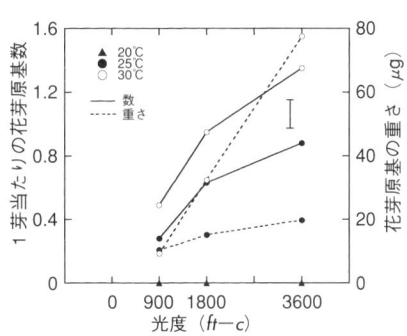

図 2.1　光度と温度がブドウ 'マスカット・オブ・アレキサンドリア' の花芽形成に及ぼす影響[2]

1 芽当たりの花芽原基数：基部が 1～12 節の芽の平均．花芽原基の重さ：第 12 節の花芽原基のうち最も基部の原基の平均．

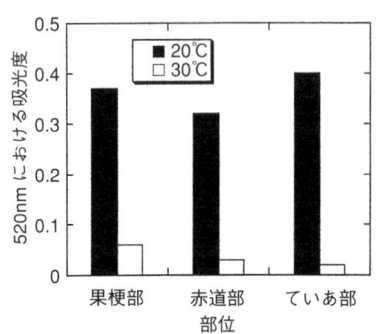

図 2.2 リンゴ '紅玉' のアントシアニン含量に及ぼす果実温の影響[3]

は着色が抑制され，低温で促進される（図 2.2）[3]．加温促成をしたウンシュウミカンの成熟期が夏季の高温期にあたると，果実の着色が難しい．また，夏季に成熟期を迎える樹種では果皮の着色が不良となり，たとえば，長野県と福岡県で生産されるブドウの'巨峰'が同じ市場に出荷されると福岡産の果実の着色不良が問題となる．

iv）休眠 温帯果樹では，秋から冬にかけて芽が休眠に入り，冬の低温を経過して翌春萌芽する．芽を生育適温においても生育しない現象を自発休眠と呼び，果樹の種類や品種によって自発休眠が破れるのに必要な低温要求量（chilling requirement）が異なっている（図 2.3）[4]．これが温帯落葉果樹の南限を

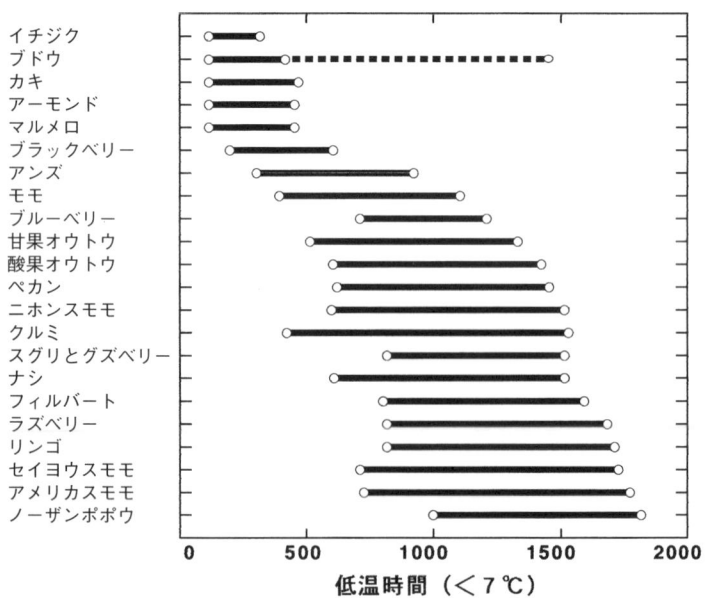

図 2.3 果樹の休眠打破に必要な低温要求量（Westwood, 1993[4] より作成）
同一種でも品種によって低温要求量に高低がある．ブドウは低温時間が短くても生長するが，低温時間が長いほど生長が速い．

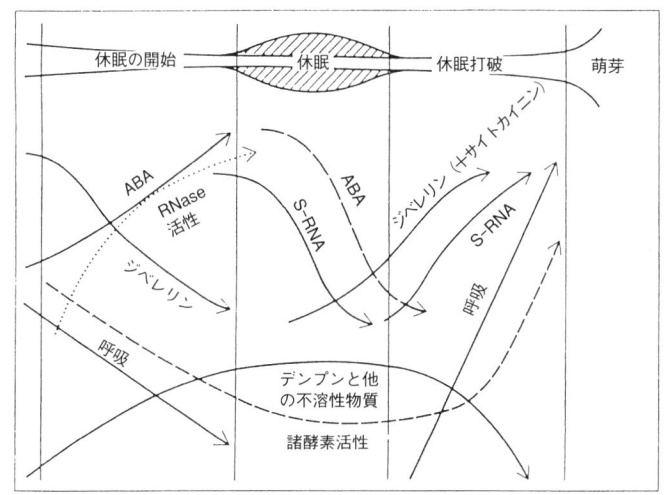

図 2.4 休眠に関連する生理代謝の変化[5]

決める．自発休眠が破れていても，外気温が低いために生育が抑制されている状態を強制休眠と呼んでいる．休眠に伴う典型的な代謝変化を図 2.4 に示した[5]．

冬季に暖冬異変といって温度が高いことがある．このような年には，自発休眠を打破するための低温量が満たされず，春の萌芽が遅れたり，萌芽の不揃いが生じる．日本では施設果樹栽培が盛んに行われているが，加温促成をどこまで前進できるかは，休眠打破を一斉に打破させることができるかどうかにかかっている．果樹の芽の休眠については古くから多くの研究がなされてきたが，休眠は高温処理や鱗片剥皮といった芽に傷害を与えるようなストレスや，シアナミド，シアン化合物，エチレンクロロヒドリン，サイトカイニンなど種々の化学物質によって打破されるから，低温が休眠打破の唯一の要件とはいえない．アブシジン酸（abscisic acid：ABA）は休眠や落果落葉に関与するホルモンとして発見されたもので，芽の休眠に密接に関与している．しかしながら，ABA と拮抗作用を有するとされるジベレリンはブドウに処理すると休眠打破が抑制される．

v) 耐寒性　カンキツやビワのような常緑果樹では，果実や花が寒害を受ける冬の低温が北限を決定する．植物が冬の寒さに耐えるように体内の体勢を整えることを耐寒性の獲得（cold hardening）と呼んでいる．耐寒性獲得のメカニズムは図 2.5 に示すようになっている[6]．

適正な栄養状態では耐寒性が増大するが，栄養過多になると耐寒性の増大が抑

20　2. 環境と果樹の生態

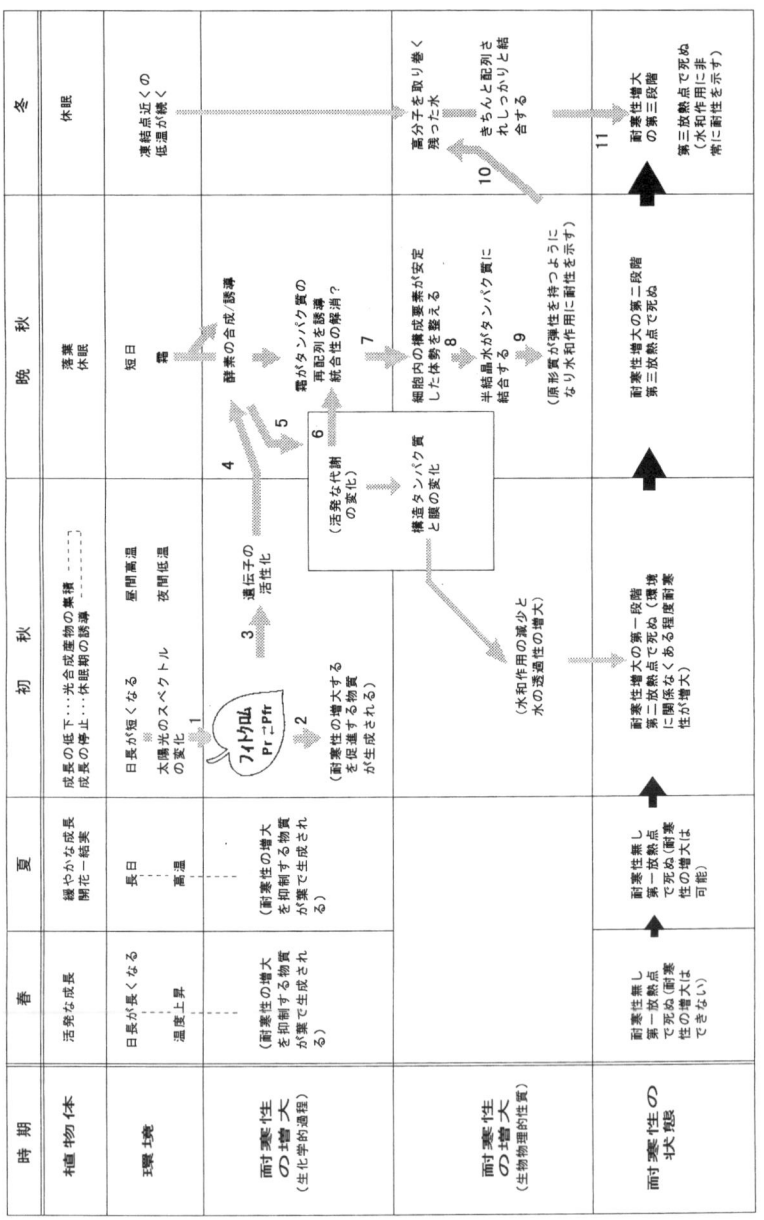

図 2.5　耐寒性の増大に伴う樹体内の変化[6]

制される．また，石灰で誘導されたクロロシスを示す樹や亜鉛やマンガン欠乏の樹は正常な樹に比べて寒害を受けやすい．一般的には生長が遅くまで続くと貯蔵養分の蓄積が少なく，秋季の霜害を受けやすい．したがって，休眠と耐寒性の増大との間には密接な関係があり，休眠中の器官は耐寒性が強い．

膜の流動性に膜脂質の中の不飽和脂肪酸の比率が関係しており，低温耐性の高い植物では低温下での膜流動性の低下を防ぐために不飽和度の高い脂肪酸を膜に組み込んでいる．遺伝子組換え技術を用いて，膜脂質の不飽和脂肪酸の比率を高めると低温耐性が高まることが知られている．

b. 光
1） 光 合 成

果樹の生育にとって，光は直接的には光合成に関係する．光合成の明反応は，水を分解して酸素を発生し，光のエネルギーを利用してATPとNADPHを生成する反応であるが，有効な波長としてほぼ680nmと700nmの2つの波長域の光を利用している．これらのATPとNADPHを利用して暗反応でCO_2を固定する．光合成産物は果樹においても樹体生長，果実生産の有機栄養の基礎となっている．

2） 枝条の生長と結実

植物は遮光すると枝が徒長する性質がある．枝葉が軟弱になると病害虫に対する抵抗性や耐寒性が低下する．また，遮光によって養水分の吸収に関係している根群の生長が抑えられる．紫外部の波長の強い光は植物を矮化させる働きがあり，赤外部の弱光は徒長気味にさせる．最近，植物の屈光性は茎中のオーキシンの濃度差ではなく，光の当たる側に生長抑制物質が蓄積することによることが明らかにされている．果樹の種類によって耐陰性が異なり，耐陰性が強いのはイチジクやカキで，最も弱いのはリンゴである．ウンシュウミカン，ブドウ，クリ，モモ，ナシはそれらの中間に位置している．遮光は樹体生長に影響を与えるばかりでなく，果実の生長不良や生理落果を助長する．

3） 花 芽 分 化

光が果樹の花芽形成に及ぼす効果は直接的なものではなく，光合成を介した間接的なものと考えられる．図2.1はブドウにおける光度と花芽分化の関係を示したものであるが，光度が高いほど花芽分化がすぐれている[2]．

4）果実品質

果実品質に関して，年間の日照時間と果実糖度との間に正の相関関係がみられる．また，1本の樹の中でも太陽光の当たる外なり果のほうが，内なり果に比べて糖度が高い．さらに，果実への光の直接的な影響として，陽光面では着色がよく糖度が高い傾向がある．リンゴでは無袋果が有袋果よりも糖度が高い．また，ビタミンCも陽光面や無袋果のほうが遮光面や有袋果よりも高いことが知られている．

5）果皮の着色

果皮の着色に光が必要なものがある．リンゴの着色品種では，有袋のままだと着色しないので，収穫前に除袋をする必要がある．しかし，除袋していきなり強い日光に当てると日焼けを起こす．光の波長に関連して，ブドウやリンゴやマンゴーの着色に紫外線が有効であることが知られている．紫外線が遮られるガラス温室で栽培されるブドウ'グローコールマン'は着色が抑制されるが，紫外線ランプで補光すると着色が促進される．

6）日焼け

太陽光の直射によって樹体温が上昇し，主幹や主枝に日焼けを生じることがある．日焼けを防ぐためには，日光の直射を避けるための樹形にしたり，適度のふところ枝を残したり，石灰乳を塗ったりする．最近，カンキツ類では生育途中で太陽光にさらされた果実の陽光面に，樹上でも収穫後の貯蔵中でもこ（虎）斑症が発生しやすいことが報告されている．

7）光周性

日長は植物の花芽分化に関しての研究が多いが，主要な果樹は花芽分化については中日性植物に属しているものが多い．しかしながら，短日条件下の冬季に加温促成するブドウでは枝条の生長を促すためにメタルハライドランプやナトリウムランプによる補光が行われている．また，モモの芽の休眠打破に関連して，光は葉芽の休眠打破に有効で，しかも赤色光に効果があるので，これにフィトクロム系が関与している可能性も考えられる（図2.6）[7]．

c. 湿度

世界の主要な果樹生産地帯は，夏乾気候（4～7月までの降水量が少ない）に属している．これらの地域では灌漑施設を有している．日本では，果樹の生育期に梅雨があるので，これが果樹栽培にさまざまな影響をもたらすことになる．ヨ

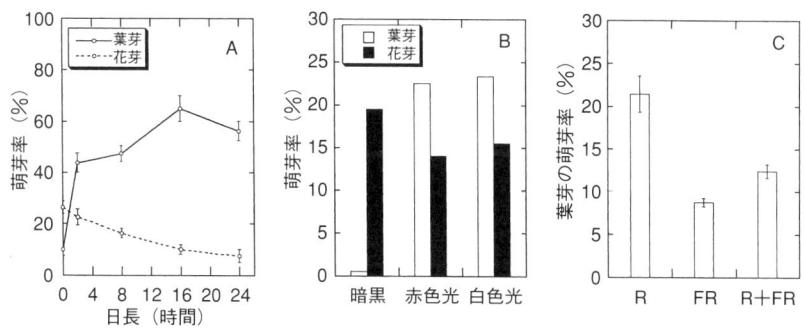

図2.6 モモの芽の休眠打破に及ぼす光の影響[7]
A, B：品種 'エルバータ', C：品種 'レッドヘブン'.

ーロッパ系のブドウは露地では高温多雨で病害が発生するから, 施設内でしか経済栽培できない. 施設内でさらに加温促成をすると早期に出荷できるので, 高価に販売できる. このような代表例は岡山県の 'マスカット・オブ・アレキサンドリア' である. 最近では, アメリカ系のブドウでも病害発生の予防に降雨をさける雨よけ栽培が行われることが多い.

オウトウでは成熟期に降雨があると裂果を起こすため, ハウス内での栽培や屋根かけなどの施設を必要とする. 夏季に雨の少ないアメリカのカリフォルニア州でのオウトウ栽培でも, 成熟期に降雨があると大被害を受ける.

降雨は日照不足をもたらし, 光合成による物質生産を低下させ, 果実の品質低下を起こす. また, 地下水位の上昇による根の傷害が起こる. 果樹の種類によって, 耐水性が異なる（表2.3）[8].

ウンシュウミカンでは収穫期の降雨は浮き皮果の発生を促す. また, しばらく乾燥が続いた後に降雨があるとネーブルオレンジでは裂果を引き起こす.

また, 雨は葉からの植物ホルモンなど有機物質や無機物質の溶脱を促す. これ

表 2.3 果樹の耐水性の比較[8]

種 類	耐水性の強弱	種 類	耐水性の強弱
マルメロ	とりわけ強い	オウトウ	やや弱い
ナ シ	非常に強い	アンズ	弱い
リンゴ	強い	モモ	弱い
カンキツ	やや強い	アーモンド	弱い
スモモ	やや強い	オリーブ	非常に弱い

をリーチング（leaching）と呼んでいる．リンゴ園では，1ha 当たり，葉から約 800kg の炭水化物が流亡することが報告されている．また，ガラス室内と屋外で栽培されたオウトウの葉内成分含量を比較すると，室内のほうがカルシウム，カリウム，窒素，マグネシウム含量が高い．これは屋外では雨によってこれらの成分が溶脱するからだと考えられている．クロクルミの葉に含まれるアレロパシー物質ユグロンが雨によって溶脱し，まわりの植物の生長が抑制される．

冬季の積雪に関連して，矮化栽培をしているリンゴ園では積雪が深いと樹が雪に埋もれ，枝が折れたりする問題がある．しかしながら，逆に積雪は温度を 0℃ 近くに維持するという保温効果もあり，果樹の凍結害を防ぐ働きをしている．また，水は凍るときに凝固熱を発生するので，スプリンクラーによる散水は霜害の防止に有効である．生育期間の雹は果実に打撲の被害を与えるので，雹の常襲地帯ではネットを張るなどの防雹対策が必要である．

d. 風

植物に接触刺激を与えると，傷害エチレンの発生が促されて，枝条の生長が抑制されることが知られており，接触刺激形態形成（thigmomorphogenesis）と呼ばれる．風の強いところの植物の生育が抑えられているのは，そのことが関係していると考えられている．したがって，果樹でも枝条が風で揺れる場合には，同様な現象が起こっていると考えてよい．枝や苗を支柱で固定して，風で揺れないようにすると，逆に伸長が促されることになる．一方，枝が繁茂し樹冠内の通気が悪いと湿度が高くなり病害の発生を促すので，整枝・せん定をして通気をよくすることが大切である．

恒常的に一方からの風が強いところでは樹が傾き，樹形の維持が難しくなる．接ぎ木部の癒合がよくない場合には，その部分で折れる．風は土壌からの蒸発と植物体からの蒸散を促進して，水分を失わせる．蒸散が促進されると植物体の温度が低下する．風が強いと，受粉昆虫の活動が抑えられる．薬剤散布をする場合も効率がよくない．

モモでは風が当たるとせん孔細菌病が発生し，カンキツのネーブルオレンジやレモンでは風で傷害を受けたところからかいよう病の病斑が広がるので，防風対策が必要である．

斜面で冷気が下方に移動するところに防風林があると，冷気がそこで停滞し寒害を起こす危険性があるから，枝打ちをして風の通りをよくする必要がある．

新梢が出た直後のブドウやキウイフルーツでは風によって枝が折れやすい．モンスーン気候の日本では夏から秋にかけて台風がやってくる．強風によって，樹体の倒伏，枝の折損，落葉，収穫前の果実の落果を引き起こす．冬季には落葉する落葉果樹でも，早期の落葉は枝条の再生や不時開花をもたらし，樹体の貯蔵養分の蓄積を減少させ，耐寒性を減じたり，翌年の花数を減少させる．海に近い果樹園では，潮風害を受け塩害によって樹体や果実に障害を与えるばかりでなく，樹体を枯死させてしまうことがある．太平洋高気圧が強く，夏，乾燥が続いて雨が降らないときには，台風がもたらす雨を期待しなければならないという側面もある．日本においてナシやブドウで棚栽培が発達した背景には，作業効率のみならず，台風による落果の防止対策もあった．

表 2.4 日本各地における過去の年平均気温（℃）の上昇

地名	1931〜60年	1961〜90年	差
札幌	7.6	8.2	+0.6
秋田	10.7	11.1	+0.4
福島	12.1	12.6	+0.5
新潟	12.9	13.2	+0.3
長野	11.1	11.5	+0.4
東京	14.7	15.6	+0.9
静岡	15.6	16.1	+0.5
和歌山	15.5	16.1	+0.6
松山	15.3	15.8	+0.5
大分	15.1	15.7	+0.6
熊本	15.7	16.2	+0.5
福岡	15.4	16.2	+0.8

理科年表（文部省国立天文台編）より作成．

e．大気その他

人類の生活活動の結果，地球環境は大きく変化してきている．化石燃料の使用による CO_2 やその他の温室効果を有するガス濃度の増加によって，地球の温暖化が叫ばれている．ちなみに，表 2.4 は日本各地における 1931 年から 1960 年までの 30 年間と 1961 年から 1990 年までの 30 年間の月平均気温ををみたものであるが，その間に 0.3〜0.9 ℃の上昇がみられる．このまま温度上昇が続けば，これまでの温帯果樹の栽培適地が北のほうへ移動する可能性がある．

また，フロンガスなどの濃度が上昇してオゾン層が破壊され，地球に降りそそぐ紫外線の量が多くなると，これが果樹栽培にも影響を及ぼすと考えられる．

工場の煙突から出される噴煙や自動車の排気ガスに含まれる有害物質が大気中に多くなり，酸性雨や硫黄化合物，窒素酸化物，エチレンなどが果樹の生長に影響を与えている．

2.2 地理的,地形的条件

a. 高　　度

図2.7にモデル的な地形における気候の違いを示した[9]．同じ緯度の場所でも,高度が高まるにつれて気温が低下する．一般には100m上昇するごとに,気温は約0.5℃低下する．したがって,熱帯・亜熱帯でも高地では温帯果樹の栽培が可能である．しかし,温帯での盆地のようなところでは,夜間,放射冷却による逆転層が生じ,低地に冷気がたまり,高地で温度が高くなる．したがって,底に位置するところでは果樹に寒害が生じる危険性がある．そのようなところではウィンドファンによって空気の撹拌が有効である．

b. 海水,湖水からの距離

水の比熱が大きいから,海水や大きな湖水の近くでは温度変化が緩やかである．すなわち,夏季には温度の上昇を冬季には低下を抑える．たとえば,まわりを海で囲まれた瀬戸内海の島嶼部では,秋季に昼間暖められた海水が夜温の低下を妨げて,早生ウンシュウミカンの着色が遅れるといったことがある．逆に内陸部に行くにしたがって,温度の日変化および年変化の幅が大きくなる．

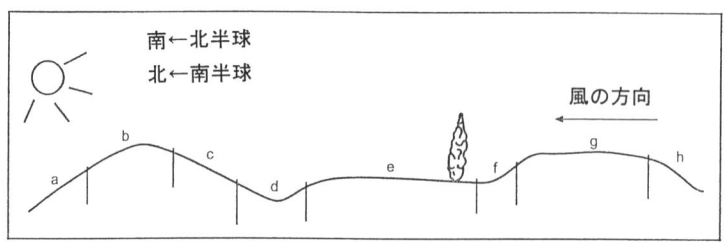

図2.7 モデル的な地形における気候[9]

a：より多くの太陽光を受けて暖かい．冷気は下方に動くので,秋の早霜や春の晩霜害はない．風も受けない．
b：高度が高くなるからaの利点が相殺される．
c：秋,春の霜害はないが冷たい．夏は太陽との角度が乏しく,風にさらされて積算温度が低い．
d：まわりから冷気が降りてくるので冷たく,霜害を受けやすい．
e：霜害を受けやすいがdほどではない．防風林によって,風の影響が緩和される．
f：丘のふもとに密に防風林が植えられていると,冷気の流動が妨げられて,霜害を受ける．また,防風林によって日陰ができる．
g：eよりも霜害が少ないが,寒風が吹き,高度が高いと夏の積算温度が低くなる．
h：c以上に冷たい．

図 2.8　カキ園の裸地における土壌流亡（左）とヘアリーベッチによる草生（右）

c. 平地と傾斜地

平地は河川に沿った沖積地帯に多く，土壌は肥よくで水利にすぐれ，作業が容易であるが，地価が高い．一般に地下水位が高かったり，排水がよくないので，開園にあたっては排水工事をしておくことが大切である．水田を果樹園に転換したところでは，底盤を打ち抜いておかないと地下水位が高くなり，根の生長が悪くなる．果樹の根が湛水状態におかれると根圏の酸素不足による生育障害が生じる．低酸素状態では根はエタノール生成を引き起こす．耐水性の強い種や品種ではエタノール生成量が低い．また，エチレンの前駆物質である ACC（1-アミノシクロプロパン-1-カルボン酸）が生成し，これが蒸散流に乗って地上部に送られ，地上部でのエチレン生成が上昇する．地下水位の高い土壌では耐水性の強い台木を用いることが大切である．山の裾地や盆地にある平地では，冷気が停滞して霜害を受ける危険が伴う．

わが国では平地が少なく，また地価が高いことから，果樹園は傾斜地に多く開園されているが，平地に比べて作業が困難である．傾斜地では土壌の排水は良いが，土壌侵食がはなはだしく（図 2.8），土壌は痩せており，乾害を受けやすい．

方位に関して，南面の果樹園と北面の果樹園では受光角度や日照時間が異なる．南面や東面では果実の成熟が早く，北面や西面では遅れる．また，南面では北面に比べて春先の萌芽が早く，晩霜害を受ける危険性が高い．北西に面した斜面では，冬，北西の風が強く積雪も多い．

2.3 土壌条件

a. 土壌深度と3相構造

同じ土壌でも，果樹の根が侵入できる深さが違うと地上部の生育や収量に影響が出てくる．傾斜地を開墾して平坦にしたところでは，地下部に岩盤などがあると園地内の場所によって土壌深度が異なることがある．土壌は固相，液相，気相からなっている．花崗岩地帯のミカン園での調査によると，高収量園では土層全体を通じてほぼ均一で，固相：液相：気相の比が5：3：2であったという．

b. 土壌通気と酸化還元電位

土壌中には生きた根や微生物が存在し，これらは生きて呼吸をしているから，土壌通気が悪いと気相中の酸素濃度が低下する．低酸素自体が果樹の根の正常な生理的機能を損なうばかりでなく，還元化された化学物質によっても悪影響を受ける．土壌が還元状態になると，Fe^{3+} は Fe^{2+} に，Mn^{3+} は Mn^{2+} に，SO_4^{2-} は H_2S に，NO_3^- は N_2 や NH_3 に変化する．そのため，低酸素状態では酸化還元電位は低下する．したがって，土壌の酸化還元電位は土壌通気の良し悪しを表すものといえる．

c. 土壌湿度

果樹の根は養水分を吸収して，樹体各部にこれらを供給する機能を果たしている．したがって，適度な土壌湿度（液相）が必要になる．しかし，土壌湿度が過剰になると，根の生理機能に障害を与える．嫌気状態になると耐水性の弱い樹種では根でエタノールの生成がみられる．排水の悪い園地では開園にあたって，暗渠排水の設置が必要である．また，土壌湿度が低下すると果樹は水分ストレスを受けることになる．果樹では一般に台木を利用するから，耐水性や耐乾性の強い台木を使うことが得策である．生育後期から成熟期に土壌を乾燥させると，果実の糖度が高まることから，ウンシュウミカンではプラスチックシートを園地内に敷くマルチ栽培が行われている．

d. 土壌反応

土壌の粒子は通常マイナスに荷電している．土壌中ではこれらにプラスに荷電したカチオンが吸着する．カチオンはたいていカルシウム，マグネシウム，カリ

ウム，ナトリウム，水素からなっている．前の4つが付着すると土壌はよりアルカリ性となり，水素イオンが付着するとより酸性となる．樹種によって，好適土壌 pH が異なり，イチジクは中性ないし微アルカリ性，カンキツ類とカキは微酸性，クリとモモは酸性土壌が生育にすぐれている．

e. 土壌の環境保全

果樹園で施用した農薬や化学肥料が，果樹園に隣接する人間の生活環境に影響を及ぼすことになると，問題である．島嶼部にあるカンキツ園で施用した肥料の影響で，生活用水として利用する地下水の NO_3-N の濃度が高まることが報告されている．かつて，カリフォルニア州の果樹と野菜地帯で施用した窒素肥料の影響で，地下何百 m の深層の地下水の硝酸汚染が問題になったことがある．

2.4 生物的条件

果樹をとりまく環境として物理的，化学的要因のほかに生物的要因がある．これらが果樹の生育や栽培に影響を与える．たとえば，世界にあまり類をみない果実に袋をかけるという日本の果樹栽培技術は，主として害虫予防が目的である．また，モンスーン気候に属する日本の農業は雑草との戦いであったといわれるが，果樹栽培でもこれは例外ではなかった．

生物には多様性があり，それらがさまざまな相互作用をしているので，そのメカニズムを解明して，果樹栽培に有効に活かすことが大切である．農薬はこれらの相互作用を破壊するだけではなく，農薬そのものの人体に対する毒性がこれまで問題にされてきた．使用する農薬を少なくし，生物の有する機能とその相互作用を的確に把握して，果樹栽培に活かそうと試みがなされている．生物間の相互作用の中では抵抗性の果樹を利用することも大切である．歴史的にはヨーロッパのブドウ園がフィロキセラによって壊滅的な被害を受けたとき，アメリカで抵抗性品種が見いだされ，これを利用することによってブドウ園が救われた例が有名である．バクテリア (*Bacillus thuringiensis*) の δ-Endoxin（Bt トキシン）遺伝子を利用した遺伝子組換え果樹の作製も行われ，それらは鱗翅目，双翅目，鞘翅目の昆虫に対して抵抗性を示す．

a. 微生物

微生物には植物に病気を引き起こす病原菌とともに，有益なものも存在する．

VA 菌根菌は果樹の根に着生して，リン酸の吸収を促進したり，耐乾性を付与したりする．マメ科植物と共生する窒素固定細菌は空中窒素を固定する．また，最近微生物を農薬として使用する試みがなされてきている．ゴマダラカミキリムシの成虫に対してボーベリア菌（*Baeveria brongniatii*）が天敵糸状菌として利用されている．また，灰色カビ病やうどんこ病に対して *Bacillus subtilis* が，根頭がんしゅ病に対して *Agrobacterium radiobactor* が，Alternaria 菌によって引き起こされる葉枯れ病に対して *Burkholderia cepacia* が効果のあることが知られている．ネコブセンチュウに対しては *Pasteuria penetrans*, *Monacrospoium phymatophagum* が有効である．また，微生物を利用した雑草防除としては，スズメノカタビラに対して *Xanthomonas camperstris* が知られている．

植物があるウイルスに感染していると，同じウイルスの他の系統の感染が抑制される現象がみられ，これは干渉作用と呼ばれる．カンキツトリステザウイルス（CTV）の弱毒ウイルスをハッサクに接種すると強毒株に対して防除効果がある．

b. 昆　　虫

一般的に，果樹は受粉，受精を通じて種子が形成されないと，果実の結実・発育は起こらないから，虫媒花では花粉を運ぶ昆虫は重要である．果樹を食害する昆虫の種類は数多いが，これまでにも天敵を利用した果樹の害虫防除法が研究されてきている．イセリヤカイアラムシ対するベタリヤテントウ，リンゴワタムシに対するワタムシヤドリコバチ，ミカントゲコナジラミに対するシルベストリコバチ，ルビーロウカイガラムシに対するルビーアカヤドリコバチは日本における天敵による防除の成功例として有名である．そのほか，クリタマバチに対するチュウゴクオナガコバチ，ハダニに対するチリカブリダニがある．図 2.9 にはアブラムシを捕食するテントウムシとヒラタアブの幼虫と成虫を示した．

c. 鳥　と　獣

害として，鳥害（ムクドリ，ヒヨドリ，カラス）と獣害（サル，シカ，イノシシ，クマ，モグラ）がある．森林の開発に伴って，鳥獣の生活空間がせばめられ，これらが農地に出没し，果樹をはじめとして農作物に被害を与えていると考えられている．しかしながら，鳥の中には果樹を食害する害虫を捕食する益鳥もいる．野生動物の被害を防ぐための電気牧柵などが開発されており，オウトウでは 8000V の電気柵の設置がサルやカラスやムクドリの忌避に効果があると報告

図 2.9 モモのアブラムシを捕食する天敵
A：テントウムシの幼虫，B：テントウムシの成虫，C：ヒラタアブの幼虫，D：ヒラタアブの成虫．

されている．また，オナガがタカ類を発見したときに発するアラームコール（警戒声）や捕食者に捕まったときに発するディストレスコール（避難声）はオナガの生息する地域ではヒヨドリやムクドリなど，複数の有害鳥に対しても追い払い効果があるとされている．種々の防鳥機が開発されているが，鳥の種類によって効果が異なり，防鳥機も頻繁に使用していると慣れが生じてくる．また，カンキツの果実の被袋には一重で緑色，青緑色の紙，白色のポリエステルが防鳥に有効とされる．

d. 植　　物

　日本の果樹園は傾斜地が多いから，裸地では土壌侵食が起こる．土壌侵食を防ぐには草生栽培が最も有効であり，草生園では有機物の補給がなされる．また，豆科植物を利用すると根に着生する根粒菌の働きで，空気中の窒素が固定される．アレロパシーは植物の生産する化学物質がほかの植物に影響を与える現象（化学物質による植物間相互作用）であるが，果樹でもモモやリンゴやイチジクの連作障害（いや地）では根に含まれる生長抑制物質が関与しているとされている．紋羽病の防除にケンタッキーブルーグラス，線虫の防除にマリーゴールドの草生が有効であり，草種によって土壌中のVA菌根菌の密度が高くなることが知られている．防風林は風害を防ぐために設置されるが，その存在が冷気の移動を妨げて冷気の停滞を生じたり，日陰を生じたりするから，果樹の管理とともに防風林の管理にも気をつける必要がある．また，ナシ園に隣接してビャクシンがあるとナシの赤星病の中間宿主となるので除去する．　　　　　　　〔水　谷　房　雄〕

文　　献

1) 小林　章（1954）：果樹園芸総論，養賢堂．
2) Buttrose, M. S.（1969）：*Bot. Gat.*, **130**, 166–173.
3) 宇都宮直樹（1981）：樹上果実の成熟と温度環境に関する研究―特に，果実温度の影響について―，京都大学学位論文．
4) Westwood, M. N.（1993）：Temperate-Zone Pomology（Third edition），Timber Press, Portland Oregon.
5) Lavee, S.（1973）：*Acta. Hort.*, **34**, 225–234.
6) Weiser, C. J.（1970）：*HortSci.*, **5**, 403–410.
7) Erez, A. *et al.*（1966）：*Physiol. Plant.*, **19**, 650–659.
8) Rowe, R. N. and Beardsell, D. V.（1973）：*Hort. Abst.*, **43**, 533–548.
9) Jackson, D. I. and Looney, N. E.（1999）：Temperate and Subtropical Fruit Production（Second edition），Cabi, Oxon, pp. 7–14.

3. 果樹の種類と品種

3.1 果樹の分類

　現在の日本では，1年中さまざまな果物が店頭に並べられており，日本は世界の果実標本室といわれている．これは日本列島が南北に長く伸びており，北には亜寒帯性の果樹，南には亜熱帯性の果樹が栽培できることおよび貯蔵技術の進歩のためであり，さらにこれに加えて外国産の果実が大量に輸入されていることが原因となっている．近年における輸入量の増加は著しく，1996年度の実績では国内生産量390万tに対し，その量は438万tにものぼっている[1]．これは，消費者の果物に対する嗜好の多様化・高級化に加え，1991年のオレンジ輸入自由化をはじめとする果実の輸入制限緩和によるところが大きい．

　われわれが現在果樹として利用・栽培しているのは，134科，659属，2792種に及ぶといわれており[2]，実に多様な植物を含む．これらおびただしい数の果樹を整理，分類するにはいくつかの方法が可能であるが，以下に主要果樹についての分類法を示す．なお，近年めざましい発展をとげている生化学的，分子生物学的手法を用いた分類に関する新知見も，今後の果樹の分類に利用されるものと考えられる．

a. 自然分類法

　界，門，綱，目，科，属，種，変種，品種という区分に従い，植物分類学の立場から分類する方法であり，分類の基礎は系統発生学，形態学に基づいている．表3.1に果樹類の自然分類と主要果樹の学名を示す．それぞれの植物には，それを発見して分類・命名した人がいるため，科学論文中で特定の植物を示す場合は，その植物が分類される属名（genus）と種名（species）および命名者を並記した学名（scientific name）を記載する．なお，学名は全世界共通語であり，普通イタリック体で示す．

表 3.1 主要果樹の自然分類（飯塚，1986[2)]を改変）

門	網	目	科	属	主要果樹名（学名）
裸子植物	イチョウ	イチョウ	イチョウ	イチョウ	イチョウ（*Ginkgo biloba* L.）
被子植物	単子葉植物	ヤシ	ヤシ	ココヤシ	ココヤシ（*Cocos nucifera* L.）
		ショウガ	バショウ	バショウ	バナナ（*Musa* spp.）
		パイナップル	パイナップル	アナナス	パイナップル（*Ananas comosus* Merr.）
	双子葉植物	ヤマモモ	ヤマモモ	ヤマモモ	ヤマモモ（*Myrica rubra* Sieb. et Zucc.）
		ブナ	クルミ	クルミ	オニグルミ（*Juglans sieboldiana* Maxim.）
				ペカン	ペカン（*Carya illinoensis* Koch.）
			ブナ	クリ	ニホングリ（*Castanea crenata* Sieb. et Zucc.）
		モクレン	バンレイシ	バンレイシ	チェリモヤ（*Annona cherimola* Mill.）
				ポポーノキ	ポポー（*Asimina triloba* Dunal）
		バラ	スグリ	スグリ	セイヨウスグリ（*Ribes grossularia* L.）
			バラ	サクラ	カンカオウトウ（*Prunus avium* L.）
					ニホンスモモ（*Prunus salicina* Lindley）
					モモ（*Prunus persica* Batsch.）
					ウメ（*Prunus mume* Sieb. et Zucc.）
					アーモンド（*Prunus communis* Fritsch）
				リンゴ	リンゴ（*Malus pumila* Mill. var. *domestica* Schneid.）
				ナシ	ニホンナシ（*Pyrus serotina* Rehd.var. *culta* Rehd.）
				ビワ	ビワ（*Eriobotrya japonica* Lindley）
				マルメロ	マルメロ（*Cydonia oblonga* Mill.）
				カリン	カリン（*Chaenomeles sinensis* Koehne.）
				キイチゴ	セイヨウラズベリー（*Rubus idaeus* L.）
		フウロソウ	カタバミ	ゴレンシ	ゴレンシ（*Averrohoa carambola* L.）
		ムクロジ	ミカン	カラタチ	カラタチ（*Poncirus trifoliata*（L.）Raf.）
				ミカン	ウンシュウミカン（*Citrus unshiu* Marc.）
				キンカン	マルキンカン（*Fortunella japonica* Swingle）
			ウルシ	カシューナッツ	カシューナッツ（*Anacardium occidentale* L.）
				マンゴー	マンゴー（*Mangifera indica* L.）
				ピスタチオ	ピスタチオ（*Pistacia vera* L.）
			ムクロジ	ランブータン	ランブータン（*Nephelium lappaceum* L.）
				リュウガン	リュウガン（*Euphoria longana* Lam.）
				レイシ	レイシ（*Litchi chinensis* Sonn.）
		クロウメモドキ	クロウメモドキ	ナツメ	ナツメ（*Zizyphus jujuba* Mill.）
			ブドウ	ブドウ	ブドウ（*Vitis* spp.）
		アオイ	パンヤ	ドリアン	ドリアン（*Durio zibethinus* Murr.）
		ツバキ	マタタビ	マタタビ	キウイフルーツ（*Actinidia deliciosa*（A.Chev.）C. F. Liang et A. R. Ferguson var. *deliciosa*）
			オトギリソウ	マンゴスチン	マンゴスチン（*Garcinia mangostana* L.）
		スミレ	トケイソウ	トケイソウ	パッションフルーツ（*Passiflora edulis* Sims.）
			パパイア	パパイア	パパイア（*Carica papaya* L.）
		ヤマモガシ	グミ	グミ	ナワシログミ（*Elaeagnus pungens* Thunb.）
		フトモモ	ザクロ	ザクロ	ザクロ（*Punica granatum* L.）
		テンニンカ	テンニンカ	フェイジョア	フェイジョア（*Feijoa sellowiana* Berg.）
		カキノキ	カキノキ	カキノキ	カキ（*Diospyros kaki* Thunb.）
		ゴマノハグサ	モクセイ	オリーブ	オリーブ（*Olea europaea* L.）
		ツツジ	ツツジ	コケモモ	ブルーベリー（*Vaccinium* spp.）
		イラクサ	クワ	イチジク	イチジク（*Ficus carica* L.）

b. 人為分類法

人為分類法は，人間が利用する立場から分類したものであり，果実の形質，木の大きさや形状，落葉性の有無，生育する地域などを基準に分類されている．以下に，一般的な人為分類の基準となる諸形質を簡単に述べる．

1）真果と偽果

われわれが食用としている果実は，子房（ovary）またはその付属器官が発達したものであり，可食部が花器のどの組織に由来するかによって分類する方法がある．可食部が子房壁（ovary wall）由来の果実を真果（true fruit），それ以外からなるものを偽果（false fruit）と分類している．子房とは，雌ずい中の雌性生殖細胞を分化する部分で，1ないし数枚の心皮（carpel）が癒合した袋状器官であり，胚珠（ovule），胎座（placenta）および子房壁からなっている．

真果はこの子房壁が発達したものであり，胚珠は受精後種子となる．また，受精後は子房の外壁を構成する子房壁を果皮（pericarp）と呼び，この果皮がさらに外果皮（exocarp），中果皮（mesocarp）および内果皮（endocarp）に分化して，果実の特徴的な組織を構成するようになる．たとえば，モモやウメ果実の皮は外果皮，果肉部分は中果皮，堅い殻状の核（pit）となっているのは内果皮が発達したものであり，カンキツ果実のフラベド（皮のオレンジ色の部分）は外果皮，アルベド（皮の下の白い海綿状組織）は中果皮，果汁の蓄積される果肉部は内果皮が発達したものである．

偽果は子房壁以外の部分，たとえば花托（receptacle），胎座，種皮，種子などの部分を食用にしている果実であり，リンゴやナシなどは花托部分を，ザクロは種皮部を，また，クリやクルミは種子（子葉）を果実として利用している．

一般に花の時期には，真果は子房が花弁やがくの上部（子房上位，hypogyny）または同位置（子房中位，perigyny）に，偽果は子房が花弁やがくより下部（子房下位，epigyny）に着生するという位置関係をとる．図3.1に，果樹類の可食部とそれが由来する花の組織・器官との関係を示す．

2）単果と集合果・複合果

1つの果実のように見えても，それが小さな果実の集合体からなっているものがある．たとえば，キイチゴやチェリモヤなどは，1個の花の複数の子房が集まってできた果実であり，これらは集合果（aggregate fruit）と呼ばれる．また，イチジクやパイナップルなどは複数の花に由来する子房の集合体であり，複合果（multiple fruit）と呼ばれる．これら果実の可食部は，主としてそれぞれの小果

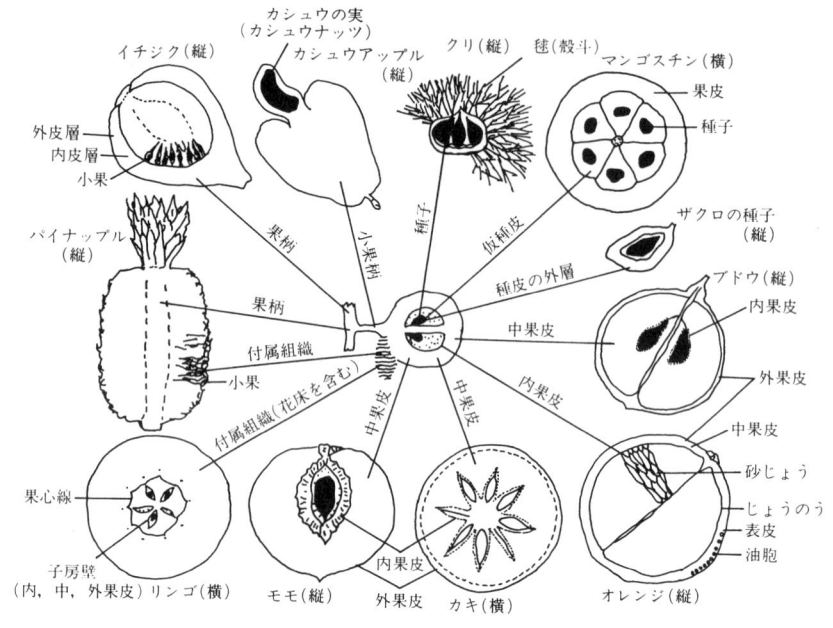

図 3.1　成熟果の可食部組織と花の関係（Coombe, 1976[1]）による．一部改変）
縦：縦断面，横：横断面．

の花托や花軸（floral axis）であるため，偽果に分類される．これに対し1つの子房からできたものを単果（simple fruit）と呼ぶ．以上の諸特性を表3.2にまとめた．

特定の果実類を指して漿果（berry），乾果（dry fruit）などと総称することがある．前者は，厳密には水分含量の高い果肉をもつ果実のうち，核果類（モモ，ウメ，アンズなど）以外のものを指すが，果樹園芸学の分野ではブドウ，イチジク，スグリなどのことをいい，fruit と区別して berry と呼ぶ．諸外国の研究者には，ブドウを grape berry とし，fruit と厳しく区別している人が多い．後者は，果皮が成熟すると乾燥する果実の総称のことで，以前はクリ，クルミ，アーモンドなどをこう呼んだこともあったが，現在果樹園芸学の分野では乾燥果実（dried fruit）と混乱するためか，ほとんど使われない．

3）原生地・生育地の違いによる分類

熱帯果樹，温帯果樹などと呼ばれることがあるように，その果樹の原生地や生育地の違いによって分類することがある．しかし，原生地と分類区分は必ずしも一致しない．一般に，熱帯・亜熱帯果樹は常緑性（evergreen）であり，温帯・亜

表 3.2 構造と可食部の違いからみた果実の分類（中川，1978[4]）を改変）

分類	子房と花葉の位置関係	果実の構成	可食部	果樹の種類
真果	子房上・中位	単果	中果皮	モモ，ウメ，スモモ，アンズ，オウトウ，オリーブ，マンゴー，グミ
			内果皮	カンキツ類
			種衣（仮種皮）	マンゴスチン，ドリアン
			中・内果皮および胎座	ブドウ，カキ，パパイア，ポポウ，アボカド
偽果	子房下位	単果	花床	リンゴ，ナシ，マルメロ，ビワ，カリン，グアバ
			外種皮	ザクロ
			種子（子葉）	クリ，クルミ，ペカン，ハシバミ
			花床，果皮	ブルーベリー，グーズベリー，スグリ
			果皮，胎座	バナナ
		集合果	花床，小果	キイチゴ，バンレイシ，チェリモヤ
		複合果	花軸（果軸），花床，小果	イチジク，クワノミ，パイナップル，パンノミ

寒帯果樹は落葉性（deciduous）を示す．

　栽培されている果樹の種類によって，日本列島を3つの地帯に分類することができる．すなわち，① 北部温帯果樹地帯，② 南部温帯果樹地帯，および ③ 中部温帯果樹地帯である（2.1 節参照）．

4） 樹姿および可食部組織の形質による分類

　上述したように，われわれはさまざまな植物を果樹として利用しているため，その樹姿もさまざまである．一般に温帯果樹は，放っておくと 10m 以上にも達する高木性果樹（arborescent fruit tree），それほど高木にはならなかったり根元から次々に新しい枝を出して灌木となる低木性果樹（shrubby fruit tree），枝がつるとなってほかの植物に巻き付きながら生長するつる性果樹（climbing fruit tree）などに分類される．さらに，高木性果樹は仁果類（pome fruit），核果類（stone fruit），堅果類（nut）などに分類され，また，低木性果樹はスグリ類，キイチゴ類，コケモモ類などに分けられる．

　亜熱帯・熱帯果樹類はこのような分け方をしないが，バナナやパパイアなどを多年生草本性果樹（perennial herbaceous fruit tree）と呼ぶことがある．なお，海

表 3.3 主要果樹の人為分類（岩政，1978[5]）を一部改変）

Ⅰ．温帯果樹（落葉性）
　　高木性果樹
　　　　仁果類：リンゴ，ナシ，マルメロ，カリン
　　　　核果類：モモ，ウメ，スモモ，アンズ，オウトウ
　　　　堅果類：クリ，クルミ，ペカン，アーモンド
　　　　その他：カキ，イチジク，ザクロ，ナツメ，ポポー
　　低木性果樹
　　　　スグリ類：スグリ，フサスグリ
　　　　キイチゴ類：ラズベリー，ブラックベリー，デューベリー
　　　　コケモモ類：ブルーベリー，クランベリー
　　　　その他：ユスラウメ，グミ
　　つる性果樹
　　　　ブドウ，キウイフルーツ，アケビ
Ⅱ．亜熱帯果樹（常緑性）
　　　　カンキツ，ビワ，オリーブ，ヤマモモ
Ⅲ．熱帯果樹（常緑性）
　　　　バナナ，パパイア，マンゴー，アボカド，フェイジョア，レイシ，パイナップル，パッションフルーツ，マンゴスチン，グアバ，ドリアン，チェリモヤ，リュウガン，ナツメヤシ，ココヤシなど

外ではイチゴを果樹としている国があるが，日本では蔬菜として扱っている．これは多分，日本では毎年苗を更新しているのに対し，果樹としている国では苗の更新をあまり行わず，多年生草本とみているからなのかもしれない．
　以上の諸性質を総合した，果樹の最も一般的な人為分類表を表 3.3 に示す．

3.2　果樹の主要品種

　品種とは，生物学的には「栽培植物の実用的形質に関し，他の集団とは区別しうる遺伝的特性をもった集団」と定義され，variety の英語を用いるものであるが，果樹ではあいまいな部分も含めて品種としている場合がある．品種は，植物命名規約上の変種より下位の分類階級にあたり，果樹の場合の英訳は cultivar を用いるのが適当かと思われる．園芸学の分野では，品種名をシングルコーテーションマーク（'—'）で囲ってほかの単語と区別するようにしている．
　果樹の品種の由来は，実にさまざまである．古い品種の中にはその由来がはっきりしないものも多く，また，同名異種・異種同名などの品種もあって複雑である．在来品種（native cultivar）と呼ばれ，特定の地域に昔から栽培されていたものを広く普及させて品種としたものがある．ブドウ 'マスカット・オブ・アレキ

サンドリア'はエジプトで有史以前から栽培されていたものであるが，繁殖して世界各地で栽培されるようになり，現在わが国でもガラス室用高級品種として栽培されている．カキの'富有'，'次郎'はそれぞれ岐阜県，静岡県で栽培されていた在来品種であり，その後全国に紹介されて現在の主流品種となった．由来が偶発実生（chance seedling）といういい方をされる品種がある．リンゴの'旭'，'ゴールデン・デリシャス'はそれぞれカナダ，アメリカで発見された偶発実生とされ，ナシの'二十世紀'，'長十郎'はそれぞれ千葉県，神奈川県で見つかった偶発実生品種である．在来品種が「不特定多数によってその特性が認められ，特定地域で栽培されていたもの」に対し，偶発実生品種は「特定の人がその特性を認め，世に出したもの」といえよう．

　近年つくり出された主要な品種は，多くが人工交雑（artificial crossing）によるものである．これは，優良な形質をもつ品種の雌ずいにほかの優良な形質をもつ花粉を交配し，得られた種子から実生を育成・選抜したものである．ブドウ'巨峰'（'センテニアル'×'石原早生'），リンゴ'ふじ'（'国光'×'デリシャス'），ナシ'幸水'（'菊水'×'早生幸蔵'）などは，わが国において人工交雑によって得られた国際的に知られる品種である．

　芽条変異（枝変わり，bud mutation）によって得られた品種もある．自然条件下で，ある樹の一部分だけが果実の熟期が早かったり色が変わったりしたもので，この部分を栄養繁殖して品種としたものである．ウンシュウミカンは変異が出やすいということもあり，主要品種である'宮川早生'や'青島温州'はそれぞれ在来系，尾張系から生じた芽条変異品種であり，また，極早生品種の多くが芽条変異から生まれたものである．自家和合性のニホンナシ'おさ二十世紀'も芽条変異品種である．これに対し，人為的に突然変異（artificial mutation）を起こさせて品種にしたものもある．ニホンナシの'ゴールド二十世紀'は黒斑病抵抗性の'二十世紀'として知られるが，これは'二十世紀'にγ線を緩照射して得たものである．

　珠心胚実生（nucellar seedling）を選抜して品種としたものがある．ウンシュウミカンは花粉稔性が低く，かつ，胚珠の発育も不良なため種子は入りにくいが，他種のカンキツ花粉が受粉すると種子形成することがある．ウンシュウミカンの種子は，多胚現象（polyembryony）といって受精胚以外に十数個の無性胚を形成するため，播種すると1個の種子から数本の実生が生じる．この無性胚から生じた実生を選抜したものが珠心胚実生品種である．理論的には雌品種と同形質であ

るが，実際には雌品種とは異なった形質をもつ個体が得られることがある．'宮川早生'にカラタチの花粉を交配して得た珠心胚実生品種に'興津早生'，'三保早生'などがある．

近年，バイオテクノロジー技術を用いた品種育成の試みがなされており，属間レベルでの雑種品種作出の可能性も出てきているが，まだ普及に至っているものはない．今後の研究の発展を期待したい．

以下に，わが国で栽培されている主要果樹類の品種について，落葉果樹，常緑果樹，熱帯果樹に分けて簡潔に述べる．

a. 落葉果樹
1) リンゴ

オレンジ，ブドウなどとともに，世界各地で栽培されている最もポピュラーな果樹の1つであり，日本ではウンシュウミカンに次いで第2位の生産量となっている．リンゴの原産地はコーカサスの北方地帯といわれており，これがヨーロッパ全土に広がり，また，アメリカ大陸には大陸発見後にヨーロッパから持ち込まれ，これが改良されながら広く栽培されるようになったものとされる．栽培の歴史は古く，ブドウとともに有史以前にさかのぼるが，わが国での歴史は浅く，実質的には明治時代に始まったといっても過言ではない．しかし，その後急速に栽培面積を増やし，現在およそ90万tが国内で生産されている．品種の変遷をみると，昭和40年代まで'国光'，'紅玉'が生産量の大半を占めていたが，昭和40年代に入ってデリシャス系，'ふじ'などの栽培が急速に拡大していった．

わが国で栽培されている主要品種は，自家不和合性（self-incompatibility）を有しており，また，'陸奥'や'ジョナゴールド'は3倍体品種で充実した花粉がほとんどできないため，受粉樹の混植や人工受粉が必要である．リンゴには，赤色系，赤色縞系，黄色系，黄緑色系品種があり，これはアントシアニン色素の発現の有無およびクロロフィル色素の分解程度の差によるものである．また，わが国のリンゴ栽培では，早期収穫・労力節減・密植栽培などを目的として，M系，MM系，CG系などの矮性台木（dwarfing rootstock）の利用が積極的に行われている．

現在栽培されている主要品種とその特性を表3.4に示す．

2) ナシ

わが国での生産量は，ウンシュウミカン，リンゴに次いで第3位で，およそ40万tが生産されている．現在，世界で栽培されているナシにはニホンナシ

表 3.4 リンゴの主要品種とその特性

	品種名	由来（育成地）	特性
早生	つがる	ゴールデン・デリシャス × 不明（青森りんご試）	豊産性で 8 月下旬から収穫できる早生の中心品種．縞状に赤く着色し，甘味が強くて食味がよい．
	さんさ	あかね × ガラ（農水省果樹試）	やや小玉だが，8 月下旬から収穫できる．赤く着色して食味はよいが，収量があがらない．
中生	千秋	東光 × ふじ（秋田果樹試）	酸甘適和で 10 月下旬から収穫できる．果面は褐紅色となり，中生品種としては比較的早く収穫できるが，裂果がある
	ジョナゴールド	ゴールデン・デリシャス × 紅玉（ニューヨーク州立農試）	酸甘適和で 10 月下旬から収穫できる．赤色に縞が入り果汁も多いが，貯蔵性が若干劣る．
	スターキング・デリシャス	デリシャスの枝変わり（アメリカ）	甘み，香りともによく，10 月中旬から収穫できる．美しい濃紅色となるが，貯蔵性の低いのが問題．
晩生	陸奥	ゴールデン・デリシャス × 印度（青森りんご試）	3 倍体で樹勢は強く，10 月下旬から収穫できる．黄色品種であるが，有袋栽培によりピンク色となる．酸味があるが，食味はよい．
	ふじ	国光 × デリシャス（農水省果樹試）	豊産性で貯蔵性もよく，11 月上旬から収穫できる．わが国のリンゴ生産量の大半を占める．縞状に着色するが，多くの着色系枝変わりがある．
	王林	ゴールデン・デリシャス × 印度（福島県大槻氏育成）	香りが強く豊産性で，ふじとともに晩生種の中心品種である．黄緑色で甘味が強く，貯蔵性は高い．

（*Pyrus serotina* Rehd. var. *culta* Rehd. または *P. pyrifolia* Nakai var. *culta* Nakai），チュウゴクナシ（*P. ussuriensis* Max.）およびセイヨウナシ（*P. communis* L. var. *sativa* Dc.）があるが，日本での栽培は約 95％がニホンナシで，山形，長野，青森県などの一部でセイヨウナシがつくられている．ニホンナシは，日本，朝鮮半島および中国華中地方に分布するニホンヤマナシを基本として，主としてわが国で育種・改良してきた品種群の総称である．

　日本の主要果樹の中でのナシ栽培の歴史は古く，8 世紀頃までさかのぼることができる．品種の変遷をみると，古くは'類三'，'瀬川'，'淡雪'などの品種がつくられていたが，1895（明治 28）～1898（明治 31）年にかけて'長十郎'と'二十世紀'が相次いで発見され，以後，これら 2 品種の生産が昭和 40 年代頃まで増加し続けた．いわゆる'長十郎'，'二十世紀'の 2 大品種時代である．しかし，その後'長十郎'は果肉が硬いこと，日持ちが悪いことなどの理由で姿を消

し，現在は'幸水'，'豊水'，'二十世紀'が主要経済栽培品種となっている．ナシは，果皮表面のコルクの発達程度によって赤ナシ（良く発達するもの），中間ナシ（中間程度のもの）および青ナシ（コルクの発達が見られないもの）に大別される．

ナシはリンゴやウメなどと同様，自家不和合性を示すが，1970年代後半に鳥取県で発見された自家和合性の'おさ二十世紀'を交配親とした品種が育成されつつあり，今後人工受粉作業の不要な品種の栽培が広がるものと考えられる．

表3.5に，わが国で栽培されている主要品種とその特性を示す．

3）ブドウ

世界各地で栽培され，日本での生産量も4～5番目に位置する最もポピュラーな果樹の1つである．ブドウは大別すると，アメリカ系（*Vitis labrusca* L.）とヨーロッパ系（*Vitis. vinifera* L.）に分類され，それぞれ北アメリカ東部とアジア西南部が原生地とされており，概して前者は病虫害に強く，後者は品質がすぐれるという特徴をもつ．わが国では，両者の特徴をあわせもつ'巨峰'を代表とした

表3.5 ナシの主要品種とその特性

	品種名	由来（育成地）	特　性
早生	愛甘水	長寿 × 多摩 （愛知県猪飼氏育成）	最も早く収穫できる中間色ナシ．早生種としては大果となり，糖度は高い．黒星・黒斑病に強く，栽培しやすい．
	八里	八幸 × 75-23 （農水省果樹試）	筑水とともに注目されている青ナシで，幸水より10日早く収穫できる．肉質は柔らかく，多汁でサビの発生が少ない．
	筑水	豊水 × 八幸 （農水省果樹試）	早生種として注目される青ナシ．芳香があって糖度も高く，食味良好．果梗が短いので，袋掛けに難がある．
	幸水	菊水 × 早生幸蔵 （農水省果樹試）	わが国で最も生産量の多い中間色ナシ．糖度が高くて果肉も柔らかく，食味良好．秀玉や愛甘水と交配不和合性を示す．
中生	秀玉	菊水 × 幸水 （農水省果樹試）	幸水と豊水の間に収穫できるため，注目されている中生青ナシ．糖度が高く食味良好であるが，無袋ではサビ果の発生がある．
	豊水	不明 （農水省果樹試）	幸水に次いで，第2位の生産量を誇る赤ナシ．果心部に爽やかな酸味があり，果汁も多くて食味良好．栽培条件によっては，水ナシ果の発生が問題となる．
	二十世紀	偶発実生 （千葉県松戸氏発見）	わが国の代表的な青ナシ．貯蔵性が高く，爽やかな食感がある．黒斑病に弱いため有袋栽培が必須だが，近年は抵抗性品種のゴールド二十世紀が普及している．
晩生	新高	天の川 × 今村秋 （菊池氏育成）	晩生種の中では食味のすぐれた赤ナシ．最も早く開花するので雄性不稔性がある．受粉用の花粉の準備が必要．
	晩三吉	新潟県在来品種	貯蔵性にすぐれた大玉の赤ナシ．翌年の春まで貯蔵可能．品質・食味は中程度．

雑種（*V. labruscana* Bailey）が主として栽培され，ヨーロッパ系ブドウが一部の地域でガラス室栽培されている．世界的にみると，ブドウは生産量の70％以上がワインや干しブドウなどの加工用として用いられているが，わが国ではその大部分が生食用として生産されている．

わが国における栽培の歴史は，リンゴと同様，実質的には明治時代に諸外国からいろいろな品種が導入されてからであるが，例外的に'甲州'だけは12世紀末頃から甲斐の国（現在の山梨県）を中心に栽培されていた．なお，'甲州'は1186年に甲斐の国で発見された純粋なヨーロッパ系ブドウであり，中国から渡来した種子の実生と考えられている．

ブドウは，果皮が黒色～黒紫色を示す黒色系，赤色～淡紅色の赤色系および緑色～黄緑色を示す緑色系に分類されることがあるが，これは果皮と亜表皮細胞（sub-epidermal cell）に含まれるアントシアニン色素の種類と濃度の違いによるものであり，遺伝的性質である．しかし，この性質は栽培条件や環境によって大きく変動するため，生産現場では着色不良や過着色現象としてしばしば問題になっている．また，ブドウには無核品種がある．単為結果性（parthenocarpy）が強いことによるが，これは，開花前後の子房内のジベレリンやオーキシンレベルが高いためと考えられている．

わが国で栽培されている主要な生食用およびワイン用品種とそれらの特性を表3.6に示す．

4) カ　キ

古くからわが国で栽培されている果樹の1つであり，文献的には7世紀頃にはすでにつくられていたとされる．日本原生説もあるが，中国から渡来したという考えが一般的である．わが国での栽培は，統計的には約30万t（1997年度）と第4位の生産量であるが，各家庭の庭木としても広く植えられて食用にされていることから，実際の生産量や利用はそれ以上あると推定される．

カキは一般に甘ガキと渋ガキに分けられ，前者はさらに完全甘ガキと不完全甘ガキに，後者は不完全渋ガキと完全渋ガキに分類される．渋ガキは，炭酸ガスやアルコール処理，あるいは，干しガキや熟柿として渋を抜いてから食用とする．甘ガキはそのまま食用とするが，北陸や東北地方など秋の成熟期に気温が急激に低下する地方では渋が抜けないため，注意が必要である．なお，渋みは果肉細胞中に存在する可溶性タンニンが舌のタンパク質と結合するためであり，甘ガキや脱渋果ではこのタンニンが不溶化してタンパク質と反応しなくなる．

表 3.6 ブドウの主要品種とその特性

	品種名	由来（育成地）	特性
早生	キャンベル・アーリー	ムーアアーリー ×（ベルビデーレ × マスカット・ハンブルグ）（アメリカキャンベル氏育成）	露地栽培では，かなり早く収穫される黒色種．欧米雑種で，独特の甘酸味と狐臭がある．
早生	デラウエア	アメリカ在来品種	ジベレリン処理と施設栽培の組み合わせによって，4月から出荷されるわが国で最もポピュラーな品種の1つ．欧米雑種の赤色種で，輸送に耐えるのも特徴の1つ．
中生	巨峰	石原早生 × センテニアル（大井上氏育成）	わが国で最も生産量の多い黒色系大粒品種．4倍体で，これを親とした多くの優良品種も育成されている．花振るいしやすいのが問題．欧米雑種．
中生	安芸クイーン	巨峰の実生（農水省果樹試）	現在栽培面積の増加している赤色系大粒品種．顆粒色以外の諸性質は巨峰とほとんど同じだが，剝皮性にやや難がある．
中生	ピオーネ	巨峰 × カノンホールマスカット（静岡県井川氏育成）	大粒の黒色系品種．花振るいは巨峰より強いが，開花後1回のジベレリン処理で容易に無核となり，結実も安定する．
中生	ネオマスカット	マスカット・オブ・アレキサンドリア×甲州三尺（岡山県広田氏育成）	緑色系の純粋なヨーロッパ種．マスカット臭があり食味もよいが，早取りすると香り・食味ともにきわめて不良となる．
中生	マスカット・ベーリーA	ベーリー × マスカット・ハンブルグ（川上氏育成）	栽培が容易できわめて豊産性の黒色系品種．肉質はやや粗いが，糖度が高くて食味良好．生食・醸造兼用種としてつくられている．
晩生	甲州	山梨県在来品種	わが国では最も栽培の歴史が長い純粋なヨーロッパ種．淡紅色に着色し，豊産性である．
晩生	マスカット・オブ・アレキサンドリア	エジプト在来品種	緑色系のヨーロッパブドウの代表的品種である．わが国ではガラス室栽培専用．香り，肉質ともにきわめて良好．
醸造用	カベルネソービニヨン	フランス在来品種	フランスを中心に世界的に栽培されている赤ワイン専用の最高級ヨーロッパ系品種．
醸造用	メルロー	フランス在来品種	ワインがスミレの香りのするヨーロッパ系赤ワイン専用品種．
醸造用	シャルドネ	フランス在来品種	白ワイン専用のヨーロッパ種．シャブリ，モンラッシェ，ムルソーなどのワインがある．

カキは，基本的には雌雄異花で雌雄同株である．しかし，甘ガキの主要品種である'富有'や'次郎'では雌花しか着生しないため，種子形成をさせるためには雄花をつける'禅寺丸'や'赤柿'などを受粉樹として混植する必要がある．また，カキには単為結果性や受粉・受精後の種子形成能力に大きな品種間差異がみられる．

表3.7に，主要なカキの品種とその特性を示す．

5) モ モ

わが国では山梨，福島，長野県の順に生産量が多い．栽培の歴史は古く，平安時代末期から食用とされていたようであるが，これらはきわめて小果であった．現在栽培されているモモの原生地は中国華北の陝西省や甘粛省の高原地帯とされ，紀元前1世紀頃にヨーロッパに渡来したと考えられている．

モモは，形態学的および生態学的立場から，いくつかのグループに分類される．形態学的には，毛じの有無（有毛種・無毛種），果形（普通種・蟠桃種＝平桃種），核と果肉の粘離（粘核種・離核種），肉質（溶質種・ゴム質種），果肉色（白肉種・黄肉種）などによって分けられる．また，生態学的には蟠桃系，華南系，スペイン系，華北系，ペルシャ系に分類される．

モモのわが国への導入は明治時代初期であり，導入された品種の中でも，とくに'上海水蜜桃'などの血を引く偶発実生の発見や交雑による新品種の育成によって，わが国における現在の主要な品種群ができあがっている．

表3.8に主なモモの品種とその特性を示す．

6) ウメとアンズ

ウメは主として和歌山県と群馬県で栽培されており，両県での出荷量が全体の70％以上を占める（1997年度）．近年の健康食品ブームもあり，ウメ干しやウメ酒などの加工用として，生産量はわずかずつではあるが増加傾向を示している．

観賞用花木としての日本でのウメの栽培は古く，古事記や万葉集にもその名が記載されているが，果樹としてのウメ栽培は明治時代末期頃からである．果樹としてのウメの原生地は中国と考えられている．

ウメはアンズやスモモと近縁で，現在の主要品種にはアンズとの雑種と考えられるものが多い．川上（1951）[2]は，ウメとアンズを両者の血縁の程度によって5つのグループに分類している．すなわち，① 純粋ウメ：'小梅'，'青軸'，'小向'，② アンズ性ウメ：'白加賀'，'長束'，'籐五郎'，③ 中間系：'養老'，'紅加賀'，'鈴木白'，'太平'，④ ウメ性アンズ：'豊後'，'小杏'，'清水号'，⑤ 純

表 3.7 カキの主要品種とその特性

		品種名	由来（育成地）	特 性
早生	甘ガキ	西村早生	偶発実生 （滋賀県西村氏発見）	種子が入ると褐斑を生じて甘くなる不完全甘ガキなので，受粉樹が必要．果頂部がへこんだものは，種子数が少なくて渋い．
		伊豆	富有 × A-4 （農水省果樹試）	9月下旬～10月上旬に成熟する完全甘ガキ．品質はすぐれており，果頂部裂果，へたすき，樹上軟化などの問題はほとんどないが，種子が入らないと生理落果や果実肥大抑制が生じるので，人工受粉が必要である．
	渋ガキ	刀根早生	平核無の枝変わり （奈良県刀根氏発見）	平核無より10日程度早く収穫できる不完全渋ガキ．渋味が弱く脱渋が容易で，その他の特性は平核無と同等．
中生	甘ガキ	次郎	静岡県在来品種	豊産性で肉質はち密で，富有より甘い完全甘ガキ．ただし，果頂裂果が問題となる．枝変わりとして，一木系次郎，前川次郎などがある．
		松本早生富有	富有の枝変わり （京都府松本氏発見）	富有よりやや小玉で，2週間程度早く成熟する完全甘ガキ．へたすきと隔年結果が問題となる．
		太秋	富有 × IIiG-16 （農水省果樹試）	松本早生富有とほぼ同時期に収穫できる完全甘ガキ．大果となり，糖度が高くて果汁が多く，食味良好．
	渋ガキ	平核無	新潟県在来品種	豊産性で品質のきわめてすぐれた不完全渋ガキ．枝変わり品種として，杉田早生，刀根早生，大核無などがある．
		西条	広島県在来品種	脱渋容易で品質のよい完全渋ガキ．十数種類の系統があり，熟柿，さわし柿，干し柿など，目的に応じてつくり分けられている．
晩生	甘ガキ	富有	岐阜県在来品種	甘ガキの主要品種である完全甘ガキ．豊産性で栽培は容易だが，へたすきが問題となる．
		駿河	花御所 × 晩御所 （農水省果樹試）	11月中旬～下旬に成熟する晩生品種で，へた部がくぼんでまわりにしわができる．肉質はち密で糖度も高く，品質はよい．日持ちもよいが，熟期が遅いため栽培には温暖な地域が適する．
	渋ガキ	会津身不知	福島県在来品種	会津地方を中心に古くから栽培され，市場ではたるガキと呼ばれている不完全渋ガキ．脱渋果の品質はよいが，暖地では種子のまわりに褐斑を生じること，および，出荷期が次郎，富有と一致するのが問題となる．
		四溝	静岡県在来品種	豊産性で単為結果性も強い完全渋ガキ．肉質はち密で糖度も高く品質良好だが，果実が小さいので摘蕾や摘果が必要である．

表 3.8 モモの主要品種とその特性

	品種名	由来（育成地）	特性
早生	日川白鳳	白鳳の枝変わり（山梨県田草川氏発見）	6月下旬から収穫できる早生種で，裂果・生理落果ともに少なく，日持ちもよい．花粉が多いので結実は良好．果汁が多くて糖度も高く，食味はよい．
	八幡白鳳	白鳳の枝変わり（山梨県前田氏発見）	花粉が多くて結実がよく，早生の白鳳系の中では糖度も高い．粘核で核割れは少ない．7月上旬から収穫できる．
中生	白鳳	白桃 × 橘早生（神奈川農試）	中生種の中では7月中旬頃から収穫できる比較的早い品種．花粉が多くて生理落果も少ないため，豊産性である．果実は糖度が高くて酸が少なく，品質良好で日持ちもよい．
	大久保	偶発実生（岡山県大久保氏発見）	生理落果や隔年結実が少ないので，豊産性である．また，花粉が多くて受粉樹としてもすぐれている．肉質はやや粗いが，糖度が高くて果汁が多いため，品質は安定してよい．果肉が硬くしまっており，日持ちは非常によい．
	あかつき	白桃 × 白鳳（農水省果樹試）	7月中旬から成熟する中生品種．花粉が多くて結実がよいため，豊産性である．肉質はち密・多汁で，糖度が高くて白鳳より日持ちもよい．
	浅間白桃	高陽白桃の枝変わり（山梨県須田氏発見）	7月下旬から収穫できる中生種．多汁で酸味は少なく日持ちもよいが，花粉が少ない．
晩生	清水白桃	白桃の実生（岡山県西岡氏発見）	7月下旬〜8月上旬に収穫される中晩生種．花粉があって結実良好である．肉質は柔軟多汁で糖度も高く，品質はすぐれているが，日持ちが悪い．無袋では着色がやや劣る．
	白桃	偶発実生（岡山県大久保氏発見）	8月上中旬に成熟する晩生の主要品種．品質はきわめてすぐれて日持ちも良好であるが，花粉がないことと樹勢が強いと生理落果が多発することが問題となる．また，晩熟なので病虫害対策に注意を要する．上海水蜜桃の血を引くものと考えられる．
	川中島白桃	上海水蜜桃 × 白桃（長野県池田氏育成）	8月下旬に収穫する晩生種．生理落果は少なく結実はよいが，花粉がないので受粉樹が必要．果肉はち密で日持ちはよく，食味もよい．

粋アンズ：'平和'，'新潟大実'，'李小杏'などである．一般に，ウメ性アンズは耐寒性にすぐれる．

　ウメには自家不和合性があり，また，雄性不稔性（male sterility）を有する品種も多い．しかし，どちらの性質にも品種間差があり，ほとんど自家結実しない品種として'曙'，'紅加賀'，'小向'などがあり，10〜30％の結実を示すものとして'花香実'，'甲州深紅'などが知られている．一方，花粉のほとんどできない品種として'白加賀'，少ない品種として'曙'，'小向'，'太平'など，ま

た，豊富に花粉をつくる品種として'花香実'，'養老'，'甲州最小'などがある．したがって，ウメを栽培する際には雄性不稔と自家不和合性の程度を考慮して，少なくとも2品種を混植するか人工受粉をする必要がある．表3.9に主要なウメの品種と特性を示す．

アンズの起原は中国の華北三省，南満州であり，日本には朝鮮半島を経て渡来したものとされる．わが国でのアンズ生産は長野，福島，山梨県などの限られた地域であるが，トルコ，イランなどでは干しアンズ，ジャム，缶詰めなどの加工果樹として比較的よく栽培されている．表3.10にアンズの主要品種を示す．

7) その他

i) スモモ 栽培種は欧亜系，東アジア系および北アメリカ系に大別され，それぞれアジア西部～ヨーロッパ東南部，中国～日本および北アメリカが原生地とされ，およそ10種が利用されている．主要な栽培種はニホンスモモとヨーロッパスモモであり，わが国で栽培されている品種はニホンスモモとアメリカスモモの雑種が中心である．表3.11にわが国における主要なスモモ品種を示す．

表3.9 ウメの主要品種とその特性

品種名	由来（育成地）	特性
竜峡小梅	小梅系統から選抜（長野県大栗氏）	果実は3g前後と小さいが，円形で玉揃いがよく，自家結実性もあって豊産．開花期が早くて花粉も多いので，南高や剣先の受粉樹となる．
甲州最小	奈良県在来品種	果肉は薄いが，核が小さく果肉歩合は高い．果実は5g程度と小さいが，花粉が多いので受粉樹として適する．
南高	内田梅の実生（和歌山県高田氏育成）	果面に毛じがやや多いが，品質は良好で豊産性．果皮は緑色地で陽光面が紅色となる．市場人気が高く，近年栽培面積が増加している．
白加賀	不明	江戸時代から栽培されている栽培歴の長い品種で，関東地方で主としてつくられている．果実は30～40gと比較的大きく，毛じが少ない．果皮は淡緑黄色で，陽光面が微紅色となる．6月中旬収穫の中生品種で，花粉がない．
玉英	不明（東京都野本氏により種苗登録）	果実は25～30gで果頂部がやや尖り，陽光面も着色しない．6月中旬収穫の中生品種で，花粉がほとんどできない．
鶯宿	徳島県在来品種	淡紅色単弁の大輪の花をつけ，果実は25g前後となる．果面の毛じは少なく，収穫期は6月中下旬と比較的遅い．
豊後	中国からの導入品種	ウメとアンズの雑種で耐寒性にすぐれる．淡紅色単弁の花をつけ，果実は50～70gの大果となるが肉質がやや粗い．花粉が少ないため，混植の際は注意が必要．

表3.10 アンズの主要品種とその特性

品種名	由来（育成地）	特性
平和	偶発実生 （長野県南沢氏発見）	わが国の代表的品種．40g前後の果実で肉質はよく，酸味が多い．花粉は多く，自家受粉でも比較的よく結実する．シロップ漬やジャム用に適している．
新潟大実	偶発実生 （新潟県藤田氏発見）	一般に結実はよいが，玉揃いがやや悪い．50g程度の果実で，平和より1週間ほど熟期が遅いが，日持ちはよい．ジャム，シロップ漬け，干しアンズとして利用する．
山形3号	偶発実生 （山形県で発見）	豊産性で生理落果も少なく，35〜40gの果実となる．日持ちはやや悪いが，花粉が多いので受粉樹に適する．
甲州大実	偶発実生 （山梨県で発見）	40g前後の果実で，自家受粉でも比較的よく結実する．玉揃いがよく，肥よく地では豊産性である．
広島大杏	偶発実生 （広島県で発見）	40g前後の果実で，玉揃いはよい．肉質は柔らかいが，日持ちは比較的よい．主としてジャム用に利用する．

表3.11 スモモの主要品種とその特性

品種名	由来（育成地）	特性
大石早生	フォーモサの交雑実生 （福島県大石氏育成）	糖・酸含量ともに適度で，極早生の主力経済品種．果皮は鮮紅色で果肉は黄色となる．
メスレー	アメリカより導入	円形の40g前後の果実をつける早生品種．果皮は暗紅色で果肉は紅色．味はやや淡白で果質は中程度だが，病虫害に強くて栽培は容易である．
ビューティー	アメリカより導入	きわめて結実はよいので，品質を高めるためには摘果が必要な豊産性品種．70g前後の果実で，果皮は鮮紅色で果肉は淡紅色となる．
サンタローザ	アメリカより導入	100g前後の果実で，果皮は鮮紅〜濃紅色となり，果肉は黄色となる．肉質はち密で酸味がやや強いが，甘味・芳香があり品質良好．中生の主力経済品種となっている．
ソルダム	アメリカより導入	100〜150gの大果となり，果皮は暗橙黄色，果肉は濃紅色となる．果汁が多くて糖・酸含量も適度にあり，日持ちがよい．豊産性で市場性が高い品種である．
太陽	偶発実生 （山梨県雨宮氏発見）	150g前後の大果となり，果皮は濃紅色で果肉は白色となる．糖度が高くて酸も適度にあり，日持ちがよい．晩生の経済品種である．

ⅱ）**オウトウ** 東アジア系とヨーロッパ系とがあり，いわゆるサクランボを生産するのはヨーロッパ系オウトウである．ヨーロッパ系オウトウはさらに甘果オウトウと酸果オウトウに分類されるが，わが国での栽培はほとんどが甘果オウトウである．甘果オウトウの原生地はイラン北部〜ヨーロッパ西部とされてい

表 3.12　オウトウの主要品種とその特性

品種名	由来（育成地）	特　性
高砂	イエロースパニッシュの実生 （アメリカで育成）	高砂はロックポート・ビガロウの和名である．短心臓形果実で黄緑色となる中生品種．品質はきわめてよいが，核が大きく果肉が柔らかいので，輸送性が悪い．
佐藤錦	ナポレオン × 黄玉 （山形県佐藤氏育成）	果実は短心臓形で，黄色の地に鮮紅色が発現する．核が小さく糖度も高いため食味はよく，輸送性はいくぶんよい．
ナポレオン	不明 （アメリカから導入）	18 世紀初頭にはドイツ，イギリス，フランスで栽培されていた栽培歴の長い品種．果実は長心臓形で果皮は赤斑黄色となり，6～7gの大果となる．輸送性に富む．生食・加工両用種．
ビング	レパブリカンの実生 （アメリカで育成）	短心臓形果実で赤黒色となる．7～8gの大果となり，肉質は硬くて甘味が強く，長距離輸送に耐える．生食専用種．
南陽	ナポレオンの交雑実生 （山形農試）	果実は豊円純心臓形で7～9gと大玉になり，果皮は淡赤黄～鮮紅色となる．果汁が多くて糖度も高く食味良好であるが，収量があがりがたい．生食・加工両用品種である．

る．表 3.12 に主要なオウトウ品種を示す．

　iii) ク リ　ニホングリ，チュウゴクグリ，ヨーロッパグリおよびアメリカグリが主要な栽培種であり，わが国では日本原生のシバグリを基本としたニホングリ，および，ニホングリとチュウゴクグリの雑種が主要品種となっている．一般に，チュウゴクグリは渋皮離れが容易だが，クリタマバチに弱いという性質がある．一部地域における栽培の歴史は古いが，全国的に普及したのは大正時代以降である．昭和 30 年代からのクリの主要な育種目標は，クリタマバチ抵抗性品種の育成であり，農林水産省を中心に数々の抵抗性品種がつくられた．

　クリは雌雄異花であり，雌花は花軸に密生して花穂状となった雄花群の基部に着生する．表 3.13 に主要なクリの品種を示す．

　iv) キウイフルーツ　中国の長江中流域の山岳地帯を原生地とする果樹で，ニュージーランドで育種が行われて現在の主要品種が選抜された．日本における栽培は 1970 年代以降であり，きわめて栽培の歴史が浅い果樹である．1970 年代はウンシュウミカンの過剰生産期にあたり，ミカンの転換作物として栽培が広がった．

　雌雄異株（dioecism）であり，栽培には必ず雌雄両品種を混植する必要がある．また，キウイフルーツは通常では樹上で成熟しないため，収穫後に追熟（ripening）操作を行って可食状態にする．追熟はエチレンによって促進され，通常 5～10ppm のエチレン中（20℃，湿度 90％）で 12～24 時間処理すると，熟

表 3.13 クリの主要品種とその特性

品種名	由来（育成地）	特　性
森早生	偶発実生 （神奈川県猪原氏発見）	果実は 17g 前後で粒ぞろいがよく，果肉は粉質．クリタマバチ抵抗性は高いが，収量が低い．
丹沢	乙宗 × 大正早生 （農水省果樹試）	果実は 20g 前後で果肉は粉質であり，大果の早生種．豊産性で品質もよいが，果頂部の裂開と果皮色が薄くなりやすいのが欠点．クリタマバチ抵抗性は中位．
伊吹	銀寄 × 豊多摩早生 （農水省果樹試）	20g 前後の果実で，肉質はやや粘質．品質はよいが隔年結果，未熟きゅうの落下，モモノゴマダラメイガに弱いなどの問題がある．クリタマバチ抵抗性は中位．
筑波	岸根 × 芳養玉 （農水省果樹試）	20g 前後の果実で，肉質は粉質．豊産生で隔年結果性は弱く，クリタマバチ抵抗性は中位．土壌適応性が比較的広く，経済栽培の主力品種．
銀寄	大阪府在来品種	筑波とともにニホングリの代表品種．果実は通常 23g 前後であるが，30g 以上の大果となることもある．肉質はやや粉質で品質はよく，隔年結果性も弱いが，未熟きゅうが風で落下しやすい．クリタマバチ抵抗性は高く，暖地の肥よく地で豊産性を示す．
岸根	山口県在来品種	26g 前後の大果となり，果肉は粉質でクリタマバチ抵抗性は高い．関東以南の暖地の肥よく地で栽培することにより，大果生産が容易となる．

度の均一な果実が得られる．家庭では，ビニール袋に成熟したリンゴと一緒に密閉して暖かい場所に保存すると，1週間程度で食べられるようになる．表 3.14 に主要なキウイフルーツ品種を示す．

ⅴ）**イチジク**　イチジクの原生地は，アラビア南部または小アジアのカリカ地方と考えられている．わが国には江戸時代に中国から渡来したという説と，寛永年間（1624〜43 年）にヨーロッパから渡来したという説があるが，さだかではない．欧米では乾果用，日本では生果用として生産している．

イチジクは，花の性分化や結果習性からカプリ系，スミルナ系，サンペドロ系および普通系に分類され，雄花をつけるのは栽培種の祖先型であるカプリ系のみである．カプリ系は食用には適さないが，欧米での乾果用に重要なスミルナ系の受粉樹となる．なお，受粉はカプリ系の花床内に生息するブラストファガ（blastphaga）と呼ばれるコバチの成虫によって行われる．

わが国での栽培は大部分が普通系で，一部サンペドロ系が用いられている．両系統は，1年間に夏果（summer crop）と秋果（fall crop）と呼ばれる 2 回の収穫が可能であり，サンペドロ系の秋果以外は単為結果するため，受粉樹は必要な

表 3.14 キウイフルーツの主要品種とその特性

	品種名	特　　性
雌品種	アボット	60〜70gの長方形果実となり，糖度が高くて追熟後の品質はヘイワードと同程度である．
	ヘイワード	100g前後の卵形果実となり，大果で品質もすぐれているため，栽培は最も多い．毛じは密で長く，追熟後の果実品質は香気も多くて良好だが，果肉の緑色がやや薄い．
	ブルーノ	70〜80gの長い長方形果実で，短く硬い毛じをもつ．果肉色はヘイワードと同程度である．果肉は濃い緑色を示すが，糖度はやや低く香気が少ないことから，品質はいくぶん劣る．
	モンティ	70g前後の楕円形果実で，果肉は濃緑色となる．豊産性だが適度に摘果しないと小玉化する．甘味・芳香とも若干少なく，品質はやや劣る．
	香緑	香川農試で選抜された偶発実生品種．100g前後の大果となり，糖度もヘイワードより高く，果肉の緑も濃い．10月下旬から収穫でき，近年栽培面積が増えている．
	ゴールデンイエロー	90g前後の果実で，果肉が淡黄色となる品種である．果皮も黄褐色で，糖度は高くて酸味は少ない．開花期が早いので，受粉樹に開花期の早いシー・シー・アーリーメイルなどの混植が必要．
雄品種	マツア	開花期が早くて開花期間も長いので，どの雌品種の受粉樹としても利用可能．雄花の着生量も多い．
	トムリ	マツアより開花期が若干遅いとされているが，わが国での栽培ではどの雌品種ともほとんど開花期は一致する．雄花の着生もよい．

い．なお，サンペドロ系の秋果は受粉すれば着果するが，わが国にはブラストファガが生息していないため，夏果専用種となっている．夏果専用品種として'ビオレー・ドーフィン'（フランス在来品種），'サンペドロ・ホワイト'（ナイル河流域在来品種），秋果専用品種として'蓬莱柿'（由来不明．日本原産または渡来），夏秋専用品種として'桝井ドーフィン'（桝井氏がアメリカから導入），'ホワイト・ゼノア'（由来不明．イギリスまたは南アフリカ在来品種）などがある．ただし，わが国における一般的な経済栽培は大部分が普通系の'桝井ドーフィン'で，しかも秋果生産が中心となっている．

vi) ブルーベリー　栽培種の原生地は北アメリカ大陸で，アメリカで選抜・育種されたものが1950年代以降にわが国に導入された．日本での栽培の歴史は浅い．一般に，樹勢によってローブッシュブルーベリー，ハイブッシュブルーベリーおよびラビットアイブルーベリーに大別され，中でもラビットアイブルーベリーが最も樹勢が強い．わが国での栽培は，ハイブッシュブルーベリーとラ

ビットアイブルーベリーである．大部分のほかの落葉果樹とは異なり，酸性土壌（pH 4.3～5.5）を好むという特性をもつ．可食部に多量のアントシアニン色素を含むため，近年の健康食品ブームによってわずかずつではあるが栽培が増加している．ハイブッシュブルーベリーの品種としては，6月中に成熟する早生の'スパルタン'，'アーリーブルー'，6月下旬～7月下旬に成熟する中生の'ブルーレイ'，'ブルークロップ'，'バークレイ'，7月に成熟する晩生の'コビル'，'ダロー'などがある．とくに大果となるのは'スパルタン'，'バークレイ'および'ダロー'である．なお，'コビル'は耐寒性が低く，寒冷地（長野県以北）での栽培には不適とされる．

ラビットアイブルーベリーの品種には'ウッダード'，'ホームベル'，'テイフブルー'などがあり，いずれも7月中下旬～8月に収穫される．

b. 常緑果樹
1）カンキツ類

ミカン亜科に属する植物群の総称を，カンキツ類と呼んでいる．園芸的に重要なものは，カンキツ属（*Citrus*），キンカン属（*Fortunella*）およびカラタチ属（*Poncirus*）であり，それぞれの原生地はインドのアッサム地方，中国中南部および中国の長江流域と考えられている．なお，カンキツ類の中でカラタチ属だけは落葉性である．キンカンおよびカラタチ属で園芸的に利用しているのはそれぞれ4種と2種とされるが，カンキツ属には167ともいわれる種が知られており，その分類も複雑である．なお，カンキツ属の分類の仕方や利用されている種数は，分類学者によって若干異なる．

わが国へのカンキツ類の導入は今からおよそ1900年前とされ，ダイダイまたはタチバナが中国から渡来した．その後，平安時代にオオコウジ，ユズ，カラタチなどが，また，鎌倉～室町時代にはキシュウミカン，オオベニミカンなどが導入され，江戸時代初期までにブンタン，ブッシュカンなども渡来した．また，江戸時代初期には鹿児島県の長島でウンシュウミカンが発見され，ヒュウガナツ，ナツダイダイ，'平戸文旦'なども偶発実生として相次いで発見された．明治時代にはアメリカからレモンや'ワシントンネーブル'が，また，台湾からはポンカンやタンカンが相次いで渡来した．わが国における栽培種は100種以上にものぼり，世界にその例をみない程多くの種を栽培している．なお，大正時代以後のわが国でのカンキツ栽培の大部分はウンシュウミカンとなり，昭和40年代のウン

シュウミカンの過剰生産期まで栽培は増加し続けた．世界レベルで生産量の多いカンキツ類には，スイートオレンジ，ミカン類，レモン，ライム，グレープフルーツなどがある．

わが国における果樹類の中で，カンキツ類の生産量は第1位であり，約174万tにものぼる（1997年度）．内訳はウンシュウミカン（138万t），イヨカン（18万t），ナツダイダイ（9万t），ハッサク（7万t）などとなっている．表3.15にわが国で栽培されている主なカンキツ類を示す．

2) ビ ワ

ビワの原生地は中国および日本である．わが国では一部の地域で古くから自生のビワを栽培してきたが，果実が小型で食用としての価値が低かった．しかし，江戸時代末期に中国から長崎に唐ビワが伝えられ，その実生から'茂木'が発見されてしだいに栽培が盛んになった．さらに明治時代の中頃に'茂木'の実生から'田中'が発見され，現在の長崎，鹿児島，愛媛県など暖地での産地が形成されていった．栽培品種は'茂木'と'田中'で90％以上を占め，全国生産量の1/3以上を長崎県が産出する．

① '茂木'：6月上中旬収穫の早生品種．果重は40～50gで豊産性．甘味が強く，酸味は少ない．耐寒性は'田中'より劣り，長崎県を中心に栽培．

② '田中'：6月中下旬に収穫する晩生品種．果重は70～80gで豊産性．やや甘味に欠けて酸味が強い．耐寒性は強く，千葉県を中心に栽培．

③ '長崎早生'：'茂木'×'本田早生'．5月下旬頃に収穫する早生品種．品質は'茂木'より良く，耐寒性も強い．

④ その他：ハウス栽培にも適して'長崎早生'より早く収穫できる'長生早生'，果実の大きい'大房'などがある．

3) そ の 他

i) オリーブ　中近東一帯で有史以前から栽培されていたとされる最も古い果樹の1つであり，わが国でも小豆島や岡山県の一部で栽培されている．果実は，塩漬けやオリーブオイルなどにして利用する．主な品種に'マンザニロ'，'ミッション'，'セビラノ'，'ルッカ'などがあり，自家不和合性である．

ii) ヤマモモ　近年果樹として注目され始めた樹種で，雌雄異株である．日本および中国南部が原生地で，わが国では本州中部以西に分布している．果実は6～7月に成熟し，生食やヤマモモ酒として利用する．品種として'瑞光'などがある．

3.2 果樹の主要品種

表 3.15 カンキツ類の主要品種とその特性

分類など			特性など
ミカン類	ウンシュウミカン		わが国で最も生産量の多い果樹であり，鹿児島県の長島が原産地とされる．ソウキツまたはマンキツから生まれた偶発実生といわれており，花粉はほとんど退化して単為結実する．在来系，池田系，伊木力系，尾張系，平系，早生系からなり，これら各系統から多くの品種が育成されている．
		極早生	収穫期が9月上旬～下旬の橋本早生，脇山早生，9月下旬～10月上旬の力武早生，宮本早生，堂脇早生，井上早生，10月下旬以降の徳森早生，楠本早生，大浦早生などの品種がある．
		早生	全生産量の6割が早生品種で占められる．また，一部の品種はハウス栽培されている．主な品種に宮川早生，松山早生，興津早生，三保早生などがある．
		中生	主な品種は大津4号，南柑20号，繁田温州，久能温州，瀬戸温州である．
		晩生	12月上旬～下旬に熟し，貯蔵力が大きい．主な品種に青島温州，十万温州，杉山温州，尾張温州などがある．
	ポンカン		インドのスンタラ地方が原産地で，日本へは台湾を経て導入された．生育適温がウンシュウミカンより高いため，産地は限られる．F-2428，中野3号，吉田系などの品種がある．
	その他，クネンボ，地中海マンダリン，クレメンテインマンダリン，ダンシータンゼリンなどがある．		
オレンジ類	ワシントンネーブル		ブラジル原産で，品質のきわめてすぐれた早生オレンジ品種．花粉はなくて単為結果するが，日照不足などにより生理落果が頻発する．12月中下旬に収穫して貯蔵後，2～4月に出荷する．わが国ではこの品種の枝変わりが相次いで発見され，主要な栽培品種群を形成している．ネーブルの仲間は，果頂部に重のう（ヘソ＝ネーブル）を生じるのが特徴である．
	トロビタオレンジ		アメリカカリフォルニア州原産の早生スイートオレンジ品種．ワシントンネーブルの実生から生じたものだが，この品種にはヘソがなくて花粉も形成され，種子もできるので結実は安定している．
	福原オレンジ		ジョッパ（アメリカで育成された品種）の枝変わりとして，千葉県の福原氏が発見．3～5月収穫の晩熟オレンジ品種で，果実の耐寒性が強い．風味優良だが，果形，大きさ，ヘソの有無などに変異がみられる．
	清家ネーブル		愛媛県の清家氏がワシントンネーブルの枝変わりとして発見．酸含量が低いために甘味比は高く，12月上旬には収穫できる早生品種である．結果年齢に達するのが早く，豊産性である．
	足立ネーブル		大分県の足立氏がワシントンネーブルの変異株として発見．果実が300g前後ときわめて大きく，ヘソはワシントンネーブルよりやや小さい．
雑カンキツ類	ブンタン，ミカン類，スイートオレンジ，ダイダイ，ユズなどの自然交雑により，わが国で発生した中晩生カンキツを総称して雑カンと呼ぶ．		
	ナツダイダイ		一般に，ナツミカンと呼ばれる山口県原産の晩生種．ブンタンと多胚品種との雑種と考えられている．近年は，ナツダイダイの変異株で，減酸が早くて早生化した川野ナツダイダイ（甘ナツ）にほとんどが更新されている．

分類など		特性など
雑カン類	ハッサク	12月末〜1月に収穫し，2〜4月に出荷する広島県原産のカンキツ．ブンタンを片親とした雑種と見なされている．厳寒期前に収穫するので，ナツダイダイより低温地でも栽培できる．単為結果性が多少あるが，種子がないと生理落果したり小果となり，また，自家不和合性もあるため受粉樹の混植が必要である．
	イヨカン	山口県の中村氏により発見された晩生種で，発生の起原は不明であるが，タンゴールに類するものと推察されている．1997（平成9）年の実績では，ウンシュウミカンに次いで第2位の生産量を誇る．耐寒性は強いが環境適応性が狭いため，ほとんど愛媛県の特産物となっている．愛媛県の宮内氏が発見した枝変わりの宮内イヨカンは，イヨカンより豊産性で早熟化したものであり，現在の主力品種となっている．
	ヒュウガナツ	宮崎県の真方氏発見の偶発実生．親は不明であるが，ユズの血を引くものと推測されている．アルベド部の糖含量が高いため，アルベドごと食べる．冬季低温による落果と春季高温による回青・す上がりがあるため，栽培適地は限られる．自家不和合性のため，ナツダイダイなどとの混植が必要である．
タンゴール類		ミカン類とオレンジとの雑種の総称．清見（宮川早生 × トロビタミカン），マーコット（親は不明だが，タンゴールの一種と考えられている），不知火（清見 × ポンカン）などがある．
タンゼロ類		ミカン類とグレープフルーツまたはブンタンとの雑種の総称．セミノール（ボエングレープフルーツ × ダンシータンゼリン），スイートスプリング（上田温州 × ハッサク），サマーフレッシュ（ハッサク × ナツダイダイ）などがある．
ブンタン類	晩白柚	池田氏によって台湾から導入された品種で，2kgもの淡黄色の巨大果実をつける．肉色は淡黄緑色で，肉質は柔軟多汁，food味は濃厚でわずかに苦味がある．熟期は2月上旬頃で，2〜3カ月の貯蔵ができる．1〜2月の平均気温が10℃以下の地帯では，果皮が厚くなって食味も劣る．
	晩王柑	高知県で偶発実生として発見された品種で，500g前後の黄色の果実をつける．果肉は白色で柔らかく，果汁も豊富だがやや酸味が強い．収穫期は3月で，貯蔵性に富む．耐寒性は中程度である．
	土佐文旦	法元文旦とも呼ばれて高知県に産地があるが，来歴は不明である．400g前後の淡黄白色の果実をつける．糖・酸含量とも高く，肉質はやや硬くて果汁が少ない．
	平戸文旦	ジャガタラから長崎に渡来した文旦の実生が起原となっている．1.4kg前後の黄色の果実となり，果肉は淡黄色で肉質は柔軟多汁，食味は良好で若干の苦味がある．収穫期は11〜12月と早い．
レモンとシトロン		リスボンレモン，ユーレカレモンなどの品種がある．
ユズ類		ユズ，カボス，スダチなどの種があるが，ほとんどが品種分化にまで至っていない．
キンカン類		マメキンカン，ナガキンカン，マルキンカンなどの種があるが，品種分化にまで至っているものは少ない．

表3.16 主要熱帯果樹の種類と特性

果樹名	特性など
バナナ	熱帯アジア原産の多年生草本であり，品種は甘くて芳香のある生食用とデンプン質に富む料理用に大別できる．栽培品種の大部分は，3倍体の種無しである．
パパイア	中央アメリカ原産と考えられている多年生草本．成熟果を生食するとともに，未熟果を野菜として利用する．雌雄異株と同株の個体群があるほか，雌花，雄花，両全花を混在して着生する個体など，性分化が変異に富む．
マンゴー	南アジア原産の高木性果樹．単胚と多胚性のものがあり，それぞれがいろいろな品種を分化した．熟果を生食するほか，未熟果も生食したり野菜として使う．
アボカド	中央アメリカ原産の高木性果樹で，品種群は大きくメキシコ系，ガテマラ系および西インド系の3系統に分類される．花は完全花だが雌雄異熟現象があり，同一花が2回開花する．1回目は雌ずいの受精適期であり，2回目は花粉の放出期となっている．
フェイジョア	南アメリカ原産の常緑性高木果樹で，わが国ではウンシュウミカン栽培が可能な温暖地で栽培されている．自家不和合性があり，品種の混植が必要である．
レイシ	中国南部原産の高木性果樹，九州南部では，産地化の動きもある．
パイナップル	南アメリカ原産の多年生草本であり，一般に品種は4系統に分類される．最も広く栽培されているのは，葉にトゲのないSmooth Cayenneを中心とした系統であり，生食用・缶詰用として生産される．自家不和合性があるが，単為結果する．
パッションフルーツ	南アメリカ南部原産の多年生つる性草本で，クダモノトケイソウとも呼ばれている．

c. 熱帯果樹類

熱帯果樹類にはバナナ，パイナップル，パパイア，アボカド，フェイジョア，レイシ，パッションフルーツなど多くのものがあり，わが国でも西南暖地を中心に栽培が行われている．表3.16に，わが国で栽培されている主な熱帯果樹の種類と特性を記す．　　　　　　　　　　　　　　　　　　〔平塚　伸〕

文　献

1) 農水省統計情報部編（1999）：園芸統計平成10年度版，農林統計協会，p. 159.
2) 佐藤公一ほか編著（1986）：果樹園芸大事典，養賢堂．
3) Coombe, B. G. (1976): *Ann. Rev. Plant Physiol.*, 207-228.
4) 大阪府立大学農学部園芸学教室編（1983）：園芸学実験・実習，養賢堂，p. 84.
5) 杉浦　明ほか（1991）：新果樹園芸学，朝倉書店，p. 36.

4. 繁殖と育種

4.1 果樹の繁殖

　果樹苗木の繁殖には，種子繁殖（実生繁殖，有性繁殖）と栄養繁殖（無性繁殖）の2種類の方法がある．
　種子繁殖は，種子を播種して繁殖させる方法で，接ぎ木用の台木を養成する場合にのみ用いられる．これは，一般的に果樹類は遺伝的に雑種性が強く，種子で繁殖すると親とは異なった形質の個体が出現するためである．しかし，多胚性を示すカンキツ類では珠心胚由来の実生は母親と同じ形質を示す．
　栄養繁殖は，親と遺伝的に同じ形質をもつ枝や取り木などの栄養器官の一部を台木に接ぎ木したり，挿し木や取り木によって行う．

a. 接ぎ木繁殖

　接ぎ木繁殖は，果樹類の繁殖で最も広く用いられている繁殖方法である（表4.1）．接ぎ木は，枝や芽などの植物体の一部を切り取って別の個体に接ぎ，新しい植物体をつくる方法で，接ぐほうを穂木（scion），接がれるほうを台木（rootstock）という．

1） 接ぎ木の目的

　一般的に，接ぎ木は次のような目的で行われる．
　① 挿し木や取り木で発根困難な果樹を繁殖させる．
　② 樹勢や樹形を調節したり，結果年齢を早くする．
　③ 抵抗性台木の選択により，耐水性，耐乾性，耐寒性などの形質を付与し，不良環境における栽培を可能にする．
　④ 抵抗性台木の選択により，根に寄生する病害虫の被害を回避する．
　接ぎ木は，苗木繁殖の方法としてだけでなく，高接ぎによる品種更新の手法としても用いられ，短期間で品種更新が可能となる．この場合，完成した植物体は，台木，既存の古い品種，高接ぎ更新によって接ぎ木された新品種の3種類の異なった起源の植物体が共存することになり，既存品種の部分は中間台木

表 4.1 果樹類の繁殖方法と使用台木の特性

種 類	苗木の繁殖方法	使 用 台 木		
		種 類	繁殖方法	台木の特性
リンゴ	接ぎ木	マルバカイドウ	挿し木	繁殖容易，強勢，耐乾性，耐水性
		M系（M.9, M.26）	取り木	矮性，耐水性弱い，支柱必要
		JM系（JM1, 5, 7）	取り木・挿し木	矮性
ニホンナシ	接ぎ木	マンシュウマメナシ	実生	強勢，耐寒性，耐ゆず肌症
セイヨウナシ		カレリアーナ	実生	耐水性，耐ゆず肌症
		マルメロ（EM-B）	挿し木	矮性，接ぎ木親和性低い
モ モ	接ぎ木	野生モモ	実生	ネコブセンチュウ抵抗性
		ニワウメ	実生	矮性，耐水性，接ぎ木親和性に問題がある
ウ メ	接ぎ木	共台	実生	
オウトウ	接ぎ木	マザクラ	挿し木	強勢
		マハレブ	実生・取り木	矮性
		ミドリザクラ	挿し木・実生	矮性，台負け，支柱必要
ブドウ	接ぎ木 挿し木	グロアール，101-14, 3306, 3309, 420A, テキ5BB, テキ5C	挿し木	フィロキセラ抵抗性，矮性
カ キ	接ぎ木	共台	実生	
		マメガキ	実生	耐寒性
ク リ	接ぎ木	共台		
ブルーベリー	挿し木			
キイチゴ類	株分け 取り木 根挿し			
イチジク	挿し木			
カンキツ	接ぎ木	カラタチ	実生	矮性
		ヒリュウ	実生	極矮性
ビ ワ	接ぎ木	共台	実生	

(interstock) と呼ばれる．

2) 穂木と台木の活着

接ぎ木は，基本的に穂木と台木の樹皮と木部の間にある黄緑色の形成層どうしを接着させて行う（図 4.1）．接ぎ木後，互いに接着した形成層の接着面からカルスが形成され，台木と穂木の接着面の空隙を埋めるように発達しながら，相方のカルスは機械的に結合しあう．カルスを分化する組織は主に形成層と木部の外側にある師部放射組織であるが，そのほか師部や皮層の柔組織からも分化する．その後，互いに癒合したカルス内に台木と穂木の形成層を結ぶ連絡形成層が分化し，台木から穂木へ養水分の供給が始まる．この時期は，カルスによる結合のた

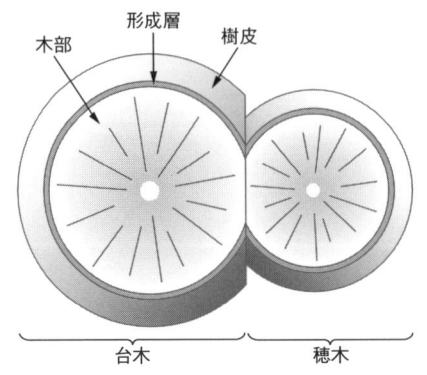

図 4.1 台木と穂木の理想的な接着のさせ方（模式図）

めその結合力は弱く，少しの力でも簡単に剥離するので注意が必要である．しかし，接着した形成層どうしは内側に木部，外側に師部をそれぞれ形成し結合しあうようになるので，物理的にも強度が増し，接ぎ木が完成する．

3） 接ぎ木親和性

一般に，接ぎ木に用いる穂木と台木は，植物分類学上近縁な同種のものを用いる．同種の台木を共台といい，この場合，穂木と台木の活着や生育も良好となるので，接ぎ木親和性に問題はない．しかし，矮化栽培に用いられる矮性台木には，異なる種や属の台木が使用されることが多く，品種によっては極度の接ぎ木不親和を示す場合がある．接ぎ木不親和の程度はさまざまで，接ぎ木そのものが不可能であったり，接ぎ木はできるがその後の生育が異常であったり，不親和の兆候は明確に現れるが生育や果実生産には影響がないものまでみられる．通常，矮化栽培に用いられる矮性台木は，台勝ちや台負け現象などの不親和の兆候がみられるが，果実を早期に結実させたり，果実品質を向上させるなど，むしろ果実生産に良好な影響を及ぼす台木が選抜され，使用されている．

カンキツ類（*Citrus*）では，異属のカラタチ台やヒリュウ台（*Poncirus*）が使用され明確な台勝ち現象を示すが，結果年齢や果実の成熟期が早く，果実品質も向上するなど，果実生産に対してすぐれた特性を有する．モモの矮化栽培にも異種のニワウメやユスラウメ台が使用されるが，モモの品種によっては接ぎ木不親和を示す場合がある．また，セイヨウナシ（*Pyrus*）の矮性台木としてマルメロ（*Cydonia*）が一部用いられているが，品種によってはマルメロ台と不親和を示すものもあり，マルメロと親和性の高いセイヨウナシを中間台木として用いる．

接ぎ木不親和の原因として，台木と穂木間の不十分なカルス形成や通導組織の未発達，台木と穂木の養分要求性の差異，有毒物質の生成，免疫タンパクによる非自己認識などがあげられているが決定的な原因は明らかではない．

4） 台木の養成

台木が栄養繁殖可能な場合には，すぐれた諸特性をもつ系統を選抜し，栄養繁

殖により増殖させる．このようにして増殖した台木は，遺伝的に均一であるので栄養系あるいは系統台木（クローン台木）という．リンゴ，ブドウ，オウトウなどでは台木品種がクローンとして育成され，均質な台木が利用されている．

台木が栄養繁殖しにくい場合には，実生法で養成する．実生に用いる種子は，成熟した果実から果肉をよく洗い落とした後，湿らせた砂の中に入れ冷蔵し（層積処理），春に苗床に播種する．カンキツ類の台木であるカラタチは種子繁殖されるが，親と遺伝的に同じ形質の珠心胚実生が容易に得られるため，実生でも均質な系統台木となる．

5） 接ぎ木の方法

接ぎ木の方法は樹種や目的によって異なり，多くの変法があるが，接ぐ穂木の形態によって枝接ぎと芽接ぎに大別される．

枝接ぎは，接ぎ方によって，切り接ぎ，腹接ぎ，割り接ぎなどに分けられる．このうち一般的な接ぎ方は，春季の切り接ぎで，その手順は図 4.2 に示すとおりである．

芽接ぎも，接ぎ方によってＴ字芽接ぎとそぎ芽接ぎに分けられる．芽接ぎの適期は，台木の生育が停止し，樹皮が容易に剝離できる 8 月下旬から 9 月中旬に

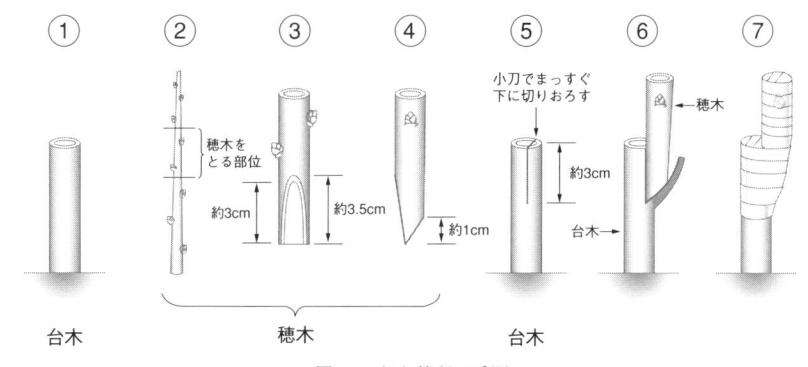

図 4.2 切り接ぎの手順

① 台木を地表 5cm 程度の高さで切る．
② 穂木は枝の中央部の充実した部位を使う．
③ 穂木には 1～3 芽つけ，その基部の 3.5cm くらいを小刀でまっすぐになるように一気にそぐ．
④ そいだ反対側の部位を約 1cm，45 度くらいの角度で斜めに切る．
⑤ 穂木の形成層の幅と同じ幅になるように台木の部分を小刀でまっすぐ下に切りおろす．
⑥ 切り込みをした台木の部分に，台木と穂木の形成層をあわせて穂木をさし込む．
⑦ 接ぎ木用の伸長性のあるテープ（パラフィルム）で接ぎ木部分をしっかりと固定し，穂木全体をおおう．接ぎ木部分をビニールテープなどで固定した後，土をかぶせてもよい．

図 4.3 根接ぎ（脚接ぎ）の例
根自身や台木との接ぎ木親和性に原因があって，木が衰弱した場合，樹勢を回復させるために台木の根や発根しやすい枝を接ぐことがある．

かけてである．芽接ぎの際に葉柄をつけておくと，活着すれば葉柄が自然に取れるので，活着の目安になる．

このほかに，既存植物の樹勢を回復させる目的で，寄せ接ぎや根接ぎ（脚接ぎ，図 4.3）なども用いられる．

接ぎ木には技術の習熟が必要であり，技術の巧拙は活着だけではなく，接ぎ木後の穂木の生育にも大きく影響する．

6） 二重接ぎ

主として，リンゴの矮化栽培用の苗木生産に用いられる方法である．矮性台木の M.9 や M.26 のクローンは繁殖効率が低く，密植栽培が基本となる矮化栽培では効率的な苗木生産が課題となる．そこで，繁殖容易なリンゴ台木のマルバカイドウの挿し木苗に M 系台木を接ぎ木し，さらにその上に穂木品種を接ぎ木する．その後，中間台木の部分を土中に埋め，中間台木から発根させたあと，もとの台木を切り離す苗木の生産が行われている（図 4.4）．また，もとの台木をつけたまま，中間台木を地上部 30cm 程度に長くして矮化栽培を行う方法も行われている．しかし，矮化を目的とした栽培では，このような中間台木やもとの台木を切り離しても樹自体が大きくなりすぎる傾向がみられ，現在では繁殖効率が少し低くても，取り木によって繁殖した M.9 自根苗に直接，品種を接ぎ木する方法が推奨されている．また，セイヨウナシの矮性台木として用いられるマルメロ台（EM-B）には，中間台木としてセイヨウナシ品種の'オールドホーム'が一般に使用される．

7） 高接ぎ更新

現在栽培している品種の樹齢が若く，収益性が低下し，収益性の高い別の品種に更新する場合，現在の品種の枝に新品種の穂木を接ぎ木（高接ぎ）して品種更新をはかることがある．この方法を高接ぎ更新といい，新しく苗木を植えて更新するよりもはるかに早く成園化がはかられる．

高接ぎ更新の方法には，① 現在の品種の結果枝をすべて切り落とし，新品種の穂木をできる限り多く高接ぎして，新品種にすべて更新する一挙更新，② 新品種の穂木が多量に入手できない場合に 1 樹当たり数本高接ぎし，接ぎ木した穂木の成長に伴い，現在の品種の枝を切り詰めて，数年かけて樹全体を新品種に更

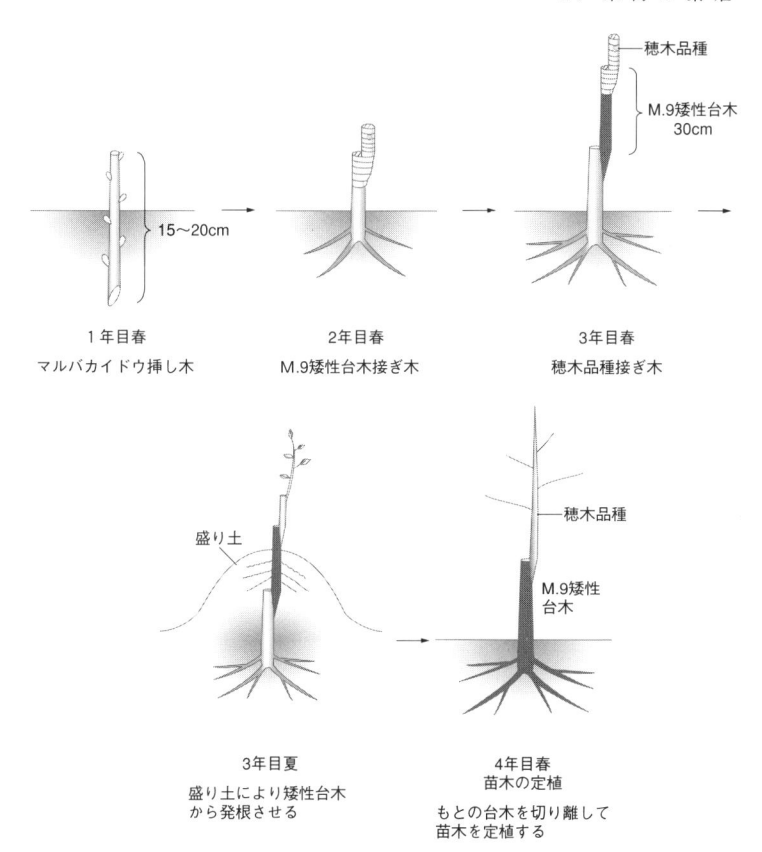

図4.4 二重接ぎ法による矮性台リンゴ苗木の生産過程

新する漸新更新，③新品種の特性や収益性が明確になっていない段階で，試験的に栽培する場合に，樹体の一部分に高接ぎする部分更新の3種類の方法がある．

b. 挿し木繁殖

挿し木は，枝，葉，根などの栄養器官の一部を母樹から切り離し，挿し床で不定根や不定芽を発生させて独立した個体を育成する繁殖法である．用いる材料の部位によって枝挿し，葉挿し，根挿しというが，果樹類の繁殖は主に枝挿しが発根しやすい種類で行われる．枝挿しは，用いる挿し穂の時期によって休眠枝挿しと緑枝挿しに分けられる．

1）休眠枝挿し

地温が上昇し始める3月中〜下旬に，充実した休眠中の1年生枝を15〜20cmの長さに切り，挿し穂の約2/3くらいを挿し木床に挿す．イチジク，キウイフルーツ，ブドウ，マルバカイドウ（リンゴ台木）などのように比較的発根しやすい果樹で行われる．休眠枝挿しは，緑枝挿しに比べ，挿し穂内の貯蔵養分の蓄積が多いため，発根後の生育も良好である．また，挿し床をフィルムでおおって蒸散を防ぐ密閉挿しが行われることもある．

2）緑 枝 挿 し

新梢の生育が停止する6〜7月に挿し穂を採取し，10〜15cmの長さに切って上位葉2〜4枚を残し，葉からの過度の蒸散を防ぐためにほかの葉を取り除いてから挿し床に挿す．発根前の挿し穂の乾燥を防止するのに，通常ミスト（人工細霧）装置が用いられる．また，発根しにくい種類でも，インドール酪酸（IBA）などの合成オーキシン剤で挿し穂の基部を処理することで発根が促進される（図4.5）．ブルーベリー，スグリ，キウイフルーツなどで行われる．

3）不定根形成

挿し木の発根は，親植物から切り離された挿し穂基部に不定根が分化・発達する現象である．不定根の起源は根原体（根原基，root primordium）であるが，その起源や発生部位は樹種により異なっている．リンゴ，マルメロ，スグリなどでは，枝の組織内にあらかじめ根原体が存在し，挿し木によって発根するのに対し，ブドウやイチジクでは，先天的に枝内に根原体をもたず，挿し木後に根原体が分化し，発根する．また，キイチゴ類では，挿し木により挿し穂基部の切断面にカルスが形成され，カルス内に根原体が分化し，そこから発根する．これらの根原体の多くは，枝内の形成層，形成層と接した師部内射出組織，師

図 4.5 種々の濃度のインドール酪酸（IBA）を処理したナシ台木（マンシュウマメナシ）の緑枝挿しによる発根状態
IBAの濃度は，上からそれぞれ，0, 25, 50, 100ppmで，24時間挿し穂の基部を浸漬処理した．

部などから発生してくる．

　不定根形成は，挿し穂の採取時期や部位，母樹の幼若性（juvenility），挿し床の環境条件などに大きく影響される．また，不定根形成にはオーキシンが主要因となり，フロログルシノールなどのフェノール化合物が発根補助要因としてオーキシンと相互作用するものと考えられている．

c. 取り木

　親株についたままの枝から発根させ，切り離して独立した個体にする繁殖法である．取り木の方法には，枝を土やもみがらでおおって発根させる横伏せ法（圧条法，tip または trench layering）および，盛り土法（mound layering または stooling）と，枝を環状剝皮（ringing）した後，その部分を水ごけなどで包んで発根させる高取り法（air layering）がある．挿し木発根が困難なリンゴの矮性台木は横伏せ法や盛り土法で繁殖させる（図 4.6）．

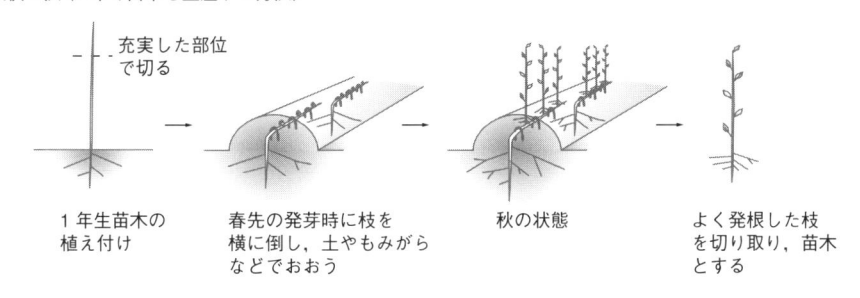

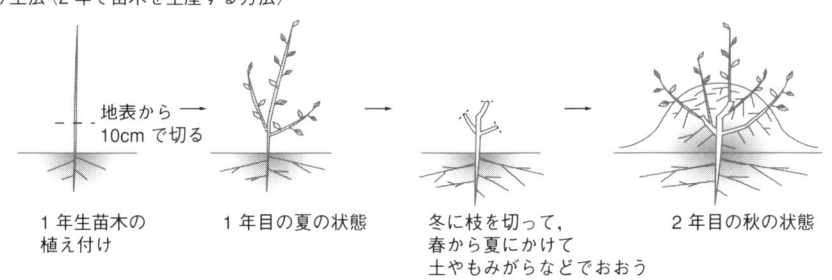

図 4.6 取り木による苗木の生産方法

d. ウイルスフリー（ウイルス無毒）苗の生産

果樹の苗木は，接ぎ木や挿し木，取り木などの栄養繁殖によって生産されるので，穂木や台木がウイルスに汚染していると繁殖した苗木はすべてウイルス保毒苗となり，ウイルス伝搬の原因となる．したがって，果樹苗木の繁殖に際してはウイルス除去とその確認のための検定が必要である．なお，ウイルスは通常種子繁殖では伝染しない．

果樹のウイルスフリー化の技術には，熱処理法，茎頂培養法，茎頂接ぎ木法，珠心胚実生の利用などがある．これまで種々の果樹において，生育不良，果実の収量や品質の低下をもたらすウイルスの存在が報告され，現在では熱処理法や茎頂培養法，または両者の併用によってウイルスフリー化された果樹苗が生産されている．

1) 熱処理法

樹種やウイルスの種類によっても異なるが，植物体の生育限界に近い高温（約38℃）条件で，3カ月前後，熱処理を行う．熱処理によって伸長した新梢の先端部をウイルスフリー台木に接ぎ木し，ウイルス検定を行う．

2) 茎頂培養法

茎頂培養法は，ウイルス罹病植物からウイルスフリー化植物をつくる手段としてMorelとMartin（1952）[1]により最初ダリアで開発され，その後この方法により多くの植物でウイルスが除去できることが明らかにされた．植物体がウイルスに汚染されていても生長点付近の組織はウイルスに汚染されていないので，茎頂組織を摘出し試験管内で培養すればウイルスフリー化植物が得られる．ウイルスフリー化に用いる茎頂組織の大きさは，除去するウイルスの種類によっても異なり，除去しやすいウイルスでは0.5mm，除去しにくいウイルスでは0.2〜0.3mmの茎頂が用いられる．リンゴやナシが潜在的に保毒するASGV（apple stem grooving virus）などのような除去しにくいウイルスでは，熱処理法と茎頂培養法を併用してウイルスを除去する．

茎頂培養法はウイルス除去と同時に苗木を大量に増殖する方法としても用いられる．

3) 茎頂接ぎ木法（micrografting）

ウイルス除去のための茎頂培養が困難なカンキツ類で開発された方法である．試験管内で無菌的に育成した実生台木に0.2〜0.3mmの茎頂を接ぎ木し，ウイルスフリー化個体を得る方法である（図4.7）．

茎頂接ぎ木法は，熱処理で除去できないエクソコーティスウイロイドを除去する方法として開発された．この方法は，結果年齢に達した成木の茎頂を用いれば，得られる植物体は珠心胚実生のように若返りしないので，育苗年数を短縮できる利点がある．

4）珠心胚実生法
ウイルスやウイロイドは種子伝染しないので，多胚性のカンキツ品種では珠心胚実生の育成によりウイルスフリー苗が得られる．珠心胚実生から育成した植物体は幼若相（juvenile phase）の状態に戻るので，開花結実までに長期間を要する．

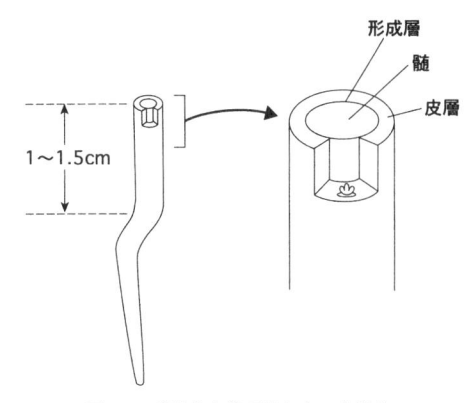

図 4.7 試験管内茎頂接ぎ木の方法[2]

5）ウイルス検定
ウイルスフリー化によって育成された植物は，実際にウイルスが除去されているか確認する必要がある．果樹類のウイルス検定には，接ぎ木検定法と抗血清法（ELISA法）がよく用いられる．接ぎ木検定法は，特定のウイルスに対して病徴を発現する植物（指標植物）に接ぎ木し，病徴の有無を調べて検定する方法で，果樹の種類によって各ウイルスに対する指標植物が開発されている．抗血清法は，個々のウイルス特有の抗原抗体反応を利用して，ウイルスの抗血清と被検植物の汁液を反応させ，特異反応の有無によって検定する方法である．この方法では，微量のウイルスの存在を短時間で確認できるが，抗血清の得られていないウイルスでは検定できない欠点がある．

e. 組織培養による大量増殖
植物は茎頂組織を含め，葉，茎などの器官や脱分化したカルスからも植物体を再生する能力（分化全能性，totipotency）をもっているため，効率的に再生可能な場合には組織培養を利用して植物体を大量に増やすことができる．

1）茎頂培養法による大量増殖
茎頂培養による大量増殖はこれまで草本作物で広く行われてきたが，近年果樹の繁殖方法としても利用されるようになってきた．この方法は，茎頂から葉条

（シュート）の生育を促進させ，この葉条からさらに腋芽を発生させて増殖する．この方法により繁殖された個体は，茎頂（meristem）からの栄養繁殖体（clone）となるので，メリクロン（mericlone）と呼ばれる．培地へのサイトカイニンの添加は，葉条の頂芽優勢性を弱め，腋芽の発生を促す．

茎頂培養による大量増殖法は次の4つの過程から成り立っている．

① 培養確立の過程： 茎頂を無菌的に培養し（初代培養，primary culture），健全な葉条を得る．

② 増殖過程： 葉条を繰り返し，培養して増殖する（継体培養，subculture）．

③ 発根過程： 葉条を培養器内で発根させる．

④ 順化過程： 発根した植物体を培養器外に出して順化させた後，畑に移植する．

この方法では，挿し木などで栄養繁殖困難な植物を繁殖させることが可能で，繁殖された植物体も遺伝的に安定している（図4.8）．

2） 茎頂以外の組織を用いた大量増殖

自律的発育能力をもつ茎頂以外の器官やカルスから，不定芽（adventitious bud）や不定胚（体細胞胚，somatic embryo または embryoid）を経て植物体を再生させ，繁殖させる方法である．

植物体の葉，茎，根などの器官から培地中のオーキシンとサイトカイニンの比率を変えることで組織上に直接不定芽を分化させる不定芽誘導法は，数種の果樹において報告されている．このうち，葉片から不定芽を誘導する方法は，ほかの器官に比べ再生率や増殖効率が高い．また，この方法はアグロバクテリウムを用いた形質転換体作出の方法としても用いられる．

植物体の組織から直接不定胚を発生させたり，誘導したカルスから不定胚を発生させて植物体を得る不定胚誘導法は，草本作物では多くの例があるが，果樹類では成功例はまだ少ない．カンキツ類の珠心由来のカルスは不定胚形成能をもち，糖またはホルモン類の制御によりカルスから不定胚を経て植物体を得ることができる．カンキツ以外にもブドウ，リンゴなどで不定胚形成能をもつカルスの例が示されているが，一部の品種に限られ，まだ安定した技術にはなっていない．また，カルスを長期に培養して得られた植物体では変異が生じることがある（体細胞変異，somaclonal variation）．

図 4.8 組織培養を利用したナシ台木（カレリアーナ）の大量増殖の過程
① 茎頂培養法によって育成したシュート（葉条）を継代培養により大量に増殖する．
② 低い濃度のインドール酪酸（IBA）で発根させる．
③ 発根した幼苗を鉢上げし，湿度を少しずつ下げて順化する．
④ 順化した幼苗を大きな鉢に植え，苗木として育てる．

4.2 果樹の育種

a. 果樹育種の特徴

果実の生産を目的とする永年性木本作物である果樹の育種には，1，2年生草本作物の育種ではみられない次のような特徴がある．

① 実生が開花結実するまでの期間（幼若相）がきわめて長い．

② 個体が大きくなるため，育成期間中に広大な圃場を要し，多大な労力と経費が必要となる．

③ 育種目標となる果実形質の多くは，量的形質（quantitative character）でポリジーン（polygenes）によって支配されているので，環境の影響を受けやすく変動しやすい．また，樹齢によっても果実形質は変動するので，選抜に長期間を有する．

④ 果樹は雑種性が強く，世代促進も容易でないため，有用形質に関する遺伝情報が乏しく，計画的な育種が進めにくい．

⑤ 自家不和合性，他家不和合性，花粉不稔性，雌雄異株などの種・品種が多く，優良品種間での交雑が困難な場合が多い．

⑥ 優良個体がいったん得られれば，栄養繁殖により増殖できるので，種子繁殖性植物のように遺伝形質を固定する必要がない．

⑦ 枝変わりなどの突然変異による品種群が多い．

b. 育種年限の短縮と育種の効率化

果樹の育種は，品種や系統間の交雑によって実生を育成し，その実生群から優良個体を選抜して新品種を育成する交雑法によって主に行われる．交雑育種法による果樹の育種は，交雑から種苗登録による命名発表までに約20年間もの年月を必要とする．果樹育種においては育種年限を短縮し，育種効率を高めなければならない．

育種効率を高めるためには，育種目標となる諸形質をもつ実生を多量に育成し，選抜効率を高めるとともに，早期検定により育種過程に要する時間や労力を短縮する必要がある．また，近年では多くの果樹で育種目標となる諸形質にそれぞれ連鎖したDNAマーカーの開発が進みつつあり，DNAマーカーを利用した早期選抜による育種の効率化も試みられている．

1） 早期検定法

播種した実生あるいは幼植物の段階で特定の形質を検定して，育種効率をあげようとするものである．病害虫抵抗性，矮化性，耐凍性，養分吸収性などについて研究が行われており主に耐病性の早期検定法が一部の果樹で実用化されている．

ニホンナシでは，黒斑病と黒星病の早期検定を実生苗の本葉に胞子懸濁液を接種して抵抗性の検定を行うことができる．リンゴの斑点落葉病や黒星病についても同様に検定することができる．また，ナシの黒斑病やリンゴの斑点落葉病では特定の毒素（宿主特異的毒素）が産生されることにより病害が引き起こされることから，これらの毒素を用いた早期検定も行われている．

リンゴでは，交雑により側枝のあまり伸びない省力化樹形を示すカラムナー型（columnar type）の早期選抜が行われ，これらの中から良好な果実品質をもつ系統の選抜が検討されている．

2） DNAマーカーを利用した早期選抜による育種の効率化

育種目標となる形質とその形質に密接に連鎖するDNAマーカーや遺伝子自体を調べることで，早期選抜による育種の効率化がはかられるため，現在，多くの

果樹でDNAマーカーの開発が進められている．

リンゴでは，黒星病，うどんこ病，斑点落葉病，アブラムシなどの病害虫抵抗性遺伝子，カラムナー型遺伝子，果皮着色遺伝子，自家不和合性遺伝子，果実の成熟・貯蔵性に関与するエチレン合成系遺伝子などの連鎖マーカーや遺伝子が明らかにされている．

カキでは，果実の甘渋に連鎖するDNAマーカーの開発が進められ，幼植物段階で甘ガキだけを選抜する試みがなされている．

開花結実するまで長期間を要する果樹では，今後，果実の成熟や品質成分に関係する遺伝子が次々に明らかになるものと考えられ，これらの遺伝子やDNAマーカーを利用した早期選抜も急速に進むことが予想される．また，DNAマーカーの開発に伴い，多くの果樹でゲノム全体のマッピングも進みつつある．

3） 開花促進

交雑実生の枝を成木に高接ぎすることで，開花結実までに要する期間を短縮することができる．また，実生の枝や高接ぎした枝を水平方向に誘引することで花芽が着生しやすくなる．この性質を利用し，リンゴ，ニホンナシ，カンキツ類では実生樹や高接ぎした枝を斜めに2～3m伸長させた後，棚に水平に誘引して早期に開花させる方法が用いられる．高接ぎする枝は，実生樹のなるべく先端部の成木相（adult phase）に近いものを用いると開花が促進される．

c. 遺伝資源の収集と保存

交雑などにより目標となる有用遺伝子を導入して新品種を育成する上で，多くの可能性をもつ遺伝資源の確保は育種の第一歩となる．現在広く普及している品種ばかりでなく，過去の在来品種や野生種までも交雑材料となりうるので，遺伝資源として収集・保存する必要がある．果樹の遺伝資源は樹体が大きくなるため，その保存には広大な土地と労力や費用がかかる．国内外から収集された果樹の遺伝資源は，公共の試験研究機関や大学で保存されており，育種を発展させる重要な素材を提供している．独立行政法人農業技術研究機構果樹研究所（旧農林水産省果樹試験場）では，各地に設置された研究部で種々の果樹の品種・系統の保存が行われており，同機構の生物資源研究所が遺伝資源銀行（gene bank）の窓口としての役割を果たしている．

一方，圃場の代わりに，試験管内で遺伝資源の植物体を保存・維持する試みもなされている．無菌的に取り出した茎頂組織を液体窒素中で保存し，必要に応じ

て植物体に復元しようとするものである．この技術は，凍結保存と呼ばれているが，実用化には多くの解決すべき問題が残されている．また，試験管内で育成した植物体の生長を低温下で抑制しながら保存する試みもなされているが，保存可能期間は数年間と凍結保存のように半永久的ではない．

d. 育種方法

果樹の育種方法には，分離育種，導入育種，交雑育種，突然変異育種，倍数性育種などがある．また，近年はバイオテクノロジー技術を利用した細胞工学的手法による育種や遺伝子組換え技術を利用した育種も試みられている．

分離育種は，自然集団または在来品種の中から特定の優良形質を選び出して新品種をつくり出す方法である．在来品種や民間育成品種にはこの方法によって選抜された品種が多い．

導入育種は，元来その地方になかった品種を他の地方または海外から導入してそのまま品種として用いる方法である．明治初期にわが国に導入されたリンゴ，ブドウ，セイヨウナシ，オウトウなどの多くの品種はその好例である．

1) 交雑育種

計画的に新品種を育成する場合，ほとんどが交雑育種によって行われる．果樹育種の基本となる育種法であり，現在栽培されている品種の多くは交雑育種により育成されている．

交雑育種は通常，同種内の品種や系統間の交雑によって行われる場合が多い．しかし，属や種を異にする植物間の交雑により品種が育成されることもある．カンキツ類，ブドウ，核果類，クリなどでは，種間雑種（interspecific hybrid）あるいはその後代から育成された個体が品種として経済栽培されている（表4.2）．

2) 突然変異育種

突然変異には，枝変わり（芽条変異，bud sportまたはbud mutation）などによって自然に生じる自然突然変異と人為的に放射線照射などによって誘起される人為突然変異がある．

自然突然変異は，果皮の着色性やその早晩性，果形，種子の有無，樹形など目につきやすい形質が枝ないしは樹単位で突然変異し，その形質が優良な場合，選抜の対象とされる．カンキツ類，リンゴ，モモ，ブドウには枝変わりによる品種が多い．また，ニホンナシ'二十世紀'の自家和合性突然変異品種'おさ二十世紀'のように目につきにくい形質が変異した事例もみられる．

表4.2 種間雑種による品種の育成例

果樹の種類	交雑親			育成品種
カンキツ	宮川早生 (*C. unshiu*)	×	トロビタオレンジ (*C. sinensis*)	清見
	上田温州 (*C. unshiu*)	×	ハッサク (*C. hassaku*)	スイートスプリング
	ダンカングレープフルーツ (*C. paradisi*)	×	ダンシータンゼリン (*C. reticulata*)	セミノール
	清見 (*C. unshiu*×*C. sinensis*)	×	ポンカン (*C. reticulata*)	不知火（デコポン）
ブドウ	センテニアル (*V. vinifera*)	×	石原早生 (*V. labrusca*×*V. vinifera*)	巨峰
	巨峰 *V.v.*×(*V.l.*×*V.v.*)	×	カノンホールマスカット (*V. vinifera*)	ピオーネ
	ベーリー (*V. labrusca*)	×	マスカット・ハンブルク (*V. vinifera*)	マスカット・ベーリーA

　人為突然変異は，X線，γ線，熱中性子などの照射や化学物質により人為的に突然変異を誘発する方法である．ニホンナシ'二十世紀'ではγ線照射により黒斑病耐病性突然変異品種'ゴールド二十世紀'が得られ，その後同様にして'おさゴールド'が'おさ二十世紀'から，'寿新水'が'新水'からそれぞれ育成された．これらのもとの品種は黒斑病感受性遺伝子型が優性ヘテロ（Aa）で，γ線照射により感受性遺伝子（A）が抵抗性遺伝子（a）へと変化し，抵抗性の劣性ホモ（aa）となったためである．また，グレープフルーツの無核品種'スタールビー'は有核品種'ハドソン'に熱中性子を照射して育成された．

3）倍数性育種

　カキやセイヨウスモモなどの一部を除き，多くの果樹は基本的に2倍体である．このような2倍体を基本とする種類においても自然の染色体倍加により3倍体や4倍体が発生することがあり，実際に品種として栽培利用されるものも少なくない．倍数性育種は自然に発生した倍数体や人為的にコルヒチン処理により作出した4倍体を育成して行うが，2倍体と交雑し3倍体を作出する育種素材としても用いられる．

　ブドウの4倍体品種は'巨峰'，'ピオーネ'など大粒ですぐれた品種が多いことから，育種目標の1つとなっている．また，カンキツやブドウでは利用上無核が望まれることから，3倍体は無核品種を作出する育種目標にあげられる．しかし，3倍体品種も果実に単為結果性が備わっていないと果実の肥大は望めない．

4） キメラの利用

遺伝的に異なる組織が混在する個体をキメラ（chimera）という．植物のキメラには混在キメラ，区分キメラ，周縁キメラの3種類がみられるが，このうち周縁キメラは形質がきわめて安定している．植物の茎頂は3層の起源層（germ layer）からなり，各層から茎葉や花器の特定の器官が分化する．最外層の第1層（L-Ⅰ）は茎葉や果実の表皮系に，第2層（L-Ⅱ）は表皮の内側の葉肉組織や果実の果肉組織，種子などに分化する．また第3層（L-Ⅲ）は葉脈，維管束，木部などに分化する．これらの起源層が遺伝的に異なる組織となっている場合，周縁キメラ（periclinal chimera）となる．

リンゴ，ナシ，ブドウ，モモ，カンキツなどでこのようなキメラが知られており，枝変わりなどによる果皮や果肉の着色形質が変異した例が多い．セイヨウナシの'マックスレッドバートレット'，'スタークリムソン'は，それぞれ'バートレット'，'クラップスフェイボリット'からの着色系枝変わり品種である．'マックスレッドバートレット'ではアントシアニン生成の変異がL-Ⅱ層にまで及んでいるので，着色形質が後代に遺伝するが，'スタークリムソン'では変異がL-Ⅰ層に限られているためこの形質は後代に遺伝しない．グレープフルーツの'トムソンピンク'はL-Ⅰ層に，'フォスターピンク'はL-Ⅱ層にリコピン生成の変異を生じた周縁キメラである（図4.9）．

果樹のキメラでは，接ぎ木の癒合部からキメラが発生することがある．小林ミカンはL-Ⅰ層がウンシュウミカン，L-Ⅱ層がナツダイダイの接ぎ木キメラ（接ぎ木雑種）とされている．カンキツではこの接ぎ木キメラを利用し，そうか病に抵抗性の'川野ナツダイダイ'と果実品質良好な'福原オレンジ'を用いて接ぎ木による人為的合成周縁キメラが育成された．また，寛皮性でかいよう病抵抗性のウンシュウミカンに品質良好なオレンジを接ぎ木することによって，寛皮性と耐病性をもつオレンジの開発も行われている．

5） 細胞工学的手法による育種（細胞育種）

バイオテクノロジーの急速な発展に伴い，永年性木本作物の果樹においても細胞工学的手法を用いた細胞育種が試みられている．

ⅰ） 細胞育種の現状と課題　細胞育種技術には，茎頂培養法を用いたウイルスフリー化や大量増殖の技術から，特定の遺伝子を組み込んで新しい植物をつくる遺伝子組換え技術までさまざまな技術がある．しかし個々の細胞育種技術を進展させるためには，その基礎となる培養系の技術や植物体再分化の技術を確立す

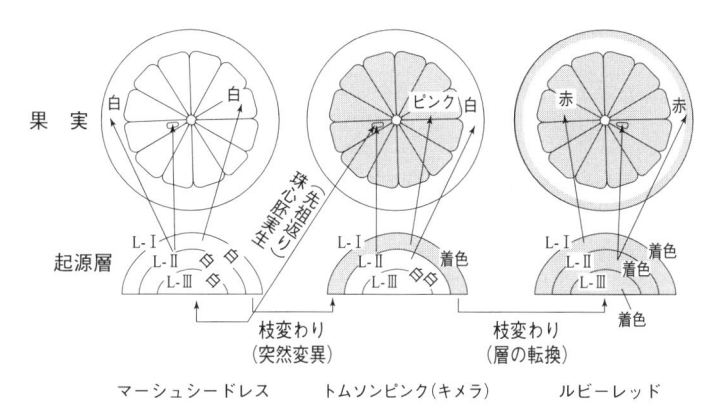

図 4.9 'マーシュシードレス'およびその着色変異系における起源層の遺伝組成と果実の着色[3]

る必要がある．永年性木本作物の果樹は，短年性草本作物に比べ，プロトプラストや細胞などからの植物体再分化が困難な場合が多く，細胞育種を利用した新品種育成の大きな障壁となっている．しかし，果樹は栄養繁殖性であるため，種子繁殖性植物のように遺伝形質を固定する必要はなく，多少，再分化効率が低くてもすぐれた形質を有する植物が育成されれば，接ぎ木などにより大量に増殖できる利点がある．

果樹のうち多くの細胞育種技術が確立されているのはカンキツ類である．カンキツ類では，母親と同じ形質をもつ珠心胚由来カルスの高い胚発生能（embryogenesis）を利用し，細胞融合による体細胞雑種の育成などを効率的に行うことができる．カンキツ類以外の果樹では，プロトプラストや細胞を培養しカルスまで成長させることは可能であるが，カルスからの植物体再生が困難なものが多い．しかし，これらの果樹においても一部の品種で胚発生能の高いカルス（embryogenic callus）の選抜やカルスからの植物体再分化技術が確立されつつあることから，今後これらの細胞工学的手法を用いた育種が期待される．

ⅱ) 胚培養による交雑胚の救済（embryo resque） 交雑によって受精した胚の発育が何らかの原因で不良となる場合，幼胚を試験管内で培養することで交雑個体を効率的に育成することができる．培養に用いる交雑胚は，種類によっても異なるが，魚らい型（torpedo stage）以降の胚で成功率が高い．

多胚性のカンキツ類の育種では，珠心胚の発育が旺盛であるが，受精胚の発育は不良となりやすく，交雑個体を効率的に育成するのに胚培養が用いられる．ま

図 4.10 胚培養を利用したリンゴとナシの属間雑種の育成
A：胚培養による雑種の育成（1：'ふじ'，2,3：'ふじ' × '大原紅'，4：'大原紅'），B：発根後，馴化中の雑種植物，C：リンゴ台木に接ぎ木した雑種植物，D：生育中の雑種植物，E：雑種植物の染色体数（リンゴ由来17本，ナシ由来17本の合計34本）の確認．

た，カンキツやブドウの3倍体無核品種を育成する手段としても有効な手法となっている．遠縁の種間交雑や属間交雑では，幼胚が早期に退化して種子が得られない場合が多く，種子が得られても発芽が不良であったり，幼苗時に枯死することが多い．属の異なるリンゴとナシの属間交雑においても，胚培養を利用することにより属間雑種（intergeneric hybrid）が育成されている（図4.10）．

　iii）細胞融合による体細胞雑種の育成　植物細胞から細胞壁を取り除いてプロトプラストの状態にし，ポリエチレングリコール（PEG）または電気パルスを作用させるとプロトプラストどうしが融合する．このようにして得られる体細胞雑種は，両方の染色体と細胞質がともに融合した雑種となる．

果樹における細胞融合で得られた体細胞雑種の成功例は，カンキツ類で多くみられる．トロビダオレンジとカラタチの体細胞雑種がOhgawara（1985）[4]により作出されて以来，種間や近縁野生種との組み合わせで多くの体細胞雑種が育成されている．カンキツ類のいくつかの体細胞雑種では，細胞質のミトコンドリアゲノムに再編成が生じたり，片方のミトコンドリアゲノムが消失することが知られている．カンキツ以外の果樹では，カキ品種間で体細胞雑種が得られている．

e. 果樹における遺伝子組換え

通常の交雑育種では，目標とする遺伝形質以外に両親の不必要な形質までも同時に取り込まれることが多いため，育種効率があがりにくい．これに対し，遺伝子組換えは対象植物の特性を変えずに目的とする形質のみを導入したり，植物以外の遺伝子でも導入することが可能で，とくに雑種性が強く育種期間の長い果樹では遺伝子組換えによる新しい育種法が期待されている．

植物の遺伝子組換え方法には，①プロトプラストとDNAを混合して電気パルスによりDNAを取り込ませるエレクトロポレーション法，②タングステンや金の微小粒子にDNAをまぶして植物組織に打ち込むパーティクルガン法，③土壌細菌のアグロバクテリウムのプラスミドを用い遺伝子を導入するアグロバクテリウム法などがあるが，双子葉植物ではアグロバクテリウム法が一般的に用いられている．

1） アグロバクテリウム法

土壌細菌のアグロバクテリウムは細胞内に自己複製できるプラスミドと呼ばれる環状DNAをもち，植物ホルモンや非タンパク態アミノ酸のオパインなどの合成遺伝子を含むT-DNA領域を植物の染色体に組み込むことで植物に毛根病や根頭がんしゅ病などの病気を誘発する．植物の遺伝子組換えは，このアグロバクテリウムのベクターとしての性質を利用してT-DNAを植物の染色体に導入することにより行う．遺伝子組換えに利用されるアグロバクテリウムには，毛根病菌（*Agrobacterium rhizogenes*）のRiプラスミドと，根頭がんしゅ病菌（*A. tumefaciens*）のTiプラスミドが用いられる．

*A. rhizogenes*のRiプラスミドのT-DNA領域には発根に関与する*rol*遺伝子群が座乗し，これによって得られる形質転換体は，一般に発根性が向上したり矮化性が付与される．この菌を接種すると感染部位から形質転換した毛状根（hairy root）が発生し，これを培養し植物体を再生させることで形質転換体が得られる

図 4.11 *Agrobacterium rhizogenes* 野生株によるリンゴの形質転換体の作出
A：アグロバクテリウム接種による毛状根の発生，B：毛状根からの不定芽再生，C：形質転換体マルバカイドウ（右，左は対照），D：矮化性を示す形質転換体'ふじ'（右，左は対照）．

（図 4.11）．果樹ではリンゴ，カキ，キウイフルーツ，カラタチなどで試みられている．

　近年，特定の外来遺伝子を導入する方法として操作が簡便なバイナリーベクター法が開発され，一般的に用いられている．この方法は，T-DNA 領域をあらかじめ取り除いたアグロバクテリウム（*A. tumefaciens*）に，感染に必要な *Vir* 領域を取り除いて外来遺伝子を導入したプラスミドを再導入して形質転換する方法である（図 4.12）．果樹においてもこの方法を用い，特定の外来遺伝子を導入し

た形質転換体が多数作出されている．カキでは，耐虫性を付与する目的で，土壌細菌 *Bacillus thuringiensis* の殺虫性毒素タンパク質遺伝子（*Cry* IA（c））が導入され，カキ害虫のイラガに高い殺虫活性を示す形質転換体が作出された（図4.13）．ナシ台木マンシュウマメナシでは，イネキチナーゼ遺伝子が導入され，白紋羽病耐病性の系統が作出されている．また，リンゴとセイヨウナシでは日持ち性を付与する目的でエチレン生合成系遺伝子をセンス（sense）ないしはアンチセンス（antisense）法でそれぞれ導入した系統が作出された．カンキツ台木のカラタチでは矮化性を付与する *rol C* 遺伝子が導入され，矮化を示すカラタチが作出されている．このように多くの果樹で特定の遺伝子を導入した遺伝子組換え植物が作出されているが，今後多くの有用遺伝子の解析を含め，遺伝子特異的な発現を調節するプロモーターや転写調節因子などの解析や利用が望まれている．

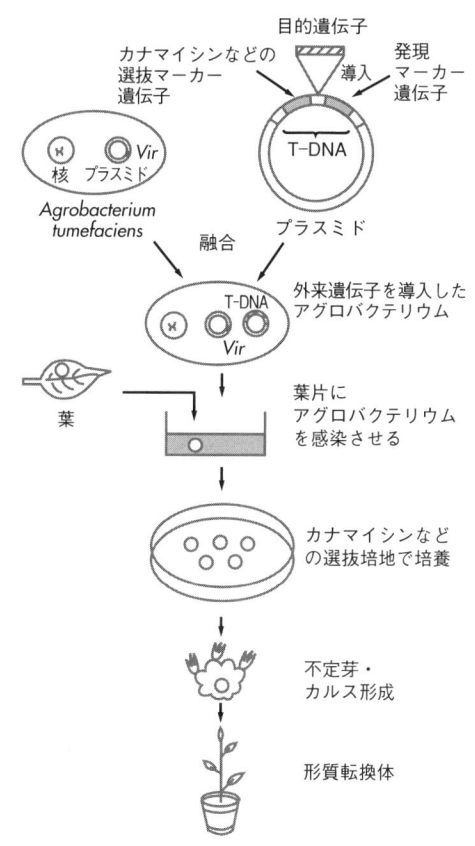

図4.12 アグロバクテリウムを用いたバイナリーベクター法による遺伝子組換え植物の作出方法

2） 遺伝子組換え作物の安全性評価

遺伝子組換え作物の開発と利用にあたっては世界各国でほぼ共通した安全基準が設けられ，この基準を満たさなければ商品化できないように規制されている．

わが国でも，遺伝子組換え作物の開発から商品化に至る各過程で作物の特性や安全性を調査し，評価するシステムが確立されている．最初の実験段階では，科学技術庁（現文部科学省）の「組換えDNA実験指針」に基づき，ベクターとして使用されるアグロバクテリウムの汚染や組換え植物の花粉などが戸外へ飛散し

図 4.13 BT 毒素タンパク質遺伝子（*Cry* IA（c））を導入したカキ'次郎'の形質転換体の作出[5]

A：アグロバクテリウム接種後 8 週目におけるカルス形成（1：カナマイシン無添加培地での無接種区，2：カナマイシン添加培地での無接種区，3：カナマイシン添加培地における形質転換カルス形成（矢印）），B：形質転換カルスからの不定芽再生，C：形質転換個体の育成，D：イラガの食害に対する形質転換体の耐虫性の評価（1：対照，2, 3：形質転換体）．

ないような閉鎖系の実験室および温室で，目的遺伝子の発現と安定性，生育特性，花粉稔性などが調査される．その後，通常の温室で従来の植物との種々の成分の比較や花粉の飛散などの評価がなされる．次の実用化のための研究段階として，農林水産省の「農林水産分野等における組換え体の利用のための指針」をもとに，隔離圃場での他の生物相への影響や雑草化などの環境に対する安全性評価がなされた後，一般圃場で実用化作物として特性評価が行われる．最終的に食品としての安全性は，厚生省（現厚生労働省）の安全性評価の指針に基づき，食品としての栄養成分の比較，導入タンパク質の発現と安定性，アレルギー性や発ガン性について評価がなされ，この段階で安全性が確認された作物のみが実用化に移されることになる．

f. 育種の現状

果樹の育種には，生産者や民間育種家による民間育種と，国公立試験場で一定

の育種目標のもとに行う官庁育種がある.

　果樹では,枝変わりや偶発実生の発見による品種が多く,これらの品種のほとんどが民間育種によって育成されている.とくにモモ,ブドウ,カンキツなどの栽培品種の多くは民間育種の占める割合が高い.

　農業技術研究機構果樹研究所では,つくば,盛岡,興津,安芸津,口之津の各研究部でそれぞれ対象果樹を分担し,育種を行っており,リンゴやニホンナシなどの多くの栽培品種がこれまでに育成されている.また,各県の試験研究機関では地域の特性を生かした果樹品種の育成を目指しており,特色ある新品種が各県で育成されている.

g. 種苗法と品種登録制度

　植物品種の育成者にも特許の発明者と同じように,育成者の権利や保護を与える国際的な「植物新品種保護に関する国際条約(UPOV 条約)」が締結されている.わが国でも UPOV 条約に基づき「植物品種保護制度(種苗法)」が制定され,新品種育成者の権利が保護されるようになった.

　育成された新品種は種苗法に基づいて,出願,審査された後,品種登録される.新品種の育成者権は,永年性作物の果樹では品種登録の日から 25 年間,種苗法によって保護される.　　　　　　　　　　　　　　　　　〔伴野　潔〕

文　献

1) Morel, G. and Martin, C. (1952): *Compt. Rend.*, **235**, 1324-1325.
2) Navarro, L. *et al.* (1975): *J. Amer. Soc. Hort. Sci.*, **100**, 471-479.
3) 岩田正利ほか (1978): 果樹園芸学, 朝倉書店, pp. 64-71.
4) Ohgawara, T. *et al.* (1985): *Theoretical and Applied Genetics*, **71**, 1-4.
5) Tao, R. *et al.* (1997): *J. Amer. Soc. Hort. Sci.*, **122**, 764-771.
6) 猪崎政敏・丸橋　亘 (1989): 果樹繁殖法, 養賢堂.
7) 小崎　格・野間　豊編著 (1990): 果樹苗生産とバイオテクノロジー, 博友社.
8) 長野県 (2001): 果樹指導指針, 長野県経済事業農業協同組合連合会.
9) 農山漁村文化協会編 (2000): 農業技術大系果樹編, 農山漁村文化協会, pp. 3-36.
10) 大澤勝次 (1994): 図集植物バイテクの基礎知識, 農山漁村文化協会.
11) 高山真策監修 (1993): 植物種苗工場―システム・生産・利用―, 化学工業日報社.

5. 開園と栽植

5.1 園地の整備

a. 果樹園用地

　果樹は，栽植後，長年にわたって同じ場所で栽培されるものであるから，果樹園用地には栽培に最も適した場所を選定することが大切である．適地でない場合は，適切な対策を講じ，果樹栽培に適した土地に変える必要がある．

　これからの果樹栽培は，生産コストを節減するために，園地をできるだけ集団化するのが望ましい．最近では，傾斜地でも大規模な基盤整備が行われ，また干拓地でも果樹が栽培されるようになった．

b. 未耕地の整備
1) 傾斜地の開墾

　わが国では，これまで，農耕に適した平坦地は優先的に米麦栽培に利用されてきたため，果樹栽培には主に傾斜地が利用されてきた．傾斜地の場合，傾斜角度15°以下では平坦地と同じように波状畑として開墾するが，15°以上では階段畑 (terraced field) または大区画の平坦畑 (flat field) に造成する．

　階段畑の造成では，山頂に水源かん養林 (water influent forest)，風上に防風林 (shelter belt) を残す (図5.1)．工法としては，斜面の上部から始め，山側を切って谷側に盛る切り盛り土工法と，切り盛り土工法によって最下段に1段目をつくり，次に2段目の切り土を落として1段目の表土とし，順次階段を下から上に造成していく全段面切り土工法がある．階段畑では，周囲の山林から雨水が流入するのを防ぐための承水路，およびその水を排水路に導くための集水路を設ける必要がある．開園後は，土壌表面を降雨から保護するために，草生 (sod) や敷わら (straw mulch) を行う．

　大区画の平坦畑は，造成に多くの経費を要するが，土地の利用効率が高く，また大型機械の導入が容易なため，労働生産性が高い．大区画造成は，地形が変わることによって微気候 (microclimate) が変化するので，冷気の停滞による寒害

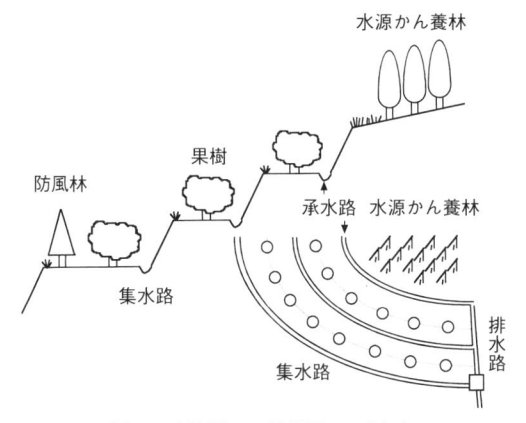

図 5.1　傾斜地での果樹園のつくり方

などへの対策が必要である．1区画が大きい場合，切り土（cutting）部分に栽植された果樹の生育は，開園当初は，盛り土（banking）部分に栽植されたものよりも緩慢であるが，年月がたつと，盛り土部分よりも旺盛になることが多い．

2） 干拓地の整備

米の生産過剰が続く中，干拓によって造成された農地で果樹栽培が行われるようになった．干拓地での果樹栽培は，大規模経営ができ，作業効率も高い．しかし，地盤が外水面よりも低いので，地下水位（groundwater table）が高く，また海面干拓によって造成されたところでは，塩分が作土層（plow layer）にまで上昇することがあり，とくに雨の少ない土地ほど上昇しやすい．果樹の根は地中深くまで生長するので，このような土壌に栽植すると生育障害を起こす．このため，干拓地では排水対策と除塩対策がとくに重要である．また，干拓地の土壌は比較的肥よくであるが，粘土質（clay soil）のことが多く，果樹園として利用する場合は，客土（soil dressing）などの土壌改良を行う必要がある．

c. 既耕地の整備

1） 水田転換園の整備

水田は，地下水位が高く，土壌が粘土質であるので，果樹を栽植しても生育不良や枯死をきたしやすい．このため，水田を果樹園として利用する場合は，暗渠排水（underdrainage）によって地下排水を徹底するとともに，客土によって栽培に適した土壌に改良する必要がある．客土は，旧水田の耕土の上に性質の異なる

別の土壌を大量に入れることが多いが，旧作土とすき床層は年月がたつにつれてさらに圧密され，透水性が低下するので，これを完全に破壊しておく必要がある．

2）改植と生育障害対策

果樹栽培では改植（replanting）を必要とすることがあるが，同じ種類の果樹を連続して栽植すると，後代の生育が劣ったり，樹が枯死したりする．これをいや地（soil sickness）と呼び，現在では連作障害（replant failure）といっている．いや地は，モモやイチジクでとくに発生しやすい．

いや地の原因として，毒物質（toxic substance），土壌線虫（nematode），土壌病害（soil disease）などがあり，とくに最初の2つが重要である．モモやスモモなどの核果類では，樹体内にプルナシンやアミグダリンなどの青酸配糖体が含まれ，とくにいや地との関係が深いプルナシンは根に多い（表 5.1）．これらが分解すると，HCN，ベンズアルデヒド，安息香酸などの毒物質に変わり，根の呼吸作用を阻害して，樹を衰弱させる．モモのいや地には，縮合型タンニンやホルモン様物質も関係している．ネコブセンチュウやネグサレセンチュウなどの線虫類は，モモの根を食害するだけでなく，青酸配糖体を分解して，根の機能を低下させる．

いや地防止には休耕（fallowing）や輪作（crop rotation）が有効であるが，耕作面積の小さいわが国の果樹栽培では，その導入は難しい．改植を急ぐ場合は，土壌中の根をできるだけ除去し，前作とは異なる位置に客土してから栽植する．青酸配糖体に由来する毒物質は嫌気条件下で生成されやすいので，通気性のよくない園地では排水対策や土壌改良につとめる．線虫が原因の場合は土壌消毒を行う．線虫抵抗性台木に接いだ苗木を利用するのも有効である．

表 5.1 モモ'大久保'樹体内の青酸配糖体の分布 [1]

部　位	青酸配糖体の種類	青酸配糖体の含量（mg・gFW^{-1}）		
		5月23日	6月6日	6月20日
葉	プルナシン	1.81	2.71	1.69
1年生枝	プルナシン	1.14	2.00	6.60
果肉	プルナシン	0.98	0.15	0.19
種子	プルナシン	8.26	3.09	5.45
	アミグダリン	—	—	0.31
根	プルナシン	11.22	12.03	10.77

5.2 栽植の様式

a. 栽植方式

正方形植え（square planting），長方形植え（rectangular planting），並木植え（row planting），千鳥植え（staggered row planting）などがある．これまでは，正方形植えが多かったが，大型の農業機械の走行には，長方形植えか並木植えが適している．

b. 栽植距離

栽植距離（planting distance）は，果樹の種類や品種，台木の種類，土壌の肥よく度などによって異なる．また，開園時に所定の距離に疎植（space planting）するか，あるいは成園時の栽植本数の数倍もの苗木を密植（dense planting）するかによっても異なる．

単位面積当たりの栽植本数を栽植密度（planting density）といい，わが国では10a当たりの栽植本数で表されることが多い（表5.2）．栽植密度が低すぎると，空間が大きすぎて収量が上がらず，反対に高すぎると，樹冠内の光条件が悪くなって品質のよい果実が生産できない．

c. 受粉樹の混植

果樹の種類や品種によっては，自家不和合性（self-incompatibility）のもの，花粉に稔性（fertility）のないもの，花粉がないか少ないものなどがある．このような場合，受粉樹（pollinizer）として，花粉供給用の品種を，主力品種の10〜

表 5.2　栽植距離と10a当たりの栽植本数

樹間距離 (m)	列間距離 (m)								
	2	3	4	5	6	7	8	9	10
1	500	333	250	200	167	143	125	111	100
2	250	167	125	100	83	71	63	56	50
3	167	111	83	67	56	48	42	37	33
4	125	83	63	50	42	36	31	28	25
5	100	67	50	40	33	29	25	22	20
6	83	56	42	33	28	24	21	19	17
7	71	48	36	29	24	20	18	16	14
8	63	42	31	25	21	18	16	14	13

20％を混植する必要がある．受粉樹には，交雑和合性（cross-compatibility）であることに加えて，それ自体も商品性の高い果実を生産するものがよい．

d. 計画密植栽培

わが国では，栽植距離を広くして樹を大きく育てる，疎植大木による果樹栽培が主流であったが，零細な経営規模にあって，疎植栽培で成園になるのを待つのは経済的負担が大きい．そこで，早期からの収入確保のために，密植栽培が行われるようになった．果樹栽培における密植化の傾向は，世界的な趨勢である．

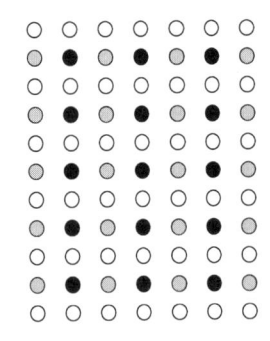

○第1回間伐樹　◎第2回間伐樹　●残存樹
図 5.2　長方形植えによる計画密植栽培

密植栽培には，開園時には最終的な栽植密度の数倍もの苗木を植え，樹冠（crown）の拡大に伴って，順次間伐するものから，矮化栽培のように開園時の栽植密度をそのまま維持するものまで種々の方法があり，またその程度も低密植から超密植までいろいろである．矮化栽培については，本章 5.4 項で述べる．

計画密植栽培は，樹冠の拡大とともに計画的に間伐（tree thinning）や移植（transplanting）を行い，成木になった時点であらかじめ予定していた栽植本数にする方法である．この方法は，1960 年代にウンシュウミカンで開発され，その後カンキツ栽培に広く普及した．カンキツ類のように成木に達するまでの年数が長い果樹では，計画密植栽培法における幼木期の単位面積当たりの収量は，疎植栽培法に比べて著しく多い．間伐は，一度に行うよりも，数年おきに 2～3 回に分けて行うのがよい（図 5.2）．

5.3　栽植の方法

a. 種類・品種の選定

果樹栽培の適地を決める最も大きな気象要因は，温度と降水量である．農林水産省は，わが国の主要な果樹産地における最近 20 年間の気象データから，果樹栽培に適した自然条件に関する基準を定めている（表 5.3）．気温は年平均と夏半期（4～10 月）の平均および冬期の最低極温が示され，また降水量はマイナス要因としての上限が示されている．栽植する果樹の種類は，これを参考にして決めるが，このほか晩霜や強風の害，土壌条件なども考慮する必要がある．

表 5.3　果樹栽培に適する自然条件に関する基準[2]

区分 果樹の種類	気温			降水量
	年平均	4月1日～10月31日の平均	冬期の最低極温	
カンキツ類				
ウンシュウミカン	15℃以上		－5℃以上	
リンゴ	6℃以上 14℃以下	13℃以上 21℃以下	－25℃以上	1300mm 以下
ブドウ	7℃以上	14℃以上	－20℃以上 (ヨーロッパ種については－15℃以上)	1600mm 以下 (ヨーロッパ種については1200mm 以下)
ナシ				
ニホンナシ	7℃以上	13℃以上	－20℃以上	('二十世紀'については1200mm 以下)
セイヨウナシ	6℃以上	13℃以上	－20℃以上	1200mm 以下
モモ	9℃以上	15℃以上	－15℃以上	1300mm 以下
オウトウ	7℃以上 14℃以下	14℃以上 21℃以下	－15℃以上	1300mm 以下
ビワ	15℃以上		－3℃以上	
カキ				
甘ガキ	13℃以上	19℃以上	－13℃以上	
渋ガキ	10℃以上	16℃以上	－15℃以上	
クリ	7℃以上	15℃以上	－15℃以上	
ウメ	7℃以上	15℃以上	－20℃以上	
スモモ	7℃以上	15℃以上	－18℃以上	
キウイフルーツ	12℃以上	19℃以上	－7℃以上	
パイナップル	20℃以上		7℃以上	

　栽植する品種は，立地条件に適したものであることに加えて，市場性があり，安定した果樹園経営ができるものでなければならない．近年，多くの果樹で新しい品種が数多く育成されているので，消費の動向なども考慮して選定する．

b.　苗木の準備

　苗木は，市販のものか自家生産したものを用いる．市販の苗木は，掘り上げてから日数がたち，根が乾燥していることがあるので，購入後は仮植えして，十分に灌水する．早掘りした苗木は，充実不良により，植え付け後に枯死しやすいので，苗木の掘り上げは11月以降に行うのが望ましい．

　根はできるだけ切らないほうがよいが，太い根はわずかに切り返し，切断面をなめらかにしておく．根が病害虫に侵されている場合は，その部分を切り捨て，薬剤で消毒する．枝の切り返しの程度は，根の量，枝の充実度，および将来の主

幹の長さによって異なる．病害虫に侵された枝や二次伸長した枝は切り捨てる．花芽が着いている場合は取り除く．

c. 植え付け時期

落葉果樹の植え付け（planting）は，落葉直後（秋植え）か発芽前（春植え）に行う．秋植えは，発芽前に新根が発生するので，活着がよい．しかし，寒冷地や強風地では，凍害や干害を受けないよう根元に盛り土し，わらなどで枝を保護する必要がある．豪雪地では，降雪によって枝折れしやすいので，春植えが無難である．春植えは，遅いと新根が傷つきやすいので，必ず新根が発生する前に行う．

常緑果樹では，春の発芽直前に植え付けるのが普通である．カンキツ類では4月頃，ビワでは2月頃に行い，気温の低い地方でも3月までに植え付ける．春枝の生長が止まり，新根の生長が盛んな梅雨期に行うこともある．暖地では，秋植えすることがあるが，この場合は，寒害防止のために枝を被覆する必要がある．

d. 植え付けとその後の管理

わが国では，大きな植え穴（planting hole）に有機物や化学肥料を混合した土壌を入れ，その上に植え付けるのが一般的である．しかし，これは旺盛な初期生育を期待した疎植栽培の名残と思われ，やせ地でない限り，その必要はない．

植え付けは，図5.3に示したような手順で行う．根を四方に広げ，根の間に土壌を充填する．植え付けの深さは，一般に浅いほうがよく，接ぎ木部が地表面よりも上になっていなければならない．深植すると，接ぎ木部から病原菌が侵入し，また自根が発生して，台木の特性を十分に発揮できない．

植え付け後は，支柱を立てて枝を誘引し，十分に灌水した後，乾燥や寒さの害を防ぐために敷きわらを行う．

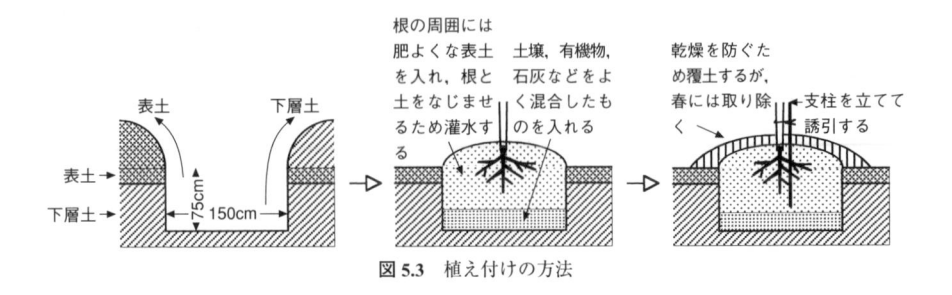

図5.3 植え付けの方法

5.4 矮 化 栽 培

a. 矮化栽培の目的

　果樹の多くは喬木性で，しかも立木仕立てのため，栽培管理には多くの労力と時間を必要とする．たとえば，リンゴの収穫に要する時間は，脚立が必要な高さの 2m 以上ではそれ以下に比べて 7 割も多い．そこで，樹高を低くして作業効率を高め，また密植にして早く成園化することを目的に，矮化栽培法が開発された．矮性台木を用いたリンゴの矮化栽培が成功して以来，これは近代的果樹生産技術として世界的に注目されるようになり，多くの果樹でその可能性が検討されている．

b. 矮化栽培の形態

1）整枝・せん定による方法

　従来の標準的な共台（free stock）を使って並木状に密植し，主幹形あるいは 2 本主枝に仕立て，主に夏季せん定（summer pruning）によって樹勢を調節する方法である．カナダやオーストラリアでは，モモを密植（70〜200 本/10 a）し，灌水制限や矮化剤処理の併用によって，樹勢を調節している．

　リンゴのメドウオーチャード（meadow orchard）は，牧草を刈りとるように，収穫時に接ぎ木直上部で一斉に刈り込む方式である．超密植（7000 本/10 a）にして，収穫やせん定の作業をすべて機械化し，収穫した翌年は新梢生長だけを行わせ，花芽の分化を促す．リンゴよりもモモに適合し，これには機械収穫を主とする機械システムと，2 本の主枝を毎年交互に利用する集約システムがある（1.2 節参照）．

2）根域制限による方法

　ビニールなどで根が生長できる範囲を制限し，密植にして栽培する方法である．根域制限（rooting-zone restriction）によって，地上部の生長が抑制され，樹は矮化する．ウンシュウミカンやイチジクでは，収穫用のコンテナなどに植え付けて栽培する，ボックス栽培（box culture）も行われている．

3）矮化剤を利用する方法

　ジベレリン合成阻害剤であるパクロブトラゾールやウニコナゾール，アンチオーキシンであるマレイン酸ヒドラジドなどの矮化剤（growth retardant）を枝葉に散布または土壌に灌注して，新梢生長を抑制する方法である．種々の矮化剤につ

いて，その有効性が試験され，わが国ではパクロブトラゾールの生育抑制効果がリンゴ，ニホンナシ，モモなどで報告されている．

4） 矮性台木を利用する方法

矮性な台木に栽培品種の穂を接いで密植し，主に主幹形整枝によって，低樹高で栽培する方法である．イギリスで開発されたリンゴの矮化栽培は，世界各国に普及し，わが国にも1万ha以上の面積がある．この方式での矮化栽培の可能性が，リンゴ以外の果樹でも検討されている．詳細については次項で述べる．

5） 遺伝的矮性樹を利用する方法

遺伝的に短果枝を形成しやすい品種や系統は，一般に樹勢が弱いので，これを利用する方法である．リンゴではデリシャス系にスパー型のものが多く，モモやオウトウでもいくつかの系統が知られている．モモやリンゴでは，矮性遺伝子の導入による矮性品種の開発が進められている．これら以外の果樹でも，矮性品種の開発が進められているが，実用性のあるものは得られていない．

c． 矮性台木を用いた矮化栽培

1） 矮性台木の種類と特性

各種果樹における矮性台木（dwarfing rootstock）の種類を表5.4に示した．

リンゴでは，イギリスのイースト・モーリング（East Malling）試験場でM系が選抜された後，イギリス（MM系），ドイツ（DAB系），ポーランド（P系），アメリカ（CG系など）などで育成されてきた．わが国では，果樹試験場盛岡支場で，M系とマルバカイドウとの交雑により，JM系台木が育成されている．

モモでは，ユスラウメ，ニワウメ，ウエスタンサンドチェリーなどに矮化の効果がある．ミロバランスモモ，サンジュリアンスモモ，オヒヨモモなども矮化に有効で，また果樹試験場で育成された'筑波2号'と'筑波3号'は低木性である．

オウトウでは，イギリスで育成されたコルトが有望とされていたが，わが国で用いられているマザクラよりも強勢であることが明らかにされている．

セイヨウナシでは，マルメロから選抜されたEM-A，EM-B，EM-Cなどに矮化効果がある．これ以外の樹種では，実用性のある矮性台木は得られていない．

2） リンゴの矮化栽培

世界的にはM.9が最もよく利用されている．わが国では，M.26の利用が多いが，最近はM.9の利用も増えている．矮化の程度は台木によって異なり，M.26はM.9とM.7のほぼ中間である（表5.5）．M.26は，気根束（burrknot）が多発

表 5.4 各種果樹の矮性台木

果樹の種類	矮 性 台 木
リンゴ (*Malus pumila*)	M系（イースト・モーリング試験場），MM系（イースト・モーリング試験場とジョン・イネス試験場），DAB系（ドイツ），P系（ポーランド），CG系（コーネル大学とニューヨーク州立農業試験場），MAC系（ミシガン州立大学），JM系（農林水産省果樹試験場盛岡支場）などがある．
セイヨウナシ (*Pyrus communis*)	マルメロ（*Cydonia oblonga*）から選抜されたクインスA（EM-A），B（EM-B），C（EM-C）などがある．ただし，マルメロは，セイヨウナシとは属が異なり，接ぎ木不親和性があるので，親和性を示すセイヨウナシ品種（'オールドホーム'，'フレミッシュビュティ'，'ブレーレアンデイ'など）が中間台木として用いられる．オーストラリアでは，マメナシ（*P. calleryana*）の選抜系統が利用されている．
モモ (*Prunus persica*)	ユスラウメ（*P. tomentosa*），ニワウメ（*P. japonica*），ウェスタンサンドチェリー（*P. besseyi*）などが有望とされている．ニワウメは耐水性，ウェスタンサンドチェリーは耐寒性が強い．このほか，スモモからの選抜系統（ミロバランスモモ，サンジュリアンスモモなど）やオヒヨモモ（*P. triloba*）にも矮化効果がある．
ヨーロッパスモモ (*Prunus domestica*)	サンジュリアンスモモ（*P.insititia*）から選抜されたサンジュリアンA，サンジュリアンGF655-2，サンジュリアンK，ピキシーなどがある．ピキシーは強い矮化効果を示すが，乾燥に弱い．
オウトウ (*Prunus avium* および *P. cerasus*)	タイザンフクン，フジザクラ，マメザクラなどに矮化効果があるが，実用例は少ない．矮性台木として育成されたコルト（*P. avium* × *P. pseudocerasus*）は，繁殖は容易であるが，マザクラよりも強勢である．
カンキツ (*Citrus* spp.)	わが国で利用されているカラタチ（*Poncirus trifoliata*）は半矮性台木である．この変異系であるヒリュウ（*P. trifoliata* var. *monstrosa*）はカラタチよりも矮化性が強い．

して樹勢が衰弱しやすく，一方，M.9は根頭がんしゅ病にかかりやすい．

　栽植距離は，台木の種類，台木と穂木との組み合わせ，土壌条件などで異なる．長野県果樹試験場では，M.26に接いだ主要品種の生育程度から，'ふじ'では4m×2～2.5m（列間×樹間），'スターキング'や'つがる'では4m×1.5～2m，'あかね'では3～3.5m×1.5mを推奨している．栽植方式は，並木状の1条植えが一般的である．

　整枝法は，スレンダースピンドル（slender spindle）がほとんどである（図5.4）．M.26を中間台木にした'ふじ'では，期待した矮化効果が得られないため，1樹ごとに間伐して底辺を広げるフリースピンドルへの改造が行われている．

表 5.5　リンゴの矮性台木の種類と特性

種類*	両親	樹勢	特性
M.9	不明	極矮性	乾燥地では樹勢弱．肥よく土壌に適す．根系が浅く，材質がもろいので永久支柱要．繁殖力弱．粗皮病，紋羽病，根頭がんしゅ病に弱い．
M.26	M.16 × M.19	矮性	土壌適応性大であるが，通気性のよい土壌に適す．根系が浅いので永久支柱要．繁殖力中．気根が多発．カラーロット（根部疫病）に抵抗性．
M.27	M.13 × M.9	極矮性	樹勢弱．果実肥大不良．耐乾，耐湿性弱．紋羽病に弱い．
MM.106	ノーザン・スパイ × M.1	矮性～半矮性	早期結実性．排水のよい軽質土壌に適す．排水不良地ではカラーロットが多発．繁殖力中．リンゴワタムシに抵抗性．
CG.80	M.8実生	極矮性	繁殖力弱．中間台木として利用．
JM1	M.9 × マルバカイドウ	極矮性	繁殖力中．リンゴワタムシに抵抗性．
JM5	M.9 × マルバカイドウ	極矮性	繁殖力中．カラーロットに抵抗性．根頭がんしゅ病に強い．リンゴワタムシに抵抗性．
JM7	M.9 × マルバカイドウ	矮性	耐水性強．繁殖力中．リンゴワタムシに抵抗性．

＊M 系：イースト・モーリング試験場で育成，MM 系：イースト・モーリング試験場とジョン・イネス試験場の共同で育成，GG 系：コーネル大学とニューヨーク農業試験場の共同で育成，JM 系：農林水産省果樹試験場盛岡支場で育成．

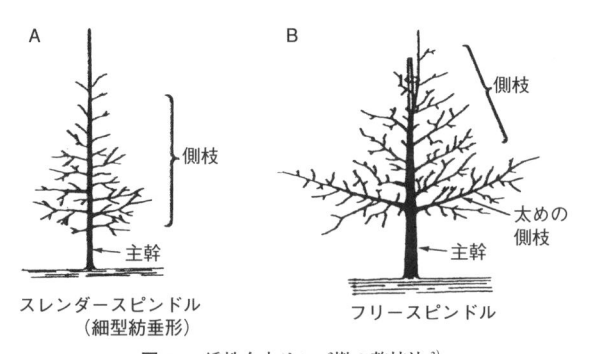

図 5.4　矮性台木リンゴ樹の整技法[3]
A：ヨーロッパでは主幹をジグザグにする．M.9 台木などを用いた小型樹に適する．B：地上から 1～1.5m に太めの側枝を 2～3 本つける．M.26 台木を用いた'ふじ'などの比較的強勢樹に適する．

3）矮化栽培の利点と欠点

　矮性台木を利用した果樹栽培の利点は，作業の効率化や早期成園化に加えて，果実品質が向上することである．矮性台木に接いだリンゴやモモ樹では，共台の

ものに比べて，果実が大きく，糖含量が多く，また熟期が早い．これには，前者の新梢生長の弱さ，果実への旺盛な同化養分の転流などが関係している．

欠点としては，接ぎ木不親和 (graft incompatibility) があり，活着率が低いだけでなく，栽植後も枯死するものがある．不親和の程度は，矮性台木の種類，台木の系統，台木と穂木との組み合わせなどによって異なる．原因として，異種タンパク質認識機構の介在，接ぎ木部の不十分なカルス形成と通導組織の未発達，青酸配糖体に由来する毒物質，植物生長調節物質，あるいはウイロイドやウイルスの関与などが考えられているが，その詳細については不明な点が多い．

ユスラウメやニワウメに接いだモモ樹では，果実に渋味 (astringency) が生じやすい（図 5.5）．渋味との関係が深いフェノール含量は，これらを台木にしたモモ樹の果実で多く，その増加にはフェニルアラニンアンモニアリアーゼ (PAL) の活性が関係している．同様のことが，セイヨウナシでも認められている．

矮性台木に接いだ樹は，根群が狭くて浅いので，湿害，干害，風害などを受けやすく，また土壌病害にも弱いため，その栽培には綿密な管理が必要である．

4） 中間台木の利用

台木によっては，栄養繁殖の困難さ，接ぎ木不親和などの問題がある．リンゴ

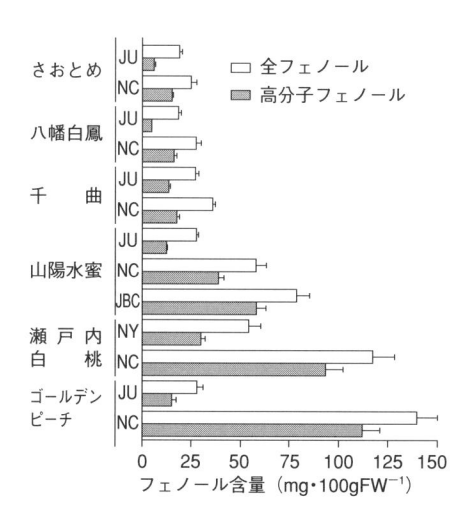

図 5.5　台木の異なるモモ成熟果実のフェノール含量[4]
JU：寿星桃台，NC：ユスラウメ台，JBC：ニワウメ台，NY：長野野生桃台．

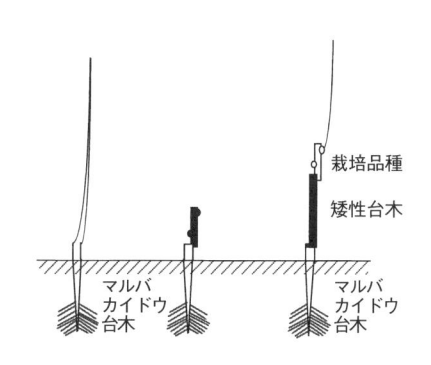

図 5.6　中間台木法によるリンゴ苗木の育成

の主要な矮性台木である M 系は発根しにくいので，強勢台木のマルバカイドウと穂木との間に M.26 や M.9 が挿入される（図 5.6）．これを中間台木（interstock）といい，矮性台木にじかに接いだのと同様の矮化効果がある．接ぎ木不親和の場合は，中間台木として親和性の高い栽培品種が用いられる．マルメロとの親和性が低いセイヨウナシの'ラ・フランス'や'バートレット'では'オールド・ホーム'など，またユスラウメとの親和性が低いモモの'川中島白桃'では'白鳳'が利用されている．

5.5 施 設 栽 培

a. 施設栽培の歴史と目的

果樹の施設栽培（protected cultivation）は，1886（明治 19）年，岡山市郊外のガラス室でブドウ'マスカット・オブ・アレキサンドリア'を育てたのが最初である．第二次世界大戦中を除き，ブドウの施設栽培は着実に発展し，またブドウ以外でも施設栽培が行われるようになり，最近ではマンゴーなどの熱帯果樹でも始められた．現在，施設面積は 1 万 ha 以上あり，なお増加の傾向にある（表 5.6）．

施設栽培の目的は，早期出荷による増益，出荷期間の拡大，労働ピークの分散，果実の生産安定と品質向上などであるが，これは果樹の種類によって異なる．

b. 施設栽培の特徴

1） 作　　型

施設には，ガラス室やプラスチックハウスのほか，雨を防ぐことだけを目的とした雨よけ施設などがある．施設栽培には加温するものとしないものがあり，また加温するものには自発休眠期から加温を始める超早期加温，順次加温時期を遅らせる早期加温，普通加温などがあり，作型が多様である（図 5.7）．

2） 休 眠 打 破

超早期加温や早期加温のように，休眠（dormancy）が完了していない時期から加温を始める作型では，人為的に芽の休眠を打破すること（breaking of bud dormancy）が行われる．休眠打破剤として，わが国では，これまで石灰窒素（calcium cyanamide, $CaCN_2$）がよく利用されてきた．最近では，シアナミド（hydrogen cyanamide, H_2CN_2）の利用が多いが，使用に際しては健康に十分注意する必要がある．'マスカット・オブ・アレキサンドリア'の栽培では，せん定直

表 5.6 果樹の施設別・樹種別栽培面積と施設化率 (1998〜99 年)

種類・品種	ガラス室(h)	ハウス(h)	雨よけ施設(h)	合計(h)	施設化率*(%)
カンキツ類					
ウンシュウミカン	0.6	1284.6	—	1285.2	2.2
ネーブル	—	13.5	11.0	24.5	1.6
その他	—	653.4	185.8	839.2	4.9
小計	0.6	1951.5	196.8	2148.9	2.7
ブドウ類					
デラウエア	0	1730.7	641.4	2372.1	50.5
キャンベル・アーリー	0	80.4	246.3	326.7	21.1
巨　峰	1.3	1000.5	785.0	1786.8	27.0
その他	139.2	845.4	1212.5	2197.1	28.8
小計	140.5	3657.0	2885.2	6682.7	32.6
モ　モ	—	89.3	—	89.3	0.8
ビ　ワ	—	124.5	—	124.5	5.4
オウトウ	—	176.6	1932.3	2108.9	56.2
カ　キ	—	39.4	—	39.4	0.2
イチジク	0.2	95.4	18.3	191.2	15.0
ニホンナシ	1.0	317.4	276.6	595.0	3.5
その他果樹	1.6	314.3	60.7	376.6	0.4
合計	143.9	6765.4	5369.9	12279.2	4.8
施設別割合（%）	1.2	55.1	43.7	100.0	

* 結果樹面積に対する割合．農林水産省農産園芸局野菜振興課，2000[5]より作成．

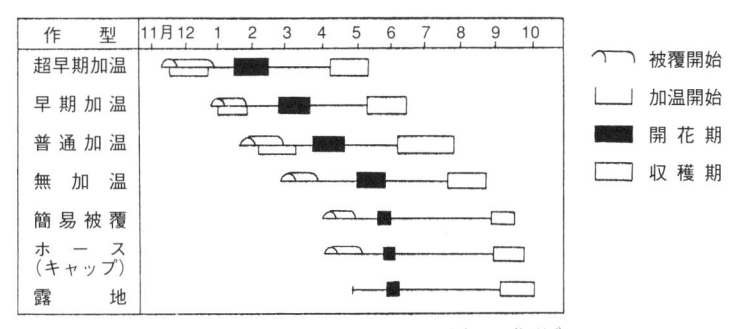

図 5.7 長野県におけるブドウ '巨峰' の作型[6]

後の結果母枝の切り口にニンニク汁液を塗布することがある．ニンニクに含まれる 2 硫化ジアリルなどの揮発性イオウ化合物の働きによって，芽の休眠が打破される．

3）技術革新

　施設栽培では，技術革新が著しい．わが国では，熱帯地域でのブドウ栽培をヒ

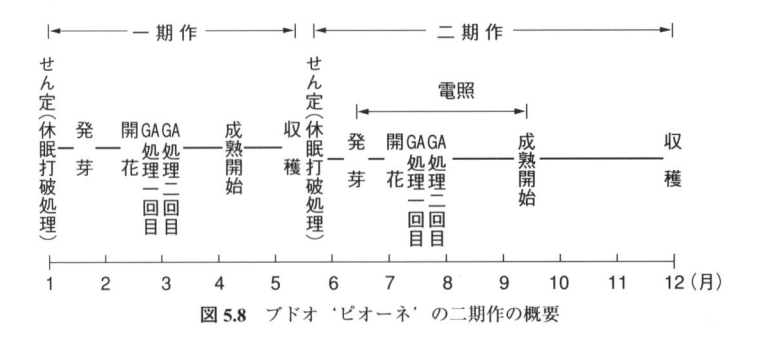

図5.8 ブドウ'ピオーネ'の二期作の概要

ントに，同じブドウ樹から1年に果実を2度収穫する二期作（double cropping）が行われているが（図5.8），これには電照技術が導入されている．これは，日長を長くして新梢生長を促し，葉での同化養分の生産を増やすのが目的である．また，最近では，ブドウで土耕による超密植栽培技術の開発も進められている．

c. 施設の建設と栽植
1） 施設の種類と構造

施設の設置場所としては，屋根が高いので，強風の当たらないところがよい．降雪量が少なく，冬季でも日照条件のよい南向きの土地が適している．

施設には，構造材と被覆資材の組み合わせから多くのタイプがあるが，果樹の施設は既設の園地にあわせてつくられることが多いため，不整形なものが多い．構造材としては，鉄骨アルミや鉄骨パイプの利用が多い．被覆資材としては，農業用ビニールフィルムが最も一般的であるが，最近は農業用ポリオレフィン系フィルムの利用が増えている．被覆資材によって，耐用年数や光の透過性が異なる．

2） 栽　　植

栽植の方法は，基本的には通常の栽培と同じであるが，加温する場合は樹勢を強く維持する必要があるため，栽植本数を多くする．超早期〜早期から加温する作型では，ハウスの側壁からできるだけ離して植え付ける．ハウスの周辺部では，地温の上昇が遅いので，生育の遅れや障害が生じやすい．

d. 環境制御と栽培管理
1） 温 度 環 境

加温（heating）には温風暖房機を用いることが多い．加温する温度は，果樹の

種類, 作型, 生育ステージなどによって異なる. 過度の温度上昇時には換気を行う. エネルギー節減のため, ハウス内の内張, 変夜温管理などが行われる.

施設栽培では地温を制御することもある. 超早期から加温したブドウでは, 地温を 25 ℃程度に高めると, 新梢生長や花穂発育がすぐれる. 一方, ウンシュウミカンのハウス栽培では, 花芽分化を促すために, 晩夏～初秋に地温を 15 ℃以下に保つ.

2）CO_2 環境

施設栽培では, 光合成（photosynthesis）に必要な CO_2 が不足することがある. 光合成速度は, 通常, CO_2 濃度の上昇に伴って増大するので, ブドウなどでは光合成速度を高めるために, ハウス内の CO_2 濃度を人為的に高める炭酸ガス施用（CO_2 enrichment）が行われている. 灯油やプロパンガスの燃焼, 液化炭酸ガスのガス化などによって, ハウス内の CO_2 濃度が 1000ppm 程度に保たれる.

3）光 環 境

ブドウの二期作では, 電照（lighting）が行われる. わが国では, 季節によって日長（daylength）が大きく変化するため, いずれかの作型は短日条件下で生育することになる. しかし, 短日（short day）では, ブドウとくにアメリカ系ブドウは新梢生長が劣り, 十分同化養分を生産できない. この場合, 赤色光波長域（600～700 nm）の光を有すランプで長日処理（long-day treatment）すると, 新

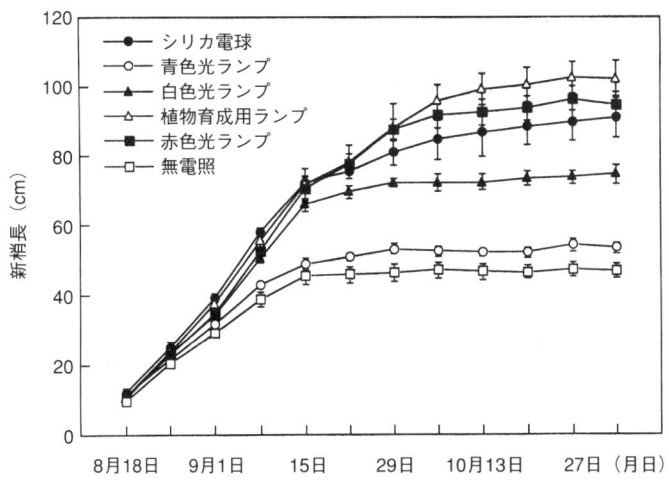

図 5.9 ブドウ'ピオーネ'の新梢生長に及ぼす分光特性の異なるランプでの長日処理（16 時間日長）の影響[7]

梢が旺盛に生長し（図5.9），商品性のある果実生産が可能になる．光源には，植物育成用ランプを用いることが多く，光中断（night break）でも同様の効果が得られる．

　ブドウやオウトウでは，果実に紫外光（ultraviolet, UV‐A）を照射することによって，アントシアニン（anthocyanin）色素の生成が促される．

4）根圏環境

　施設栽培では，雨を遮断しているので，水分管理にとくに注意する必要がある．また，施設内では，塩類が集積して土壌pHが高くなりやすい．このような土壌では，Mnなどが不可吸態化し，その欠乏障害が現れやすい．

　イスラエルでは，土壌のベッドに超密度でブドウを植え，灌水と施肥を同時に行うfertigation system（fertilizerとirrigationの合成語）で栽培する方式が開発され，わが国でもその実用化に向けた試験が行われている． 〔久保田尚浩〕

文　　献

1) 水谷房雄（1980）：愛媛大学農学部紀要，**24**，115-198.
2) 農林水産省編（2000）：果樹農業振興基本方針．
3) 河瀬憲次ほか（1995）：果樹台木の特性と利用，農山漁村文化協会．
4) Kubota, N. *et al.*（2001）：*J. Japn. Soc. Hort. Sci.*, **70**, 151-156.
5) 農林水産省農産園芸局野菜振興課編（2000）：園芸用ガラス室・ハウス等の設置状況（平成10年7月～平成11年6月間実績），日本施設園芸協会．
6) 長野県（1991）：果樹指導指針，長野県経済事業農業協同組合連合会．
7) 久保田尚浩ほか（2000）：園学雑，**69**，460-465.
8) 中川昌一監修，堀内昭作・松井弘之編（1996）：日本ブドウ学，養賢堂．
9) 古在豊樹ほか（1992）：新施設園芸学，朝倉書店．
10) Kubota, N.（1995）：Modern Methods of Plant Analysis, Fruit Analysis, Vol. 18（eds. Linskens, H. F., Jackson, J. F.），Springer-Verlag, Berlin Heiderberg, pp. 81-95.
11) 西　貞夫ほか（1994）：施設園芸ハンドブック　三訂版，日本施設園芸協会．
12) Rom, R.C and Carlson, R.F.（1987）：Rootstocks for Fruit Crops, Wiley-Interscience, New York.
13) 杉浦　明編（1991）：新編果樹園芸ハンドブック，養賢堂，pp. 7-24.
14) Westwood, M. N.（1978）：Temperate-Zone Pomology, Freeman, San Francisco.
15) 八巻敏夫ほか（1975）：農地工学，朝倉書店．
16) 山崎不二夫（1970）：農地工学（下），東京大学出版会．
17) 横田　清（2000）：果樹園芸学 第2版（志村　勲・池田富喜夫編），文永堂出版，pp. 72-102.
18) 杉浦　明ほか（1991）：新果樹園芸学，朝倉書店，pp. 71-82.

6. 水分生理と土壌管理

　果樹は，同一の場所で永年的に栽培される作物である．したがって，その土地の自然環境条件，とくに養水分供給の場である根圏の状態を十分に把握し，適切な土壌管理や水管理を行うことがきわめて重要である．とくに，農薬や化学肥料の多用が深刻な環境問題を引き起こしている現状では，自然の生態を活用した持続可能な果樹栽培（sustainable fruit growing）を築き上げていくことが急務である．また，わが国では農業従事者の高齢化に伴う省力化技術を考慮に入れた土壌管理法を開発することも重要である．

6.1 水 分 生 理

　水分は，植物体の構成物質として重要な役割を果たしているだけでなく，体内において各種物質の溶媒となり，多数の重要な生化学反応の進行に関与する．したがって，果樹の生育期における水管理（water management）の良否は果樹の生長や果実収量・品質に著しい影響を及ぼし，その重要性はきわめて高い．

a. 土壌と樹体の水ポテンシャル—水ポテンシャルの概念—

　作物体内の水の流れは，土壌—作物—大気における連続体の一部であり，作物体内の水分状態は土壌や大気の水分状態によって変化する．そのため，この連続体の中での水分状態を同一の単位で表す必要があり，水の化学ポテンシャルより導いた水ポテンシャル（water potential）という概念が広く用いられている[1]．すなわち，

$$\Psi = (\mu - \mu_0)/v \quad (\text{erg} \cdot \text{cm}^{-3})$$

で表される．ここで，μ_0：純水の化学ポテンシャル（erg・mole^{-1}），μ：葉中の水の化学ポテンシャル，v：水の部分モル体積（cm^3・mole^{-1}）を示す．ある系の水の化学ポテンシャルは純水の化学ポテンシャルより小さいので，Ψ は通常，負の値をとる．Ψ の単位は実用的には bar（erg・cm^{-3}）または atm（1.013 bar）であるが，最近は国際単位 Pa（Pascal）が用いられており，bar ＝ 10^{5}Pa ＝ 0.1MPa である．植物の細胞あるいは組織における水ポテンシャルは次式で表される．

表 6.1 マトリックポテンシャン φ と水分恒数の関係[2]

φ kPa	水分恒数	水の状態	孔隙	測定法
0	最大容水量			
−3		重力水	粗孔隙	砂柱法
−6	圃場容水量			吸引法
−50		易有効水		加圧板法
−100	毛管連絡切断含水量	毛管水		遠心法
−600	初期萎凋点	難有効水		
−1500	永久萎凋点		毛管孔隙	加圧膜法
−2700	吸湿係数			
−30000	風乾土水分			
−300000	単分子層吸着量	吸湿水		蒸気圧法
−700000	絶乾土			炉乾燥法

$$\Psi = \Psi_s + \Psi_m + \Psi_p + \Psi_g$$

ここで,Ψ_s:浸透ポテンシャル(溶液中の溶質の影響によるもので負数),Ψ_m:マトリックポテンシャル(表面張力,毛管水によるもので負数),Ψ_p:圧ポテンシャル(細胞では膨圧に相当するもので正数.導管では蒸散があれば負数),Ψ_g:重力ポテンシャル(水の重力によるもので非常に高い木を除いて無視できる)を示す.

根が有効に吸収利用できる土壌水(有効水,available water)は,圃場容水量(field capacity)から永久しおれ点(permanent wilting point)までの水であり,水ポテンシャルで −6kPa〜−1.5MPa の範囲[2]に相当する(表 6.1).土壌中の有効水の量は,砂を多く含む土壌ほど少ないので,砂土や砂質ローム土では干害が出やすい.

水はポテンシャルの高いところから低いところへ流れる.つまり,水は水ポテンシャルの高い土壌から,根,幹,葉,大気へと順次水ポテンシャルの低いところに移動する.とくに,大気の水ポテンシャルは大変低いので(気温 25 ℃,相対湿度 50 %で約 −100MPa),葉と大気の間には大きな水ポテンシャルの勾配がある.

b. 水分ストレスの生理

水が不足したとき,植物の生育に及ぼす環境の影響を水分ストレス(water stress)という[3].世界の主要な果樹生産地である地中海沿岸地域やアメリカカリ

郵便はがき

1 6 2 - 8 7 0 7

恐縮ですが切手を貼付して下さい

東京都新宿区新小川町6-29

株式会社 朝倉書店

愛読者カード係 行

●本書をご購入ありがとうございます。今後の出版企画・編集案内などに活用させていただきますので,本書のご感想また小社出版物へのご意見などご記入下さい。

フリガナ お名前		男・女 年齢 歳

ご自宅　〒　　　　　　電話

E-mailアドレス

ご勤務先
学 校 名　　　　　　　　　　　　　（所属部署・学部）

同上所在地

ご所属の学会・協会名

ご購読 新聞	・朝日 ・毎日 ・読売 ・日経 ・その他(　　　)	ご購読 雑誌 (　　　　　　)

書名（ご記入下さい）

本書を何によりお知りになりましたか

1. 広告をみて（新聞・雑誌名　　　　　　　　　　　　　　　）
2. 弊社のご案内
   （●図書目録●内容見本●宣伝はがき●E-mail●インターネット●他）
3. 書評・紹介記事（　　　　　　　　　　　　　　　　　　　）
4. 知人の紹介
5. 書店でみて

お買い求めの書店名（　　　　　　　　市・区　　　　　　　書店）
　　　　　　　　　　　　　　　　　　　町・村

本書についてのご意見

今後希望される企画・出版テーマについて

図書目録，案内等の送付を希望されますか？　　　　・要　・不要
　　　　　・図書目録を希望する
ご送付先　・ご自宅　・勤務先
E-mailでの新刊ご案内を希望されますか？
　　　　　・希望する　・希望しない　・登録済み

ご協力ありがとうございます。ご記入いただきました個人情報については、目的以外の利用ならびに第三者への提供はいたしません。

朝倉書店〈農学関連書〉ご案内

作物栽培大系3　麦類の栽培と利用
日本作物学会『作物栽培大系』編集委員会監修　小柳敦史・渡邊好昭編
A5判 248頁 定価4725円(本体4500円) (41503-2)

コムギ，オオムギなど麦類は，主要な穀物であるだけでなく，数少ない冬作物として作付体系上きわめて重要な位置を占める。本巻ではこれら麦類の栽培について体系的に解説する。〔内容〕コムギ／オオムギ／エンバク／ライムギ／ライコムギ

作物栽培大系5　豆類の栽培と利用
日本作物学会『作物栽培大系』編集委員会監修　国分牧衛編
A5判 240頁 定価4725円(本体4500円) (41505-6)

根粒による窒素固定能力や高い栄養価など，他の作物では代替できないユニークな特性を持つマメ科作物について体系的に解説する。〔内容〕ダイズ／アズキ／ラッカセイ／その他の豆類（インゲンマメ，ササゲ，エンドウ，ソラマメ等）

21世紀のバイオサイエンス　実験農芸化学
東京大学大学院農学生命科学研究科応用生命化学・応用生命工学専攻編
B5判 304頁 定価6510円(本体6200円) (43115-5)

1908年の刊行以来，定評ある実験書を現状に合わせ改訂した。〔内容〕無機成分分析法／土壌実験法／低分子有機化合物実験法／食品由来成分実験法／タンパク質・酵素実験法／応用微生物実験法／植物実験法／動物・動物細胞取扱実験法／他

植物ウイルス学
池上正人他著
A5判 208頁 定価4095円(本体3900円) (42033-3)

植物生産のうえで植物ウイルスの研究は欠かせない分野となっている。最近DNAの解明が急速に進展するなど，遺伝子工学の手法の導入で著しく研究が進みつつある。本書は，学部生・大学院生を対象とした，本格的な内容をもつ好テキスト。

植物の遺伝と育種（第2版）
福井希一・向井康比己・佐藤和広著
A5判 256頁 定価4515円(本体4300円) (42038-8)

遺伝・育種学の基礎的事項を網羅し，やさしく丁寧に解説。公務員試験の出題範囲もカバーした最新最良の教科書。〔内容〕遺伝のしくみ／遺伝子・染色体・ゲノム／さまざまな育種法／細胞・組織工学／遺伝子工学／情報科学とデータ解析／他

図説　日本の土壌
岡崎正規・木村園子ドロテア・豊田剛己・波多野隆介・林健太郎著
B5判 192頁 定価5460円(本体5200円) (40017-5)

日本の土壌の姿を豊富なカラー写真と図版で解説。〔内容〕わが国の土壌の特徴と分布／物質は巡る／生物を育む土壌／土壌と大気の間に／土壌から水・植物・動物・ヒトへ／ヒトから土壌へ／土壌資源／土壌と地域・地球／かけがえのない土壌

見てわかる農学シリーズ1　遺伝学の基礎
西尾剛編著
B5判 180頁 定価3780円(本体3600円) (40541-9)

農学系の学生のための遺伝学入門書。メンデルの古典遺伝学から最先端の分子遺伝学まで，図やコラムを豊富に用い「見やすく」「わかりやすい」解説をこころがけた。1章が講義1回用で，全15章からなり，セメスター授業に最適の構成

見てわかる農学シリーズ2　園芸学入門
今西英雄編著
B5判 168頁 定価3780円(本体3600円) (40542-2)

園芸学（概論）の平易なテキスト。図表を豊富に駆使し，「見やすく」「わかりやすい」構成をこころがけた。〔内容〕序論／園芸作物の種類と分類／形態／育種／繁殖／発育の生理／生育環境と栽培管理／施設園芸／園芸生産物の利用と流通

見てわかる農学シリーズ3　作物学概論
大門弘幸編著
B5判 208頁 定価3990円(本体3800円) (40543-9)

セメスター授業に対応した，作物学の平易なテキスト。図や写真を多数収録し，コラムや用語解説など構成も「見やすく」「わかりやすい」よう工夫した。〔内容〕総論（作物の起源／成長と生理／栽培管理と環境保全），各論（イネ／ムギ類／他）

見てわかる農学シリーズ4　バイオテクノロジー概論
池上正人編著
B5判 176頁 定価3780円(本体3600円) (40544-6)

めざましい発展と拡大をとげてきたバイオテクノロジーの各分野を俯瞰的にとらえ，全体を把握できるよう解説した初学者に最適の教科書。〔内容〕バイオテクノロジーとは／組換えDNA技術／植物分野／動物分野／食品分野／環境分野／他

食品安全の事典

日本食品衛生学会編
B5判 660頁 定価24150円（本体23000円）(43096-7)

近年、大規模・広域食中毒が相次いで発生し、また従来みられなかったウイルスによる食中毒も増加している。さらにBSEや輸入野菜汚染問題など、消費者の食の安全・安心に対する関心は急速に高まっている。本書では食品安全に関するそれらすべての事項を網羅。食品安全の歴史から国内外の現状と取組み、リスク要因（残留農薬・各種添加物・汚染物質・微生物・カビ・寄生虫・害虫など）、疾病（食中毒・感染症など）のほか、遺伝子組換え食品等の新しい問題も解説。

食品免疫・アレルギーの事典

日本食品免疫学会編
B5判 488頁 定価16800円（本体16000円）(43110-0)

さまざまなストレスにさらされる現代社会において、より健康な生活をおくるために、食事によって免疫力を向上させ、病気を予防することが重要となってくる。また、安全な食生活をおくるためには、食品の引き起こすアレルギーの知識が欠かせない。そのために必要な知識を提供することを目的として、食品免疫学・食品アレルギー学における最新の科学的知見を、基礎から応用までまとめた。現代の食生活と健康の関係を考えるのに欠かすことのできない内容となっている

ビタミン総合事典

日本ビタミン学会編
B5判 648頁 定価21000円（本体20000円）(10228-4)

1996年刊行の『ビタミンの事典』を全面改訂。科学技術の進歩に伴うビタミンの新しい知見を追加。健康の維持・増進へのビタミンの役割についても解説。〔内容〕ビタミンA／ビタミンD／ビタミンE／ビタミンK／ビタミンB1／ビタミンB2／ビタミンB6／ナイアシン／パントテン酸／葉酸／ビタミンB12／ビオチン／ビタミンC／カロテノイド／フラボノイド／不飽和脂肪酸／ユビキノン（コエンザイムQ）／ビオプテリン／活性リン脂質／ピロロキノリンキノン／カルニチン／付録

食品工学

日本食品工学会編
B5判 196頁 定価3570円（本体3400円）(43114-8)

日本食品工学会が総力をあげて編集した食品工学テキストの決定版。〔内容〕食品工学とは／物質収支・熱収支／殺菌／伝熱／平衡と物質移動／抽出／レオロジー／洗浄／調湿と乾燥／付録（おもな食品加工装置の紹介、数学的基礎、物性値表）他

食物と健康の科学シリーズ 果実の機能と科学

伊藤三郎編
A5判 244頁 定価4725円（本体4500円）(43541-2)

高い機能性と嗜好性をあわせもつすぐれた食品である果実について、生理・生化学、栄養機能といった様々な側面から解説した最新の書。〔内容〕果実の植物学／成熟生理と生化学／栄養・食品化学／健康科学／各種果実の機能特性／他

食物と健康の科学シリーズ 大豆の機能と科学

小野伴忠・下山田真・村本光二編
A5判 224頁 定価4515円（本体4300円）(43542-9)

高タンパク・高栄養で「畑の肉」として知られる大豆を生物学、栄養学、健康機能、食品加工といったさまざまな面から解説。〔内容〕マメ科植物と大豆の起源種／大豆のタンパク質／大豆食品の種類／大豆タンパク製品の種類と製造法／他

食物と健康の科学シリーズ 酢の機能と科学

酢酸菌研究会編
A5判 200頁 定価4200円（本体4000円）(43543-6)

古来より身近な酸味調味料「酢」について、醸造学、栄養学、健康機能、食品加工などのさまざまな面から解説。〔内容〕酢の人文学・社会学／香気成分・呈味成分・着色成分／酢醸造の一般技術／酢酸菌の生態・分類／アスコルビン酸製造／他

食物と健康の科学シリーズ 茶の機能と科学

森田明雄編
A5判 208頁 定価4200円（本体4000円）(43544-3)

世界で最も長い歴史を持つ飲料である「茶」について、歴史、栽培、加工科学、栄養学、健康機能などさまざまな側面から解説。〔内容〕茶の歴史／育種／植物栄養／荒茶の製造／仕上加工／香気成分／茶の抗酸化作用／生活習慣病予防効果／他

森林大百科事典

森林総合研究所編
B5判 644頁 定価26250円(本体25000円)(47046-8)

世界有数の森林国であるわが国は，古くから森の恵みを受けてきた。本書は森林がもつ数多くの重要な機能を解明するとともに，その機能をより高める手法，林業経営の方策，木材の有効利用性など，森林に関するすべてを網羅した事典である。〔内容〕森林の成り立ち／水と土の保全／森林と気象／森林における微生物の働き／野生動物の保全と共存／樹木のバイオテクノロジー／きのことその有効利用／森林の造成／林業経営と木材需給／木材の性質／森林バイオマスの利用／他

森林・林業実務必携

東京農工大学農学部『森林・林業実務必携』編集委員会編
B6判 464頁 定価8400円(本体8000円)(47042-0)

公務員試験の受験参考書，現場技術者の実務書として好評の『林業実務必携』の全面改訂版。森林科学の知見や技術の進歩なども含めて，現状に則した内容を解説した総合ハンドブック。〔内容〕森林生態／森林土壌／林木育種／特用林産／森林保護／野生鳥獣／森林水文／山地防災と流域保全／森林計測／生産システム／基盤整備／林業機械／林産業と木材流通／森林経理・評価／森林法律／森林政策／森林風致／造園／木材加工／材質改良／製材品と木質材料／木材の化学的利用／他

木材科学ハンドブック

岡野 健・祖父江信夫編
A5判 460頁 定価16800円(本体16000円)(47039-0)

木材の種類，組織構造，性状，加工，保存，利用から再利用まで網羅的に解説。森林認証や地球環境問題など最近注目される話題についても取り上げた。木材の科学や利用などに関わる研究者，技術者，学生の必携書。〔内容〕木材資源／主要な木材／木材の構造／木材の化学組成と変化／木材の物理的性質／木材の力学的性質／木材の乾燥／木材の加工／木材の劣化と保存処理／木材の改質／製材と木材材料／その他の木材利用／木材のリサイクルとカスケード利用／各種木材の諸性質一覧

農村計画学

千賀裕太郎編
A5判 208頁 定価3780円(本体3600円)(44027-0)

農村地域の21世紀的価値を考え，保全や整備の基礎と方法を学ぶ『農村計画』の教科書。事例も豊富に収録。〔内容〕基礎（地域／計画／歴史）／構成（空間・環境・景観／社会・コミュニティ／経済／各国の農村計画）／ケーススタディ

生物生産工学概論 ―これからの農業を支える工学技術―

近藤 直・清水 浩・中嶋 洋・飯田訓久・小川雄一編著
B5判 184頁 定価3780円(本体3600円)(44028-7)

農業機械・システム系分野の入門テキスト。〔内容〕農業とは／エネルギと動力／稲作と農業機械／畑作と農業機械／畜産機械／精密農業と情報化／自動化・ロボット化／施設栽培と生物環境／農産施設とトレーサビリティー／バイオセンシング

森林の科学

中村太士・小池孝良編著
B5判 240頁 定価4515円(本体4300円)(47038-3)

森林のもつ様々な機能を2ないし4ページの見開き形式でわかりやすくまとめた。〔内容〕森林生態系とは／生産機能／分布形態・構造／動態／食物（栄養）網／環境と環境指標／役割（バイオマス利用）／管理と利用／流域と景観

森林フィールドサイエンス

全国大学演習林協議会編
B5判 176頁 定価3990円(本体3800円)(47041-3)

大学演習林で行われるフィールドサイエンスの実習，演習のための体系的な教科書。〔内容〕フィールド調査を始める前の情報収集／フィールド調査における調査方法の選択／フィールドサイエンスのためのデータ解析／森林生態圏管理／他

最新環境緑化工学

森本幸裕・小林達明編著
A5判 244頁 定価4095円(本体3900円)(44026-3)

劣化した植生・生態系およびその諸機能を修復・再生させる技術と基礎を平易に解説した教科書。〔内容〕計画論・基礎／緑地の環境機能／緑化・自然再生の調査法と評価法／技術各論（斜面緑化，都市緑化，生態系の再生と管理，乾燥地緑化）

小動物ハンドブック ―イヌとネコの医療必携―（普及版）
高橋英司編
A5判 352頁 定価6090円（本体5800円）（46030-8）

獣医学を学ぶ学生にとって必要な，小動物の基礎から臨床までの重要事項をコンパクトにまとめたハンドブック。獣医師国家試験ガイドラインに完全準拠の内容構成で，要点整理にも最適。〔内容〕動物福祉と獣医倫理／特性と飼育・管理／感染症／器官系の構造・機能と疾患（呼吸器系／循環器系／消化器系／泌尿器系／生殖器系／運動器系／神経系／感覚器／血液・造血器系／内分泌・代謝系／皮膚・乳腺／生殖障害と新生子の疾患／先天異常と遺伝性疾患）

動物微生物学
明石博臣・木内明夫・原澤 亮・本多英一編
B5判 328頁 定価9240円（本体8800円）（46028-5）

獣医・畜産系の微生物学テキストの決定版。基礎的な事項から最新の知見まで，平易かつ丁寧に解説。〔内容〕総論（細菌／リケッチア／クラミジア／マイコプラズマ／真菌／ウイルス／感染と免疫／化学療法／環境衛生／他），各論（科・属）

獣医学教育モデル・コア・カリキュラム準拠 実験動物学
久和 茂編
B5判 200頁 定価5040円（本体4800円）（46031-5）

実験動物学のスタンダード・テキスト。獣医学教育のコア・カリキュラムにも対応。〔内容〕動物実験の倫理と関連法規／実験のデザイン／基本手技／遺伝・育種／繁殖／飼育管理／各動物の特性／微生物と感染症／モデル動物／発生工学／他

最新 家畜寄生虫病学
今井壯一・板垣 匡・藤﨑幸藏編
B5判 336頁 定価12600円（本体12000円）（46027-8）

寄生虫学ならびに寄生虫病学の最もスタンダードな教科書として多年好評を博してきた前著の全面改訂版。豊富な図版と最新の情報を盛り込んだ獣医学生のための必携教科書・参考書。〔内容〕総論／原虫類／蠕虫類／節足動物／用語の解説／他

図説 動物形態学
福田勝洋編著
B5判 184頁 定価4725円（本体4500円）（45022-4）

動物（家畜）形態学の基礎的テキスト。図・写真・トピックスを豊富に掲載し，初学者でも読み進めるうちに基本的な知識が身につく。〔内容〕細胞と組織／外皮系／骨格系／筋系／消化器／泌尿器／循環器／脳・神経／内分泌系／生殖器

獣医生化学
斉藤昌之・鈴木嘉彦・横田 博編
B5判 248頁 定価8400円（本体8000円）（46025-4）

獣医師国家試験の内容をふまえた，生化学の新たな標準的教科書。本文2色刷り，豊富な図表を駆使して，「読んでみたくなる」工夫を随所にこらした。〔内容〕生体構成分子の構造と特徴／代謝系／生体情報の分子基盤／比較生化学と疾病

動物行動図説 ―家畜・伴侶動物・展示動物―
佐藤衆介・近藤誠司・田中智夫・楠瀬良・森 裕司・伊谷原一編
B5判 216頁 定価4725円（本体4500円）（45026-2）

家畜・伴侶動物を含む様々な動物の行動類別を600枚以上の写真と解説文でまとめた行動目録。専門的視点から行動単位を収集した類のないユニークな成書。畜産学・獣医学・応用動物学の好指針。〔内容〕ウシ／ウマ／ブタ／イヌ／ニワトリ他

新 動物生殖学
佐藤英明編著
A5判 216頁 定価3570円（本体3400円）（45027-9）

再生医療分野からも注目を集めている動物生殖学に，第一人者が編集。新章を加え，資格試験にも対応。〔内容〕高等動物の生殖器官と構造／ホルモン／免疫／初期胚発生／妊娠と分娩／家畜人工授精・家畜受精卵移植の資格取得／他

野生動物管理のための 狩猟学
梶 光一・伊吾田宏正・鈴木正嗣編
A5判 164頁 定価3360円（本体3200円）（40022-9）

野生動物管理の手法としての「狩猟」を見直し，その技術を生態学の側面からとらえ直す，「科学としての狩猟」の書。〔内容〕狩猟の起源／日本の狩猟管理／専門的捕獲技術者の必要性／将来に向けた人材育成／持続的狩猟と生物多様性の保全／他

ISBN は 978-4-254- を省略　　　　　　　　　　　　（表示価格は2013年3月現在）

朝倉書店
〒162-8707　東京都新宿区新小川町6-29
電話　直通（03）3260-7631　FAX（03）3260-0180
http://www.asakura.co.jp　eigyo@asakura.co.jp

表 6.2 水分ストレスに対する感受性が植物の諸過程によってどの程度異なるかをまとめたもの[3]

影響を受ける過程	ストレスに対する感受性 非常に敏感 ← → 敏感でない 各過程に影響を及ぼす組織の水ポテンシャル 0 −1 −2MPa	文献
細胞の成長（−）	――……	Acevedo et al., 1971; Boyer, 1968
細胞壁の合成*（−）	――	Cleland, 1967
タンパク合成*（−）	―――	Hsiao, 1970
前葉緑体の形成*2（−）	―――	Virgin, 1965
硝酸還元酵素活性（−）	―――	Huffaker et al., 1970
ABA 合成（＋）	…―――	Zabadal, 1974; Beardsell & Cohen, 1974
気孔の開孔（−）		
a）中性植物	―――――	reviewed by Hsiao, 1973
b）ある種の乾生植物	――――……	Van den Driesche et al., 1971
炭酸同化（−）		
a）中性植物	――――	reviewed by Hsiao, 1973
b）ある種の乾生植物	――――	Van den Driesche et al., 1971
呼吸（−）	―――	
木部伝導度*3（−）	――……――	Boyer, 1971; Milburm, 1966
プロリンの蓄積（＋）	―――――	
糖レベル（＋）		

水平の棒はその過程がストレスの影響を受ける範囲を示し，点線の部分は影響を受けるかどうか十分に証明されていないことを示す．左の欄の（＋）は増加を，（−）は減少を示す．
*急速に生長している組織，*2 黄化した葉，*3 木部の直径によって影響されるはずである．

フォルニア州沿岸地域では果樹の生育期間に降雨が少なく，水分ストレスによる生育障害の危険にさらされている．また，降水量の多いわが国でも不定期に干ばつに見舞われることがある．

表 6.2 は，水分ストレスに対する感受性が植物の諸過程によってどの程度異なるかをまとめたものである[3]．つまり，細胞の生長が水分ストレスに最も敏感な過程であり，その後 ABA の増加による気孔の閉鎖や光合成器官の障害が発生し，炭酸同化や呼吸作用が低下する．ウンシュウミカンの光合成は葉の水ポテンシャルが−2MPa 近くになると低下するという報告[4]がある（図 6.1）．また，果樹では萌芽期から開花，展葉時にかけての水分ストレスの高まりは，発芽数や新梢の伸長を抑制し，葉の緑化の遅延や萎ちょう，落葉を生じさせる．休眠期や生長休止期の水分ストレスは生育期と比べて被害は少ないが，カンキツでは寒害を受けやすくなる．果実の肥大や品質に及ぼす水分ストレスの影響をみると，果実発育期における土壌乾燥は葉と果実間の水分競合によって果実発育が不良とな

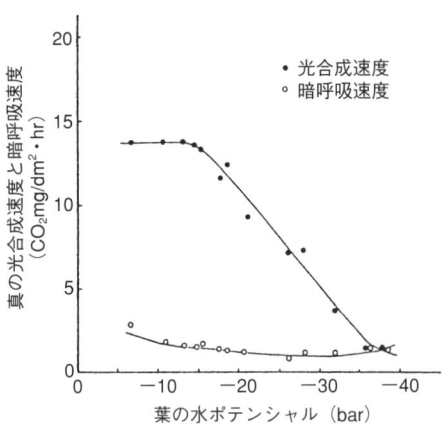

図 6.1 ウンシュウミカンの葉の水ポテンシャルと光合成, 呼吸の関係 [4]

り, 成熟も遅延される. またブドウでは縮果病, ナシではゆず肌病などの生理障害が発生する. 一方, 果実の発育後期から成熟期にかけての適度な土壌乾燥は, 果汁中の糖や有機酸含量を増加させ, 果実の品質向上に関与する. 乾燥によって果汁成分が濃厚になる原因として, 果汁中の水分の減少による物理的濃縮だけでなく, 多糖類の合成阻害などの糖代謝における変化(水分ストレスの高まりはアミラーゼ活性を増大させ, デンプンから糖への転化を引き起こす)や, プロリンのような甘味アミノ酸の蓄積などのタンパク質代謝における変化などが関与していると考えられるが, 現在のところ不明な点が多い.

c. 土壌乾燥と塩類集積

わが国のように降水量が多いところでは, 水が土壌中を主に下方に動いて, 土壌に含まれる塩類はほとんど洗い流される. しかし, 雨の少ない乾燥地では, 水は普通上方に動き, 塩類は洗い流されずに, 土壌に蓄積する. それゆえ, これらの地域では多量の水で一時的に塩類を洗い流したとしても, その後乾燥が続くと, 地中深く存在していた塩類までも地表に運ばれることになる. この過程を繰り返すうちに, 塩類が多量に土壌表面に集まることになる. この現象を塩類集積 (salt accumulation または salinization) といい, これと同様なことがハウス栽培環境下でも観察される. したがって, 施肥量が多い果樹園では, 土壌乾燥は単に水分欠乏による水分ストレスだけでなく, 塩類の高濃度障害が伴うことを考慮に入れなければならない. カラタチの場合, わずか $0.5g/l$ の濃度の NaCl 土壌処理でも樹の生育や, 根の呼吸と関係があるコハク酸脱水素酵素活性が著しく阻害される (図 6.2) [5].

d. 湿　害

湿害 (excess water injury または excess moisture injury) には，土壌通気の不良による根の呼吸阻害，ならびに土壌における還元物質などの生成が関与していると考えられる．しかし，どちらの要因が植物により大きな障害を与えているのかは，今のところ明らかにされていない．植物に悪影響を与える物質として，エチレンなどの低級炭化水素，硫化水素のような生長阻害ガスや，亜酸化鉄のような生育阻害物質が湛水土壌で大量に生成することが知られている．

1) 湿害と有機物施用

わが国の果樹主要産地は傾斜地園が多く，一般に排水が良好であるが，傾斜地園でも排水不良な園がみられる．また，水田転換園の果樹園では過湿による害が深刻な問題となっている．このような園地では暗渠排水などの恒久的対策を施すことがまず重要である．有機物施用も土壌排水などの理化学性を改善する効果があるが，水が停滞する状態であれば，降雨期にはなはだしい湿害をこうむることがある．図 6.3 に示すように，土壌中にジルコニア酸素センサを埋設し，有機物施用や湛水処理の影響による酸素濃度の変化を調査したところ，未熟成な有機物を施用した土壌は慢性的な低酸素濃度の状態にあり[6]，樹が著しいストレス状態に陥

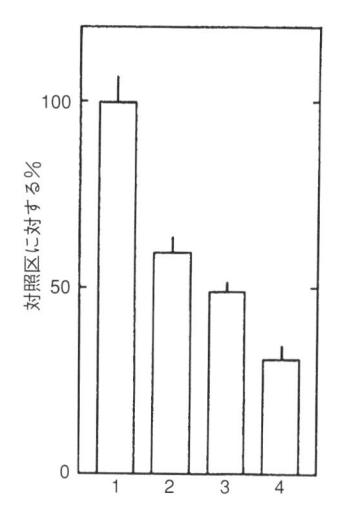

図 6.2　NaCl 処理がカラタチ実生の根のコハク酸脱水素酵素活性に及ぼす影響[5]
1：0 g/l，2：0.5 g/l，3：2 g/l，4：5 g/l．図中の縦線は標準誤差を示す．

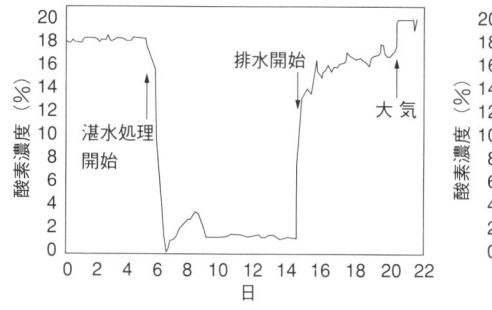

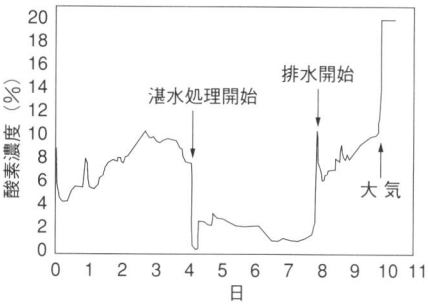

図 6.3　カンキツ樹植栽の有機物施用および無施用土壌における酸素濃度の変化[6]
左：有機物無施用（対照）区，右：有機物（未熟成カンキツせん定くず）施用区．

っているため，湿害の影響がより激しく発生することになる．また未熟成あるいは生の有機物を施用した湛水土壌では，急激な酸素濃度の低下によって，前述のような還元物質が多量に生成されることも，湿害を強めている原因である．植物ホルモンの1つであるエチレンは，0.5ppmの微量でもカンキツの生育に著しい悪影響を及ぼすが，過湿な土壌では，それ以上の濃度になることがしばしば観察される[5]．

2） 湿害に対する植物の反応

湿害に対する植物の感受性は種間で大きく異なり，生育段階や環境によっても変化する．感受性の強い植物では，地下部や地上部に湿害の影響が早急に現れ，葉の萎縮や上偏生長（葉柄が下方に湾曲する，epinasty）が観察される．また，枝の伸長が不良となって，樹勢が衰弱するとともに，葉が黄変して落葉し，収量や，果実の品質の低下を招く．

嫌気的な土壌条件下で生育した植物には，前述したような形態的変化以外にも，特徴的な器官，すなわち，気根（aerial root）や通気組織（皮層中の細胞間隙が増大，aerenchyma）が形成される（図6.4）．とくに，通気組織は耐湿性を有するイネ属および多くの水生植物でよく発達し，これらでは根が必要とする酸素の大部分をこの器官によってまかなうことが可能であり，また根圏土壌に酸素を供給することもできる．しかし，カラタチ台カンキツ樹では，通気組織や気根の形成がきわめて悪く，数年間湛水条件下で生存したカラタチでさえも，皮層部における細胞間隙の増大や気根の発生が観察されなかった．

一方，嫌気的土壌における植物の生理的変化として，① 根の吸水力の低下，② 嫌気的呼吸代謝によるエタノールの生成，③ 内生ホルモンであるエチレンの生成，などがあげられる．①は，酸素欠乏によって起こる症状であり，根周辺に十分に水がある湛水条件下でさえも植物が萎縮する．②について，耐湿性を有する植物では，エタノールを生成する代わりに，有機酸，たとえばリンゴ酸やシキミ酸などをつくる別の呼吸系が発達するという．③について，耐湿性が劣る植

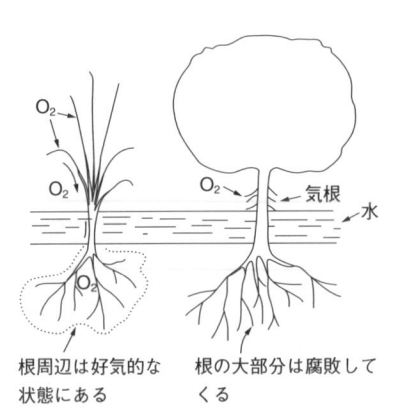

図 6.4 湛水土壌における植物の通気組織および気根の形成

（根周辺は好気的な状態にある／根の大部分は腐敗してくる）

表6.3 果樹の種類と耐乾性および耐湿性

耐乾性	強いもの	モモ,スモモ,アンズ,ブドウ,オリーブ,クルミ,カンキツ類など
	弱いもの	リンゴ,ナシ,カキなど.ただし,カキは成木になると比較的強い
耐湿性	強いもの	カキ,ブドウ,マルメロ,カラタチなど.ただし,樹体生長や果実品質が著しく不良となる
	中間のもの	ナシ,リンゴなど
	弱いもの	キウイフルーツ,モモ,オウトウ,アンズ,スモモ,イチジクなど

小林,1975[7] を参考にして作成.

物は,嫌気状態におかれた場合,体内エチレン濃度が著しく増大することが多く,酸素の豊富な地上部でエチレンの特徴的な作用である上偏生長を促す.

e. 耐乾性と耐湿性

土壌の乾燥や過湿に対する耐性は,果樹の種類によって異なる(表6.3).しかし,耐乾性(drought tolerance)が弱いカキでも成木になって根群が広く分布するとカンキツよりも乾害を受けにくくなる.一方,果樹の耐湿性(excess moisture tolerance)はキウイフルーツ,モモ,オウトウ,アンズ,スモモおよびイチジクでは非常に弱く,次いでリンゴ,ナシの順であり,カキ,ブドウ,マルメロ,カラタチは強い.しかし,実際栽培における耐性は,根群域の拡大,台木の違いによる影響,菌根形成の良否による影響なども密接に関与しており,乾害や湿害に対しては土壌改良の実施,台木の選抜,肥培管理の改善などを踏まえた方策が必要となる.

f. 水管理

1) 好適土壌水分

果樹の生長に好適な土壌水分は果樹の種類によって異なるが,おおむね $-0.01\mathrm{MPa} \sim -1\mathrm{MPa}$(pFでは $2.0 \sim 3.0$[8])の範囲である(表6.4).しかし,果樹の場合,樹体生長や果実肥大だけでなく,果実品質の向上をはかる必要があるため,各生育ステージごとに適切な水管理を行うことが重要である.

2) 灌水と排水の方法

i) 灌水方法

① 散水灌漑(spray irrigation): スプリンクラー,多孔パイプ,ホースなどで

表 6.4　樹種別の生育時期別好適土壌 pF 範囲[8]

樹種名	生育初期	果実肥大期	成熟期	樹種名	生育初期	果実肥大期	成熟期
ブドウ	2.2〜2.5	2.2〜2.7	3.0 以上	オウトウ	2.1〜2.6	2.2〜2.6	2.7 以上
ナ シ	2.2〜2.7	2.2〜2.6	2.8 以上	イチジク	2.0〜2.5	2.0〜2.5	2.7 以上
カ キ	2.0〜2.5	2.2〜2.7	3.0 以上	ミカン	2.3〜2.5	2.2〜2.7	3.0 以上
モ モ	2.3〜2.5	2.3〜2.7	2.8 以上	ビ ワ	2.2〜2.5	2.2〜2.7	2.7 以上

散水する方法で広く普及している．とくに，スプリンクラー灌漑（sprinkler irrigation）は傾斜地果樹園などでよく利用されており，灌水以外にも，省力化のために，病害虫防除や施肥も可能な多目的スプリンクラーが設置されてきている．

② 地表灌漑（surface irrigation）：　うね間に水を流入させる条溝（うね間）灌漑（furrow irrigation）や，根群域上の地表面に小孔あるいは浸出ノズルを設置し，これらから水を低圧でわずかずつ浸出，滴下させる点滴灌水（drip irrigation または trickle irrigation）がある．乾燥地において，前者は塩類集積を助長させるため，近年では後者が導入されてきている．後者の灌水システムは水の利用効率が高く，塩類集積の問題を軽減させるのに有効である．

理論的な 1 回の灌水量は，全容易有効水分量（total readily available moisture：TRAM）の概念が用いられ，次式で算出する．

$$\text{TRAM} = (Fe - Me)D \times 1/Cp$$

ここで，Fe：24 時間圃場容水量（容積％），Me：生長阻害水分点水分量（容量％），D：制限土層の深さ（mm），Cp：制限土層と有効土層の水分消費割合の値（％）を示す．一般的には，夏季ならば 1 回の灌水量として，30〜40mm の範囲とみてよい．ただし，TRAM 相当量を灌水すると有効土層を圃場容水量に戻すことになるので，乾燥気味に土壌を保ちたい果実発育後期から成熟期にかけては，1 回の灌水量を控えるよう注意したい（表 6.5）[9]．この TRAM の考え方に対しては，制限土層を果樹に適応することの疑問，生長阻害水分点が土壌や果樹の種類によって異なること，湿った下層土にある根の一部が水分ストレスをかなり緩和していることなど，2，3 の問題点が指摘されている[1]．

ii ）排水方法

① 明渠排水（open ditch drainage）：　地表面の排水が主な目的であるが，雨雪水による地表停滞水，灌漑水の余剰水，暗渠からの排出水，また一部の地下水も集めて排除する役割ももっている．

② 暗渠排水（underdrainage）：地下排水法の1つであり，暗渠を埋設して地下の過剰水を排除する方法である．暗渠には，土管，塩化ビニール管，ポリエチレン管などを用いた完全暗渠のほか，せん定枝，竹，石れきなどを用いた簡易暗渠などがある．暗渠の深さと間隔は，土質や果樹の種類によって異なるが，普通，深さを地表下0.6～1.2m程度，間隔は5～18mとし，根による管の破壊や詰まりを防止したり，前述したような未熟成の有機物による生育障害などを回避するために，暗渠の設置は栽植列の中央部に埋設することが望ましい．

③ 客土（soil dressing），盛り土（mounding）： 水田転換園のように，地下水位が高く，かつ不透水層があるため，十分な排水工事が期待できないところでは，全面的な客土や，栽植位置に盛り土し，高うねによって湿害の影響をできる限り小さくする方法が試みられている．

表6.5 ウンシュウミカンの灌水指標[9]

生育ステージ	要灌水点*	1回灌水量
発芽期～果実発育前期 果実発育後期～成熟期	pF3.0	TRAM相当量
8月	3.3	
9月	3.5	TRAM×0.7
10月～収穫期	3.8	
生長休止期	3.0	TRAM相当量

*主要根群域土層の水分．

6.2 土 壌 管 理

わが国の果樹園の多くは，土質や立地条件からみると必ずしも恵まれているとはいいがたい．しかし，多くの場合，土壌の理化学性や生物性は工夫しだいで改善でき，また雨の多いわが国では傾斜地園のほうが果実の品質向上をはかりやすいという利点もある．重要なことは，根の生長にとって大切な表層土の消耗をいかに防ぎ，下層土をいかに改良するかである．さらには，農薬，とくに除草剤や化学肥料の使用量を削減する方策を見つけだすことも今後の重要な課題である．土壌管理（soil management）の具体的なねらいとして，① 有益な土壌微生物の活用，② 土壌空気の供給，③ 有機物の補給，④ 適切な土壌水分の確保，⑤ 土壌浸食の防止，⑥ 地温の急変の防止，⑦ 土壌酸度の矯正，⑧ 潜在地力の活用，などがあげられる．

a. 土壌の生産力要因
1） 土壌の生物性
根圏にはさまざまの小動物や微生物が生息している．これらの中には，果樹の

生育に悪影響を及ぼす線虫類や土壌病原菌もいれば，土壌中の有機物を分解し，土壌の肥よく化や団粒形成に貢献したり，また果樹と共生関係を結び，その生育に好影響を及ぼすものもいる．一般に，健全な土壌環境下で育つ根は有害な土壌微生物に対して抵抗力をもっているが，土壌の化学的あるいは物理的なストレスが増大して根が弱ったときには，その抵抗力は低下する．有害小動物や微生物の駆除のために，土壌への農薬の使用も有効と考えられるが，このとき，有益な小動物や微生物をも同時に殺し，果樹の生長が一時的に抑制されることがある．現在の農薬には，選択的に有害小動物や微生物を駆除できるものがない．それゆえ，これらに対処するには，現在のところ，土壌の化学性や物理性を改良する間接的な方法で対応するしかない．菌根菌（mycorrhizal fungus）が感染した根（菌根，mycorrhiza）は，病原性糸状菌および細菌に対する耐病性ならびに線虫に対する耐虫性の付与に関与することが知られている[10]．土壌の理化学性の改善は，この共生菌の活動を高める上できわめて重要である．

菌根菌は，植物から糖などの光合成産物を受け取る見返りとして，植物の養水分吸収を促進し，樹体生長を旺盛にするとともに，果実の品質向上にも好影響を及ぼす．また環境ストレスや病害などに対する抵抗性の付与にも貢献するため，これからの農業を展開する上において重要な共生微生物である．この菌は糸状菌に分類され，菌糸が根を包んで菌糸鞘を形成する外生菌根菌（ectomycorrhizal fungus），菌糸が根の内部で伸長する内生菌根菌（endomycorrhizal fungus），ならびにこれらの中間的な性質を有する内外生菌根菌（ectendomycorrhizal fungus）に大別される．果樹の菌根を表6.6および図6.5に示す．とくに，この中でもVA（vesicular-arbuscular）菌根菌（内生菌根菌の1つ）は，植物を選ぶほかの菌根菌と違い，陸生植物のほとんどすべてと共生関係を築くことが明らかになってきている．ただし，感染の程度は植物の種類によって異なる．この菌は，根の内部にのう状体（vesicle，これを形成しないものもいる）や樹枝状体（arbuscule）を形成する特徴がある（図6.6）．

わが国の果樹園における菌根感染率は一般に低い．とくに，この傾向は農薬や肥料を多量に使用している園地や土壌への有機物施用がほとんど行われていない園地で著しい．ただし，このような園地でも，VA菌根菌の胞子が土壌25g中に1000個前後存在している[11]ので，土壌の改善によってはVA菌根菌を利用した高品質の果実生産が可能である．なお，近年VA菌根菌を含む資材が市販されているが，高価なので多量に使用するのは難しく，苗木づくりやハウス栽培などの

表 6.6 果樹の菌根

1) 外生菌根（ectomycorrhiza）を形成する果樹
　　クリ，クルミ，ペカン
2) エリコイド菌根（ericoid mycorrhiza）を形成する果樹
　　ブルーベリー，クランベリー
3) VA菌根（vesicular-arbuscular mycorrhiza，アーバスキュラー菌根とも呼ばれる）を形成する果樹
　　イチョウ，ココヤシ，パイナップル，ヤマモモ，マカダミア，イチジク，アケビ，チェリモア，アボカド，モモ，スモモ，ウメ，オウトウ，アンズ，リンゴ，カリン，マルメロ，ビワ，ナシ，キイチゴ，カンキツ，キンカン，カラタチ，マンゴー，ピスタチオ，レイシ，ブドウ，ドリアン，キウイフルーツ，マンゴスチン，パッションフルーツ，パパイア，グミ，グアバ，カキ，オリーブ，バナナ

注1：いずれの果樹もVA菌根を形成するが，クリ，クルミ，ペカンなどでは外生菌根菌，ブルーベリー，クランベリーなどではエリコイド菌根菌との相性のほうがよい．
注2：バラ科の果樹やブドウでは，一部の種で外生菌根を形成することがある．
注3：マカダミアでは菌根形成能が劣る傾向にある．

限定された場所での使用に限られる．

2) 土壌の物理性

果樹栽培において，下層土の物理構造を改善し，根が土中にどれだけ強く伸びることができるかは重要である．有効土層（available depth of soil）が深ければ土壌の潜在的な地力を利用することができるとともに，肥料効率も高まり施肥量の削減も可能となる．さらに，干害，寒害などに対する抵抗力が高まることは周知のことである．このような有効土層拡大の最大の制限要因となるのが，根の呼吸と密接な関係にある土壌への酸素の供給，つまり土壌通気（soil aeration）である．

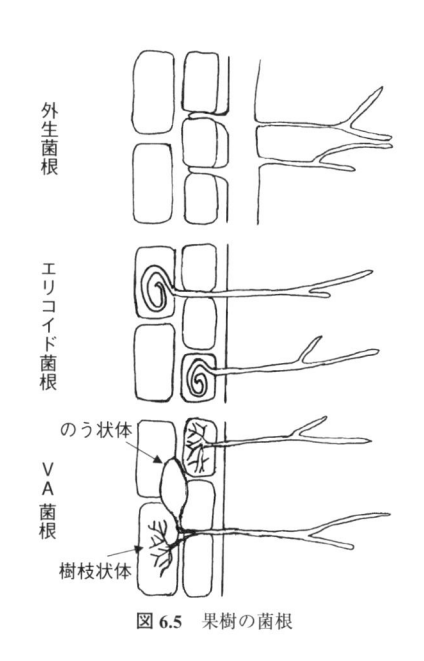

図6.5　果樹の菌根

図6.7は，ジルコニア酸素センサをカンキツ園土壌に1年間埋設して，酸素濃度の変化を連続的に調査した結果である[5]．すなわち，土壌中の酸素濃度は熟成有機物施用区および無施用区ともに，雨が多く，樹の生育，とくに根の伸長が旺盛な5〜7月や9月において減少する傾向が大きかった．有機物無施用区では6月に地表下30cmの酸素濃度が約2％という状態が3〜4日間続いた．しかし，

110   6. 水分生理と土壌管理

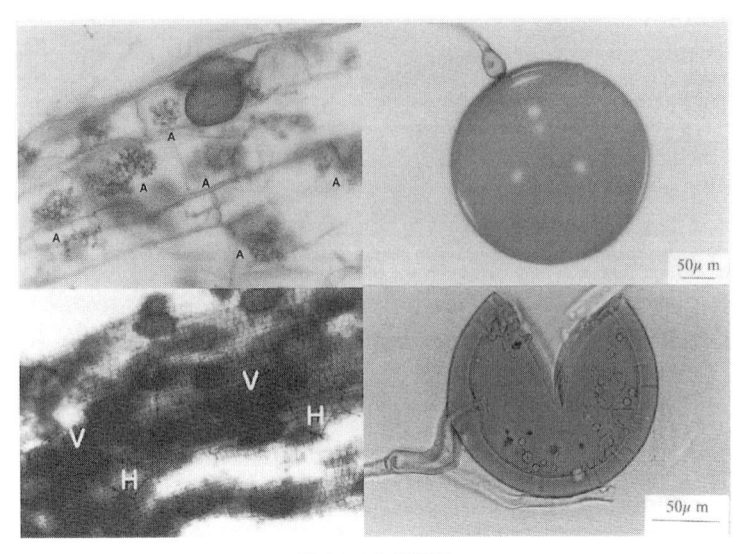

図 6.6 VA 菌根菌
左上：樹枝状体（A），右上：*Gigaspora margarita*，左下：のう状体（V）と菌糸（H），
右下：*Glomus fasciculatum*.

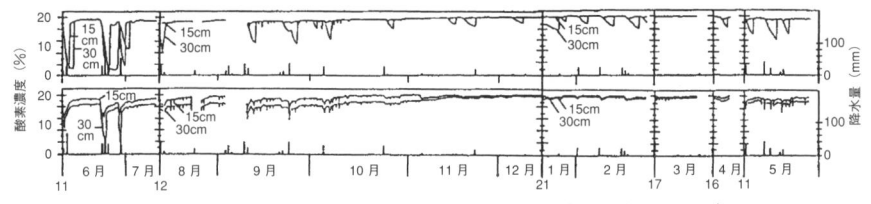

図 6.7 カンキツ（宮内イヨカン）園土壌中の酸素濃度の季節的変化[5]
上図：有機物無施用（対照）区，下図：有機物（熟成ケヤキ葉堆肥）施用区．1988 年 6 月 11 日から 1989 年 5 月 31 日までの約 1 年間，防水型ジルコニア酸素センサを地表下 15 および 30cm に埋設し，酸素濃度の変化を連続的に調査した．

有機物施用区では，このような状態がわずか 2～3 時間みられただけであった．カンキツでは，樹の生存のため，2％の酸素が絶えず土壌に供給される必要があるが，正常な樹体生長のためには土壌中の酸素濃度が大気とほぼ同様（約 20％）であることが望ましい．

最近，果樹栽培では果実品質の向上のため，有効土層を浅くし，根の養水分吸収を制限する方法が試みられている．しかし，この方法は長期的にみると，干害，凍害，倒伏などの自然災害を受けやすく，さらには果実の生産量の低下など

の問題が出てくる．つまり，このような栽培方法は，ある限定された地域あるいは環境下においてのみ適応できる方法である．

3） 土壌の化学性

わが国の園地で酸性土壌（acid soil）が多いのは，降雨量が多いため雨水に含まれる水素イオンが増大し，土壌からの Ca などの塩基の流亡が激しいためである．とくに窒素を多量に施用するわが国では，植物に吸収されない余分の

表 6.7 果樹の種類と好適土壌 pH [7]

果樹の種類	好適土壌 pH
イチジク	7.5～7.6
ブドウ（アメリカ種）	7.2～7.6
カ キ	5.0～6.0
ナ シ	5.0～6.0
ウンシュウミカン	4.6～6.0
モ モ	4.6～6.0
リンゴ	4.6～5.0
ク リ	4.0～5.0

窒素が土壌中の微生物の作用によって硝酸に変えられ，これが土壌中の Ca, Mg などの塩基を流亡させて，土壌が酸性化に傾くことを助長している．また最近では，酸性雨による土壌の酸性化も問題となってきている．強酸性土壌で植物の生育が不良になる主な原因は，① 作物に有害な Al イオンが遊離すること，② 土壌のリン酸固定能力が強くなって，施肥リン酸の肥効が低下すること，③ 有効な交換性塩基（CaO および MgO），B, Mo などが酸性化する過程で溶脱すること，④ 有機物の分解に関与する微生物，菌根菌のような共生微生物，窒素の供給に役立っている硝酸化成菌や窒素固定菌などの活動が阻害されるためである．各果樹の好適土壌 pH を表 6.7 に示す[7]．

土壌中の養分の多少は生産性に影響することはよく知られていることである．とくに，土壌環境の変化に由来するバイオマスの変動によって生じる養分供給は土壌の生産力に重要な役割を果たしている[12]．バイオマスの変動による養分供給には長期的と短期的な場合がある．後者の場合，たとえば酸性土壌を矯正したとき，土壌バイオマスの死滅によって無機窒素が土壌中に放出されることがあげられる．このような土壌環境の急激な変化によって土壌バイオマスから生じる地力窒素などは，果樹の生育に大きく貢献している．

b. 土壌改良

わが国の果樹園では，一般に根系が浅いため，樹勢の低下が起こりやすく，高品質の果実を毎年安定して得ることが難しい．そのため有機物などの施用によって土づくりを行い，有効土層を広げる必要がある．土壌改良（soil improvement または soil amendment）の目標基準は果樹の種類によって多少異なるが，地力増進法に基づく樹園地での基本的な改善目標は表 6.8 のとおりである[13]．

表 6.8 地力増進法に基づく樹園地での基本的な改善目標[13]

土壌の性質	土壌の種類		
	褐色森林土, 黄色土, 褐色低地土, 赤色土, 灰色低地土, 灰色台地土, 暗赤色土	黒ボク土, 多湿黒ボク土	岩屑土, 砂丘未熟土
主要根群域の厚さ	40cm 以上		
根域の厚さ	60cm 以上		
最大ち密度	山中式硬度で 22mm 以下		
粗孔隙量	粗孔隙の容量で 10%以上		
易有効水分保持能	30mm/60cm 以上		
pH	5.5 以上 6.5 以下（茶園では 4.0 以上 5.5 以下）		
陽イオン交換容量（CEC）	乾土 100g 当たり 12meq 以上（ただし, 中粗粒質の土壌では 8meq 以上）	乾土 100g 当たり15meq 以上	乾土 100g 当たり10meq 以上
塩基状態 塩基飽和度	カルシウム, マグネシウムおよびカリウムイオンが陽イオン交換容量の 50～80%（茶園では 25～50%）を飽和すること.		
塩基状態 塩基組成	カルシウム, マグネシウムおよびカリウム含有量の当量比が（65～75）:（20～25）:（2～10）であること.		
有効態リン酸含有量	乾土 100g 当たり P_2O_5 として 10mg 以上 30mg 以下		
土壌有機物含有量	乾土 100g 当たり 2g 以上	—	乾土 100g 当たり 1g 以上

1) 深耕による下層土改良

深耕（deep plowing）は下層土の物理性を改善し，果実の生産力の向上にきわめて有効であり，果実品質を高める．しかしながら，過度の深耕によって深層部に根系を広げると根の養水分吸収が高まり，果実の熟期が遅れたり，品質が低下することもあるので注意を要する．また，透水性が劣る水田転換園などでの部分深耕は深耕部が湛水しやすいので，排水を考えた上で実施することが望ましい．深耕には，多くの労力を要するので，今後，園内道の整備を行って，ブルトーザー，バックホー，トレンチャー，オーガーなどの機械を導入しやすくする必要がある．

2) 有機物の投入

有機物施用の効果として，図 6.8 に示すような効用が期待される．有機物が十

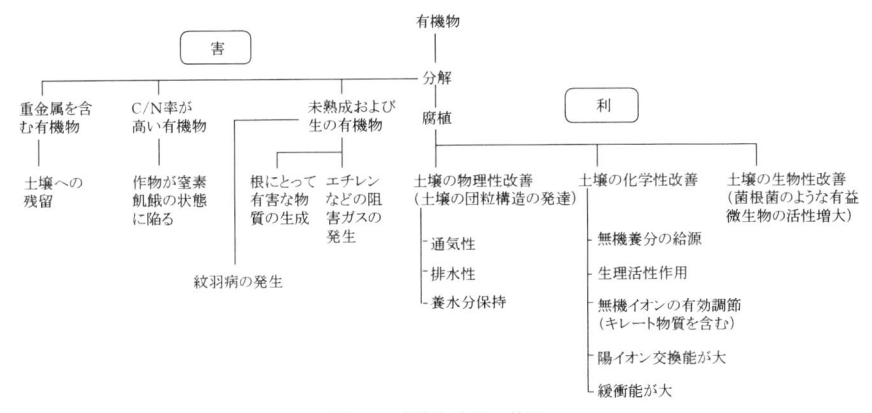

図6.8 有機物施用の効果

分に施された園地では有用微生物の活動が盛んで土壌の団粒構造が形成されやすく，その結果，土壌の通・排水性も良好となる．また，有機物による土壌の化学性改善効果においては，とくに緩衝能（作用）や陽イオン交換能が大であることが重要である．腐植が多い土壌はマイナスの電荷を帯びており，陽イオン交換能が大きい．つまり，無機イオンを蓄積する場所が増え，急激に酸性あるいはアルカリ性に傾くことがない．これを緩衝能といい，土壌における化学的な変化をやわらげてくれる働きである．たとえば，必要以上の化学肥料を施した場合，腐植を多量に含む土壌では，腐植が少ない土壌と比べて，作物の生育に現れる悪影響の程度が小さい傾向にある．

有機物の施用は，前述のように良い面だけでなく，取り扱い方を誤ると樹の生育を阻害することがある．図6.8に示すように，① 重金属を含む有機物，② C/N（炭素/窒素）率が高い有機物，③ 未熟成あるいは生の有機物，の施用にあたってはとくに注意が必要である．

現在樹園地で用いられている代表的な有機物の特性を，表6.9に示す．これらの中で，①に入るのが各種汚泥やそれらに準じる都市ゴミなどのコンポストである．これらの有機物は一般にカドミウム，水銀，鉛，六価クロム，ヒ素，PCBなどの有害物質を含んでいる．これらの物質は土壌に残留しやすいので，濃度が法定基準値以下であっても，樹園地に搬入するのは好ましくない．

C/N率が高い②の有機物には，樹皮（バーク），おがくず，せん定枝などがある．これらを施用した場合には，微生物が有機物を分解する過程で土壌中に既存

表6.9 有機物の種類と特性

有機物の種類	特性および注意事項
家畜ふん尿，魚かす，油かす，大豆かすなど	C/N率は，ふん尿やかすの種類によって異なるが，5〜20程度である．これらは肥料成分を比較的多量に含む有機肥料である．しかし，土壌の物理性の改善ではほとんど効果が望めない．
雑木，せん定枝など	C/N率が50以上であるが，中には著しく高いものがある．肥料養分の供給よりも深耕による土壌の物理性の改善に有効．
山野草，稲わら，麦わら，もみがらなど	山野草は草種によって C/N 率が著しく異なる．稲わら，麦わら，もみがらはC/N率が70前後，多くはマルチ資材として使用されているが，最近，稲わらが不足している．また，もみがらは暗渠資材として有効である．
樹皮（バーク）堆肥，ピートモス，その他市販の有機系土壌改良剤	C/N率が20〜30に調整されているが，樹皮堆肥の中には C/N 率が高いものがあるので注意する．またピートモスは土壌を酸性化しやすいので，大量施用は注意を要する．これらは，いずれも肥料養分の供給の点では効果が低い．
おがくず，チップかす，生の樹皮，製紙スラッジなど	これらの資材は C/N 率が著しく高く，700前後のものが多い．それゆえ，窒素飢餓を誘発しやすい．近年，家畜ふん尿を混合し，C/N率を調整したおがくず堆肥などが市販されているが，使用にあたっては十分に注意する必要がある．
各種汚泥，コンポスト	各種工場の活性汚泥，都市下水汚泥，し尿処理汚泥などで，土壌の物理性の改善よりも有機質肥料としての効果が認められ，C/N率は一般に低い．しかし，ものによって肥料養分のふれが著しく大であり，またこれらの有機物には重金属を含んでいるものがある．それゆえ，積極的な使用は慎んだほうがよい．

注：C/N率が20以下であれば，作物と土壌微生物との間の窒素の競合が発生しない．

の無機態窒素までも消費してしまうために，樹が窒素飢餓（窒素不足）の状態に陥ることが知られている．C/N率が20以下ならば，作物と土壌微生物との窒素の競合は発生しにくいので，これらの有機物に尿素などの窒素肥料を加え，C/N率を下げる必要がある．

C/N率が低くて分解の早い有機物でも，③のような未熟成あるいは生の有機物の場合には，これらに含まれるフェノール物質などの根の生長を抑制する物質，あるいはそれらの分解過程において生成されるエチレンなどの阻害ガスによって，樹の生育が抑制されることがある．

3） 土壌改良資材

土壌改良資材（soil conditioner）は無機系（鉱物質）と有機系に大別され，前者にはゼオライト，ベントナイト，パーライト，バーミキュライトなどが，後者には泥炭，亜炭などを化学処理したもの（主成分はフミン酸カルシウム，フミン

酸マグネシウム，フミン酸アンモニウムなど）や，炭などがある．

　ⅰ）　**炭の利用**　　炭は古くから土壌改良資材として使用されており，土壌のpHや通・排水性の改善，地温の上昇促進，カリなどの無機養分の供給などに効果がある．最近，炭施用は土壌中の菌根菌のような有益な微生物の活動を助ける働きがあることが明らかになっている[14]．さらに，炭には未熟成なおがくず堆肥や樹皮堆肥に含まれるフェノール物質などの生育抑制物質やエチレンなどの阻害ガスを吸着し，これらの堆肥によるカラタチ実生の生育阻害を軽減させる効果が認められる[5]．

　ⅱ）　**ゼオライトの利用**　　ゼオライト（沸石）はアルミニウム，ナトリウムを含むケイ酸塩水和鉱物であり，その施用は肥効の劣る土壌や，化学肥料および農薬の乱用によって老朽化が進んだ土壌で非常に効果的である．また，有機物との併用はきわめて効果的という報告もある[1]．

c.　土壌管理の方法

　果樹園の土壌管理法の基本型としては，清耕法，草生法およびマルチ法があり，折衷法型として中耕被覆作物法，草生マルチ法などがある[15]．

　ⅰ）　**清耕法**　　清耕法（clean culture）は，中耕または除草剤によって除草を行い，土壌表面を裸出しておく方法である．現在では除草剤による清耕裸地が慣行化している．除草剤による清耕法の長所として，①雑草との養水分吸収の競合がない，②つる性雑草による光競合がない，③病害虫の潜伏場所を与えない，④園地内での作業が行いやすい，などがあげられる．なお，中耕による清耕法の長所として，これ以外に，有機物の分解による窒素の無機化の促進，土壌の透水性や通気性の改善，土壌水分の蒸発抑制などが期待される．一方，短所として，①土壌浸食の被害が大きい，②土壌の有機物の分解が速く，土壌の団粒化が衰えやすい，③夏冬の地表面温度の変化が激しい，などがあげられる．わが国の果樹園の多くが傾斜地園にある現状をかんがみて，除草剤による清耕法には土壌浸食と土壌の悪化という大きな問題点があり，今後，ほかの管理法へ移行していくことが切望される．

　ⅱ）　**草生法**　　草生法（sod culture）は，草で樹間の土壌表面を被覆する方法である．この栽培法は，①雨滴の衝撃を軽減して，土壌浸食を防止し，養分の溶脱を防ぐ，②腐植源としての有機物が補給できる，③草の根による土壌の物理性の改善が期待できる，④VA菌根菌などの有用微生物が増殖する，⑤地温

図 6.9 ナギナタガヤ草生カンキツ園
ナギナタガヤは夏場に枯れ,稲わらを敷きつめたように地表面をおおう特性をもっている(1997年7月2日撮影).

の激変を防止する,⑥ マメ科植物を利用すれば根粒菌の働きで空気中の窒素の固定ができる,などがあげられる.一方,短所として,① 樹と草との養水分の競合が起こる,② 病害虫の潜伏場所を与えて防除が困難となる,③ 霜害を受けやすい地帯では,草生により被害がやや大きくなる傾向がある,などがあげられる.

草生栽培を実用化していくためには,樹園地に最も適した草種を選抜することが大切である.どのような草種が優占種になっていると,草管理が容易となり,省力化につながるかを注意深く観察してみる必要がある.最近,1年性のイネ科植物であるナギナタガヤ(図6.9)が樹園地の草生化に有望な草として急速に普及している[16].この草は,VA菌根菌の増殖を助けるため,果樹との養水分の競合が少なく,また夏場に枯れ,稲わらを敷き詰めたように地表面をおおう特性をもっている.また,こぼれ種から容易に発芽するので増殖も容易である.

iii) **マルチ法** マルチ法(mulch または mulching)は,有機物やポリフィルムなどによって,土壌表面を被覆する栽培法である.長所として,① 土壌流亡の防止,② 雑草防除,③ 土壌水分の蒸発抑制,④ 地温の調節,⑤ 有機資材を使用したときには有機物の補給による土壌の団粒化の促進,などがあげられる.短所として,① 最近,マルチ資材用の有機物の入手が困難で,経費がかかる,② 根群分布が浅くなりやすく,下層土の改良のために深耕が必要である,③ 冬季の夜間,マルチ資材の表面温度が低下するため,樹冠周辺の気温も低下して,裸地よりも凍寒害の被害が大きいことがある,④ 春先の地温上昇が遅れ,幼木の初期生長がわずかに抑えられる,⑤ 新梢伸長停止,果実の着色や成熟がやや遅れる傾向がある,⑥ ネズミの害や火災の危険性がある,などがあげられる.

最近,果実品質の向上を目的に,ポリフィルムやビニールフィルムを用いたマルチ栽培が現在検討されている.このようなマルチ栽培は夏秋季に土壌を乾かし,果実の品質,とくに糖度を高める方法が主目的である.しかし,被覆のため

の労力，乾燥による樹勢の低下，果実肥大や酸ぬけの悪さなどについて，今後検討しなければならない課題が多い．

d. 草の利害と雑草防除法

果樹園内にみられる草には，樹との養水分競合や病害虫のすみかになるなどの有害な草だけでなく，直接的あるいは間接的に樹の生育を助ける草も生息している．このような草の中にはVA菌根菌のような有益な土壌微生物の繁殖および活動を促進するものがある[17]．そのため，果樹園の草管理にあたっては草自体とその管理手段についての正しい理解が非常に重要である．

雑草防除法を大別すると，① 耕うん・耕起，刈り取り，マルチ，火炎，湛水などによる物理的（機械的）防除，② 除草剤による化学的防除，③ 天敵，被覆作物などによる生物的防除があげられる．

除草剤による化学的防除は，省力化を目的に普及し，現在わが国の雑草防除の主力をなしている．除草剤は植物を枯死させる薬剤であり，雑草だけでなく，果樹やその他の有用な植物にも害を及ぼしたり，土壌中に生息する微生物や人畜にも多大な影響を及ぼす．このような問題を引き起こさないためにも，除草剤の雑草に対する作用性，植物体内や土壌中への残留，人畜への影響などについて十分に注意を払い，適切な薬量で，散布回数を可能な限り減らしていく方策を考え出していかなければならない．

e. 土壌保全と持続可能な果樹栽培を目指して

土壌保全（soil conservation）とは，農地の地力を低下させ，作物の生産力を悪くしている土壌浸食や土壌乾燥を防ぎ，環境汚染の原因となっている農薬や化学肥料を控えることによって，農地の生産性を恒久的に維持するための対策をいう．とくに，わが国の果樹園における主な土壌問題としては，除草剤による清耕裸地における土壌浸食や，農薬および肥料の大量施用による土壌汚染があげられる．これらに対して，環境と人に優しい，持続可能な果樹栽培体系をいかに構築していくかが今後の課題である．土壌の悪化を表す指標の1つとして，土壌中の菌根菌胞子の存在や，作物への菌根感染状態の把握は大いに役立つものと考える．土壌流亡や土壌乾燥の激しい発展途上国の果樹園では土壌中のVA菌根菌胞子がほとんどみられない．われわれはもっと自然の営みを学び，自然の潜在力を活用した土壌管理体系を築き上げる必要がある．　　　　〔石井孝昭〕

文　献

1) 岩堀修一・門屋一臣編（1999）：カンキツ総論，養賢堂．
2) 久馬一剛編（1997）：最新土壌学，朝倉書店．
3) 池田　武編著（1998）：作物の生理・生態学大要，養賢堂．
4) 森永邦久・池田富喜夫（1985）：園芸学会要旨昭和60年春，pp. 44-45.
5) 石井孝昭（1994）：愛媛大学教育学部紀要第3部　自然科学，**14**, 101-211.
6) Ishii, T. and Kadoya, K.（1991）：*Plant and Soil.*, **131**, 53-58.
7) 小林　章（1975）：果樹環境論，養賢堂．
8) 鴨田福也（1987）：園芸学会シンポジウム講演要旨，pp. 1-8.
9) 山下重良ほか（1979）：和歌山果試臨時報告，**2**, 1-21.
10) Powell, C. L. and Bagyaraj, D. J.（1984）：VA mycorrhiza, CRC Press, Boca Raton, Florida.
11) Ishii, T. *et al.*（1999）：*J. Japan. Soc. Hort. Sci.*, **68**, 219-227.
12) 木村眞人ほか（1994）：土壌生化学，朝倉書店．
13) 農林水産省編（1997年改正）：地力増進基本指針．
14) 小川　眞（1987）：作物と土をつなぐ共生微生物，農山漁村文化協会．
15) 千葉　勉編（1982）：果樹園の土壌管理と施肥技術，博友社．
16) Ishii, T. *et al.*（2000）：*Proc. Int. Soc. Citriculture*, in press.
17) Ishii, T. *et al.*（1998）：*J. Japan. Soc. Hort. Sci.*, **67**, 556-558.

7. 樹体栄養と施肥

7.1 果樹の栄養特性

　果樹は，果実を生産の目的とする永年性の木本作物である．園芸作物として栽培される果樹では，自然の環境要因によって影響を受けるばかりでなく，栽培技術を通してさまざまな人為的な手が加えられる．果樹の栽培技術は，果樹をめぐる物質循環を理解し，果樹のもつ能力を最大限に発揮させ，果実を連年，永年にわたって生産する技術である．樹体の内外の物質循環を合理的に理解することが果樹の栄養生理の課題であり，栽培技術の基礎をなすものである．

　果樹における物質循環の流れを巨視的にみると，果樹生産の母体となる樹体の部分と，毎年収穫物として樹から取り離される果実の部分に分けることできる．さらに，収穫を目的としない部分でも，落葉果樹のように毎年秋になれば自然に落葉する部分や，老化によって樹体から離脱する部分や，病害虫によって枯死したり摂食されたりする部分がある．それに加えて，整枝・せん定，摘果などの栽培技術によって人為的に樹体から取り去られる枝や幼果のような部分がある．

　また，物質の流れは微視的には化学物質の流れとみることができる．有機栄養は主として光合成によって生産される有機化合物を，無機栄養は根によって吸収される無機要素を基礎としているが，それらはそれぞれ独立して存在するのではなく，相互に関連しあっている．樹体の栄養生理を理解するには，単一物質に還元された元素としての化学物質の流れではなく，機能をもった化学物質の流れとして理解することが大切である．

　果樹は通常 25〜50 年，あるいは種類によってはそれ以上の期間，同じ土地を占有し生育している．したがって，永年にわたって樹体栄養を良好に維持し，果実生産を続けていくためには，まず適地適作を原則にしなければならない．果樹の根系は土壌表層近くに広く分布するばかりでなく，土壌の深層にまで入っているから，根系の狭い作物に比べて土壌に存在する水分や無機要素を有効に利用できるという利点がある．

　果樹では通常穂木品種は台木に接がれ，台木と穂木の複合体となっている．台

木は過湿や乾燥といった土壌環境や病虫害に対する抵抗性，穂木品種の樹勢調節を目的として使用されてきたが，最近，樹体栄養が台木によって影響を受けることが明らかにされてきている．さらに，果樹栽培では高収量という観点ばかりでなく，高品質果実生産が問題とされるようになってきているので，この面からの樹体栄養を考える必要がある．

7.2　樹体の構成成分

a.　必須元素とその生理的役割

植物体にとって必須元素であるかどうかは，次の基準によって判定される．

① それが欠如すると生活環を完結できない

② 他の元素によって代替できない

③ 特定の植物に限定されず，ほとんどの植物に存在する

このような基準をもとに，これまで明らかにされている必須元素には，炭素（C），水素（H），酸素（O），窒素（N），リン（P），カリウム（K），カルシウム（Ca），マグネシウム（Mg），イオウ（S），鉄（Fe），ホウ素（B），銅（Cu），マンガン（Mn），亜鉛（Zn），モリブデン（Mo），塩素（Cl）が存在する．主な必須元素の生理的役割は以下の通りである．

N：　アミノ酸やタンパク質の構成要素であり，補酵素，核酸塩基，植物ホルモンのオーキシンやサイトカイニンの構造の一部をなしている．樹体内では移動しやすい．

P：　エネルギー転換に重要な役割を果たしている ATP の構成要素であり，フィチン酸，補酵素，リン脂質，核酸の構成要素となっている．樹体内で繰り返し使われ，果実によって取り去られる割合もそれほど大きくはない．樹体内では移動しやすい．

K：　種々の酵素反応に必要とされる．通常，他の元素に比べて果実に蓄積する割合が大きい．樹体内では非常に移動しやすい．

Ca：　細胞壁中層（middle lamella）にペクチン酸カルシウムとして存在し，細胞間の接着や，細胞分裂の際に生じる娘細胞の最初の隔壁形成に関与していると考えられている．大部分はシュウ酸カルシウムとして液胞内に存在しているが，炭酸カルシウム，リン酸カルシウム，硫酸カルシウムとして液胞のほか，葉の維管束などにも存在する．Caの結晶はさらに Ca を結合させるので，組織内での有効態の Ca を減少させることになる．リンゴやナシで Ca が十分存在するの

に，Ca 欠乏に関連した生理障害が生じる原因になっているのかもしれない．最近，植物細胞でも Ca^{2+} イオンを特異的に結合するタンパク質（カルモデュリン）の存在が明らかにされ，これが各種の酵素系を活性化する働きをしていることが指摘されている．

Mg：　クロロフィル分子の構成要素となっているばかりでなく，光合成や呼吸や核酸合成に関する多くの酵素系で働いている．Kと同様に体内では移動しやすく，欠乏症状はまず古い葉に発現する．

Fe：　チトクロムのポルフィリンの構成要素となっており，光合成や呼吸における電子伝達系で作用する酵素の働きを助ける．ACC 酸化酵素の働きに必須である．植物体内では移動しがたく，欠乏症状はまず若い葉に現れる．

Mn：　葉緑体内の膜系で重要な役割を果たしており，光合成における水の分解に関与するばかりでなく，多くの酵素反応に必要とされている．

Zn：　IAA の生成に必要とされている．Zn 欠乏になると，葉が小さくなり，クロロシスを起こすので，クロロフィルの合成や安定化に関与しているのかもしれない．

Mo：　硝酸還元酵素に必要とされている．

B：　膜の統合性の維持や核酸合成に必要とされている．

Cu：　チトクロームオキシダーゼのような酸化還元反応系で必要とされている．エチレンの受容体タンパク質 (ETR1, ERS) が機能するのに必須とされている．

Cl：　細胞分裂に必要とされ，光合成の明反応における水の分解を促進する．

b.　元素間の相互作用

相互作用は元素の吸収，転流，利用に関連して起こる．ある元素が他の元素の効果を抑制するのが拮抗作用，ある元素が増加すると他の元素の作用や濃度を増加させるのが共助作用である．

ある元素の供給は他の元素の吸収や利用に影響を与える．土壌中の K または Mg のどちらかが増加すると，その元素が含量の少ないほうの元素の吸収を抑え，葉中 Ca 含量を低下させる．P の含量が高くなると N の吸収が抑えられ，逆に N の含量が高くなると P の吸収が抑えられる．土壌中の B 含量が少ない場合，単に N 施用量を増やすだけで B の吸収を抑えて B 欠乏症を起こす．B 欠乏下では細胞壁中層におけるペクチン酸カルシウムの形成が抑制される．

リン酸（PO_4^{3-}）濃度が高い場合には，Fe^{2+} の沈殿が生じる．拮抗作用は相方向

の場合もあり，一方向の場合もある．拮抗作用を有効に利用することも可能である．たとえば，SO_4^{2-}を過剰に加えると，毒性のある砒素（As）の吸収を抑え，またCaやMgを加えると灌漑水に存在するCuの吸収を減少させることができる．Mnは植物体内でFeと拮抗作用を有するが，その機構は過剰のMnが2価のFe^{2+}を3価のFe^{3+}に変換させることによっている．葉内で有効なのは2価のFe^{2+}なので，過剰のMnは機能的なFe^{2+}欠乏を生じさせ，鉄欠乏に特有のクロロシスを起こす．土壌中のP含量が高いと多くの作物でZn欠乏が生じることが知られている．たとえば，PやCa含量の高い鶏糞を石灰質土壌の健全な甘果オウトウ園に施すとZn欠乏症が発現する．これは土壌表層の有機物にZnが吸着することによると考えられている．この欠乏は冬季に$ZnSO_4$散布で矯正できる．葉内にNが過剰に存在すると，しばしば他の元素の含量が低くなる．多くの場合，生長による希釈作用によると考えられるが，Pの減少率は希釈作用だけによるよりも大きい．また，N含量が高いと葉内のみならず果実内のCa含量が低くなる．

相互作用は2つの元素間でみられるだけではなく，多種の元素間で複雑な関係を有する．たとえば，N含量が高い場合にはKはMgと拮抗作用を有するが，N含量が低い場合には拮抗作用をもたない．

c. 必須元素の欠乏および過剰障害

必須元素が欠乏したり，過剰になったりする原因には，土壌中におけるそれらの元素の絶対量ばかりでなく，土壌の物理化学的要因が深く関与しているので，対策には土壌改良が有効なことが多い．果樹における主な必須元素の欠乏および過剰症状を表7.1に示してある．

7.3　樹体栄養に及ぼす諸要因

a. 土壌の物理化学性

必須元素の多くが土壌から得られているから，土壌の物理化学的な環境が樹体栄養に大きな影響を与える．すなわち，土壌環境は必須元素そのものに影響を与えるばかりでなく，植物がそれらの元素を吸収する働きにも影響を与える．

1） 土壌の母材

土壌は種々の母岩が風化してできたものであるから，その母岩に含まれる元素の種類，量の違いによって樹体栄養が影響を受けるのはもちろんのこと，その物理化学的性質によっても養分の吸収性が影響を受ける．たとえば，火山灰土壌で

表 7.1 果樹における必須元素の欠乏および過剰症状

元素	欠乏	過剰
N	葉や枝の生長が抑制され，葉のクロロフィル含量が減少する．体内で移動しやすいため欠乏症状は古い葉から出やすい．また，欠乏すると果実は小果となり，リンゴでは果皮の光沢がなく，果肉は硬く，酸味が強くなる．	枝葉が徒長し，葉は大きく葉色は濃くなるが，病害虫にかかりやすく，花芽分化が十分に行われなくなる．果実品質も低下し，甘味が劣り，着色不良で熟期も遅れる．カンキツでは果皮が厚く，表面が粗く，浮き皮になりやすい．
P	芽の休眠期間を長引かせ，側芽の発現や苗条の生長が抑制される．茎および葉柄は紫色を帯び，この傾向は冷夏のときに著しい．症状が進むと，新梢は細く，葉は小形あるいは舌状となる．欠乏症状は古い葉から現れる．リンゴの果実では果肉が著しく柔らかくなり，酸味が強く，糖度が低い．カンキツ類の果実では小果となり，果皮色は正常果より濃く，果皮が厚く，酸味が強い．	Pを過剰に施用した実験で樹体の生長が抑制されたり，葉色が著しく黄化することが観察されているが，このような樹体を分析してみるとNの含量が減少していることが多い．
K	古い葉が退色し，葉縁部が焦げたような色となる．茎の節間が詰まり，茎の短縮化やロゼット化が生じる．カンキツ類では頂芽優勢が失われて側枝が多数出てくる．果実は一般に小形となり，リンゴでは糖度・酸度とも低く，着色不良となり，モモでは熟期が遅く，果肉の黄色が淡くなる．	カンキツ類の砂耕試験で樹体内のK含量が高くなると，果実は粗大になるが腐食しやすくなることが観察されている．これはK含量の増大に伴うCa含量の低下によると考えられている．また，リンゴではKを過用するとMgの欠乏症状が現れることが知られている．
Ca	古い葉では移動しにくくなる傾向があり，若い葉で欠乏症が出やすい．欠乏すると急速に生長している葉はしばしば白化を起こし，葉の頂端が反対方向にねじまがる．欠乏に対して根の生長はとくに敏感で，生長は停止し組織は半透明になる．リンゴの果実では生理障害のビターピットが発生する．	
Mg	クロロフィルの構成要素であるから，これが欠乏すると葉が黄化する．樹体内で移動しやすく，欠乏すると下位葉から黄褐色の斑点が現れ，被害はしだいに新梢の先端に及び逐次落葉する．	
B	欠乏によって生じる可視的な症状は一次生長点の死であるが，欠乏がひどいときには根の生長点も死ぬ．葉は多少黄化し縮れる．果実をつけている樹では，他の部分に症状が現れなくても，果肉や果面に黄化部が現れる．リンゴでは果肉の内部や表面でコルク化が起こる．カンキツでは果実が小さくなり，奇形を呈し，硬いのが特徴である．効果では果面に褐色の斑点ができ，落果しやすい．発育の進んだ果実では果心部やアルベド層にゴムを生じる．ブドウでは欠乏すると花冠が赤褐色となり，離脱しないで受粉が妨げられるので，結実率が落ちる．	カンキツでは葉の先端や葉脈間が黄化する．
Mn	葉脈間が淡緑あるいは黄緑色となり，斑（ふ）入りとなる．欠乏症状は新梢の上部から現れ始める．	リンゴでは粗皮病が発生する．ウンシュウミカンでは9~12月頃頂に褐色の斑点を生じ，12~4月にかけて落葉する．
Zn	カンキツでは最初葉の中ろくと支脈の間に不整形のクロロシスを生じる．症状が顕著になると，枝は細くて短く，枯れ込みを生じる．果実は小さくなり，品質も低下する．	

は，リン酸が土壌に吸着して不可吸態となりリン酸の肥効が悪い．また，緑泥片岩，黒雲母安山岩質土壌ではほかの土壌に比べて置換性マグネシウムや葉内マグネシウムが高いことが知られている．

2）土壌 pH

図 7.1 に示すように，pH によって土壌における必須元素の溶解性が異なるので，果樹園の土壌 pH を適正に維持することが大切である．とくに，日本のように降水量の多いところでは，土壌が酸性化しやすいので，pH の矯正のために石灰を施す必要がある．

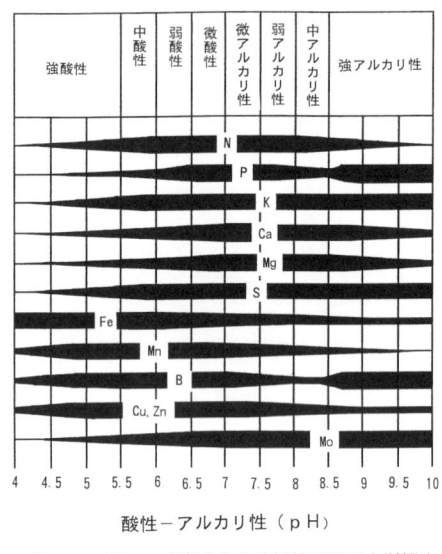

図 7.1 土壌 pH が各成分の溶解性に及ぼす影響[1]

3）土壌の浸透圧

一時的に無機肥料を多量に施用した場合には，土壌溶液の浸透圧が高くなり，たとえ水分が十分あっても根が養水分を吸収できなくなる．これを生理的乾燥と呼んでいる．土壌が乾燥する場合，水分ストレスに加えて土壌の浸透圧も上昇する点を留意する必要がある．果樹の中でもブドウは耐塩性が強いが，レモンやアンズは弱い．

4）土壌通気

表 7.2 は土壌酸素濃度が葉内 5 要素含量に及ぼす影響をみたものであるが，いずれの果樹でも酸素濃度の低下によって K の吸収が抑えられている．

b．土壌微生物

マメ科の植物では根粒菌が共生して空中窒素を固定することが知られているが，果樹に VA 菌根菌が付くとリン酸の吸収がよくなることが明らかにされている．

c．台　木

台木は土壌環境や病害虫に対する抵抗性や樹勢に影響を及ぼすばかりでなく，

表 7.2 土壌空気中の酸素濃度が葉内5要素含量に及ぼす影響（%）[2]

果樹	土壌酸素	N（比数）	P（比数）	K（比数）	Ca（比数）	Mg（比数）
モモ（大久保）	20	2.80 (100)	0.12 (100)	1.84 (100)	3.39 (100)	0.44 (100)
	10	2.32 (83)	0.11 (92)	1.43 (78)	2.59 (76)	0.29 (66)
	5	2.77 (99)	0.11 (92)	1.74 (95)	2.71 (80)	0.20 (45)
	0	2.58 (92)	0.11 (92)	1.09 (59)	1.89 (56)	0.21 (48)
ウンシュウミカン	20	2.39 (100)	0.09 (100)	1.45 (100)	3.15 (100)	0.21 (100)
	10	2.51 (105)	0.12 (133)	1.50 (103)	2.85 (91)	0.20 (95)
	5	2.46 (103)	0.11 (122)	1.32 (91)	1.38 (44)	0.26 (124)
	0	2.49 (104)	0.13 (144)	1.02 (70)	1.45 (46)	0.20 (95)
カキ（平核無）	20	2.31 (100)	0.09 (100)	2.94 (100)	3.00 (100)	0.10 (100)
	10	2.57 (111)	0.10 (111)	2.80 (95)	1.50 (50)	0.18 (180)
	5	2.18 (94)	0.10 (111)	2.59 (88)	0.76 (25)	0.17 (170)
	0	1.74 (75)	0.14 (156)	2.42 (82)	0.78 (26)	0.11 (110)
ブドウ（デラウエア）	20	2.18 (100)	0.22 (100)	1.00 (100)	4.25 (100)	0.27 (100)
	10	2.57 (118)	0.14 (64)	1.08 (108)	5.33 (125)	0.23 (85)
	5	2.32 (106)	0.13 (59)	0.53 (53)	6.65 (156)	0.22 (81)
	0	2.69 (123)	0.14 (64)	0.46 (46)	5.00 (118)	0.21 (78)

樹体栄養にも影響を与える．たとえば，リンゴの台木のマルバカイドウは細根部に Mn が蓄積し，地上部への移行が少なく，逆にミツバカイドウは地下部での蓄積量が少なく，地上部への移行量が多いことが知られている．そのために，ミツバカイドウでは粗皮病が発生しやすく，マルバカイドウでは発生が少ない．モモの台木に用いたユスラウメやニワウメは野生モモ台木に比べて Mn の吸収量が多い（図 7.2）．

7.4 施　　　肥

樹体の生長に必要な必須元素が土壌中に欠乏していたり，たとえ多量に存在していても不可吸態となっている場合には，それらが樹体生長の限定要因となる．したがって，そのような元素を土壌に人為的に補給する必要があり，これが施肥である．

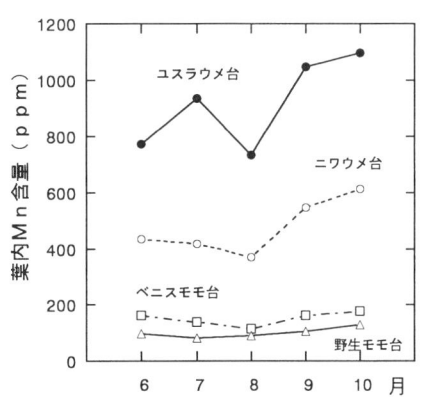

図 7.2 台木の違いがモモ'あかつき'の葉内 Mn 含量に及ぼす影響

通常肥料成分として主に施用されるのは，NとPとKの3要素であり，必要に応じてこれらにCaとMgが追加される．わが国の耕土では平均全窒素で0.2〜0.3%，全リン酸で0.12%，全カリで0.20%を含み，果樹の根の主要分布範囲である深さ30cmまでの土層中の成分量に換算すると，10a当たり窒素690kg，リン酸330kg，カリで570kgとなっている．しかしながら，実際には果樹を無施肥で数年間栽培を続けると，欠乏症状が出てくるから，土壌中ではかなりの部分が不可吸態になっていると考えられる．土壌中の可吸態の成分含量を知るには，土壌を種々の抽出剤で溶出させ，出てきた成分を定量する方法と，実際にその土壌を用いて施肥試験をする3要素試験法とがある．

a. 3要素の樹体内分布と季節的な変化

樹体の各部位の生長や成分要求量は，年間を通じて均一ではない．したがって，土壌から吸収された3要素が樹体内でどのように分布し，季節的にどのように変化するかを知ることが重要である．

表7.3は7年生のリンゴ樹における枝および根の中の3要素含量の季節的変化を示している．枝では3要素とも萌芽期や開花期に含量が高く，生長が進むにつれて減少し，7月には含量は最低になる．窒素はその後落葉期にかけてやや増加

表7.3 7年生リンゴ樹の各部位における3要素含量の季節的変化（乾物%）[3]

時期		夏梢枝	1年生枝	3年生枝	5年生枝	枝幹	大根	小根
休眠期 (1914.12.3)	N P K		0.80 (10) 0.14 (2) 0.46 (6)	0.42 (10) 0.08 (2) 0.30 (7)	0.39 (10) 0.05 (1) 0.20 (5)	0.23 (10) 0.04 (2) 0.15 (7)	0.41 (10) 0.10 (2) 0.42 (10)	0.79 (10) 0.16 (2) 0.57 (7)
萌芽期 (1915.4.20)	N P K		1.01 (10) 0.16 (2) 0.49 (5)	0.62 (10) 0.10 (2) 0.27 (4)	0.32 (10) 0.06 (2) 0.22 (7)	0.32 (10) 0.06 (2) 0.21 (7)	0.47 (10) 0.12 (3) 0.40 (9)	0.78 (10) 0.17 (2) 0.45 (6)
開花期 (1915.5.18)	N P K		0.69 (10) 0.10 (1) 0.62 (9)	0.32 (10) 0.06 (2) 0.28 (9)	0.28 (10) 0.04 (1) 0.17 (6)	0.27 (10) 0.04 (1) 0.20 (7)	0.46 (10) 0.09 (2) 0.39 (8)	0.70 (10) 0.14 (2) 0.45 (6)
最大生長終期 (1915.7.12)	N P K	0.64 (10) 0.14 (2) 1.03 (16)	0.40 (10) 0.10 (2) 0.52 (13)	0.27 (10) 0.07 (3) 0.31 (11)	0.23 (10) 0.05 (2) 0.20 (9)	0.22 (10) 0.06 (3) 0.18 (8)	0.28 (10) 0.11 (4) 0.43 (15)	0.48 (10) 0.14 (3) 0.54 (11)
落葉期 (1915.10.12)	N P K	0.61 (10) 0.13 (2) 0.60 (10)	0.57 (10) 0.10 (2) 0.47 (8)	0.37 (10) 0.07 (2) 0.33 (9)	0.25 (10) 0.05 (2) 0.28 (11)	0.24 (10) 0.06 (2) 0.25 (10)	0.31 (10) 0.12 (4) 0.40 (13)	0.77 (10) 0.17 (2) 0.65 (8)

( )内はNを10としたときの比率．

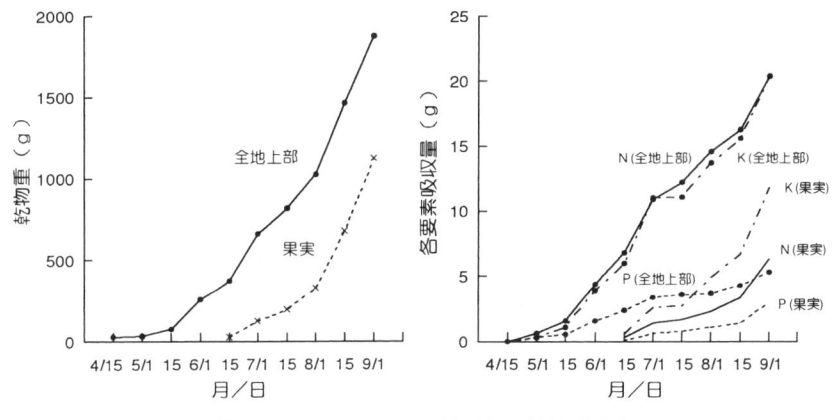

図 7.3 ブドウにおける 3 要素吸収の季節的変化[3]

傾向を示し，カリは夏枝や 1 年生枝では減少するが，3 年生枝以上のものでは増加する．また，リン酸はほとんど変化がみられない．一方，根では窒素とリン酸は枝とほぼ同様な傾向を示すが，カリは萌芽期と開花期に含量が低く，7 月から休眠期にかけて高くなる．

各器官における窒素，リン酸，カリの比率は時期による多少の違いはあるが，枝や根では窒素 10 に対して，リン酸 2〜4，カリ 5〜13 である．一方，果実では窒素 10，リン酸 1.2，カリ 15.8 である．

図 7.3 はブドウ樹における 3 要素の吸収特性を示したものであるが，果実の生長に伴うカリの吸収量の増大が顕著である．このため，結実樹では無結実樹に比べて葉内のカリ含量が 10〜20％減少する．

b. 葉分析 (leaf analysis)

たとえ，果樹の標準的な施肥基準が決められたとしても，実際の園地では樹齢，結実状態などによって施肥量や施肥濃度を変えなければならない．その場合，樹の栄養状態を正確に把握する必要がある．そのために提唱されたのが葉分析である．葉はほかの部位に比べて土壌養分の変化に対して敏感に反応し，そのうえ供試材料を得るのも簡単である．

採葉方法は発育の正常なそろった樹を 5〜10 本選び，1 回の分析に使用する葉数は 1 樹より 10 枚とし，合計 50〜100 枚とする．なお，採葉部位は目の高さくらいの樹冠の表面から生育の中庸な不結実枝とし，そこから葉齢の同一な成葉

表7.4 7月下旬から8月における数種の果樹の葉の栄養状態[1]

果樹	栄養状態	乾物重 (%)					乾物重 (ppm)				
		N	K	P	Ca	Mg	Mn	Fe	Cu	B	Zn
リンゴ	欠乏	1.5	0.9	0.08	0.20	0.18	20	40	1	30	10
	適量	2.0	1.2	0.12	1.0	0.24	25	50	4	35	18
	多量	2.3	3.0	0.30	2.5	1.0	200	400	50	80	100
	過剰	3.5	4.0	0.70	3.0	2.0	450	500	100	100	200
セイヨウナシ	欠乏	1.9	0.4	0.08	0.20	0.18	20	40	1	30	10
	適量	2.2	0.7	0.12	1.0	0.24	25	50	4	35	18
	多量	2.4	3.0	0.30	2.5	1.0	200	400	50	80	100
	過剰	3.5	4.0	0.70	3.0	2.0	450	500	100	100	200
オウトウ	欠乏	1.7	1.0	0.08	0.20	0.18	20	40	1	30	10
	適量	2.3	1.2	0.12	1.0	0.24	25	50	4	35	18
	多量	2.6	3.0	0.30	2.5	1.0	200	400	50	80	100
	過剰	4.0	4.0	0.70	3.0	2.0	450	500	100	100	200
モモ	欠乏	2.0	1.0	0.08	0.20	0.18	20	40	1	30	10
	適量	2.8	1.5	0.12	1.0	0.24	25	50	4	35	18
	多量	3.8	3.0	0.30	2.5	1.0	200	400	50	80	100
	過剰	4.5	4.0	0.70	3.0	2.0	450	500	100	100	200
ヨーロッパスモモ	欠乏	1.7	1.0	0.08	0.20	0.18	20	40	1	30	10
	適量	2.2	1.4	0.12	1.0	0.24	25	50	4	35	18
	多量	2.5	3.0	0.30	2.5	1.0	200	400	50	80	100
	過剰	3.5	4.0	0.70	3.0	2.0	450	500	100	100	200

を採る．採葉時期は，ウンシュウミカン，カキ，リンゴでは7～9月，モモは6～7月，ニホンナシ，ブドウは6～8月に2～3回採葉する．

表7.4は数種の果樹について葉の栄養状態を示したものである．葉分析の結果は樹の栄養状態を示しているが，この値は採葉時期，結実量，枝の種類，養分相互の拮抗作用などによって，かなり変異を示すことに留意する必要がある．とくに，これから土壌の養分の過不足を直接推定することは危険である．ただ単に植物体によって，吸収可能な土壌養分の状態を示すにすぎないので，実際の施肥にあたっては，その園地の土壌養分含量や根群分布などを考慮するとともに，土壌pHや通気，排水といった点で改善する余地がないかをまず検討することが大切である．

なお，葉内の窒素含量を簡単に知る手だてとして，カラーチャートを用いる方法や非破壊でクロロフィルを量る方法がある．葉内の窒素含量とクロロフィル含量に密接な関係があることを利用したもので，圃場で簡便に利用できる．

c. 施肥の方法と施肥量

1） 肥料の形態

施肥方法には土壌施用と葉面散布があるが，前者が施肥の主体をなしている．また，近年，灌水施設の多目的利用で灌水とともに施肥も同時に行う fertigation system（fertilizer と irrigation を合成した言葉）や，これに薬剤散布も加えた chemigation system（chemical と irrigation を合成した言葉）がとられるようになってきており，液肥として与えられる機会も増えてはいるが，一般には固形肥料として与えられることが多い．

2） 施肥位置

施肥位置に関して，栽植距離が広い幼木園では根群がまだそれほど広がってないので，園地全体に全面施用する必要はない．根群が分布する範囲に限って全面散布するか，あるいは根群の分布状態に応じて，樹を中心として一重，二重，三重と輪状に溝を掘って施肥をする（輪状施肥）か，樹を中心にして外側に向かって放射状に溝を掘って施肥をする（放射状施肥）．

成木園では，園地全面に施肥して軽く耕起する全面施肥が一般的である．欠点として，根が浅根性になりやすく，土壌侵食や乾燥害，寒害を受けやすくなる．そのような欠点をなくすために，タコつぼ式に穴を掘ってそこに肥料を入れたり，普通の溝よりも深く掘って施肥したり，注入機を利用して下層にまで入れたりする方法（深層施肥）や各樹列間に 30～60cm 間隔の平行な溝を掘ってそこに施肥する方法（条こう施肥）などがある．

3） 施 肥 量

施肥量は理論的には次式で与えられる．

$$施肥量 = \frac{収穫物中の成分含有量（吸収量）- 天然供給量}{肥料利用率（吸収率）}$$

浅見（1951）は果樹における 3 要素の天然供給量は，窒素では吸収量の 1/3，リン酸およびカリでは 1/2 にあたると仮定し，肥料の利用率を窒素で 50％，リン酸で 30％，カリで 40％程度として，ウンシュウミカンの 10a 当たりの施肥量を計算している（表 7.5）．しかしながら，一般的に果樹では肥料 3 要素の天然供給量，利用率などを正確に算出することは困難である．したがって，果実 1t を生産するために必要な 10a 当たり樹体各部によって吸収される量と予想収量から算出して，その後の樹の反応をみて施肥量を加減するのがよい（表 7.6）．

表 7.5　10a 当たり収量 3.75t のウンシュウミカン成木樹 10a 当たりの施用量の算出 [4]

	窒素 (kg)	リン酸 (kg)	カリ (kg)	備　考
吸収量	24.17	4.41	11.66	
天然供給量	8.06	2.21	5.83	窒素は吸収量の 1/3，リン酸，カリは 1/2
必要量	16.11	2.21	5.83	吸収量―天然量
施用量	32.22	7.29	14.57	窒素は必要量の 2 倍，リン酸 3.3 倍，カリは 2.5 倍

表 7.6　全樹体の年 10a 当たりの吸収量と果実 1t を生産するために必要な 10a 当たりの吸収量 [5]

	10a 当たりの収量 (kg)	年 10a 当たりの吸収量 (kg)			果実 1t 生産のための 10a 当たり吸収量 (kg)		
		N	P	K	N	P	K
ナシ '長十郎'　　（富樫）	3750	16.1	6.0	15.4	4.3 (10)	1.6 (4)	4.1 (10)
ナシ '二十世紀'　（細井）	2093	9.8	4.9	9.8	4.7 (10)	2.3 (5)	4.8 (10)
ウンシュウミカン　（高橋）	6000	36.0	6.8	23.6	6.0 (10)	1.1 (2)	4.0 (7)
ウンシュウミカン（愛媛果試）	5861	26.6	3.0	19.1	4.6 (10)	0.5 (1)	3.3 (7)
カキ '次郎'　　　（佐藤）	1425	8.6	2.3	7.5	6.0 (10)	1.6 (3)	5.3 (9)
カキ '富有'　　　（佐藤）	1695	10.1	2.3	9.4	5.9 (10)	1.4 (2)	5.4 (9)
ブドウ 'デラウエア'（小林）	1500	9.0	4.5	10.9	6.0 (10)	3.0 (5)	7.2 (12)
リンゴ '国光'　　（後沢）	2813	8.6	2.3	9.0	3.0 (10)	0.3 (3)	3.2 (11)
モ　　モ　　　　　（富樫）	2250	11.6	4.5	15.0	5.1 (10)	2.0 (4)	6.6 (13)
モモ '白鳳'　　　（福田）	1875	9.0	3.8	14.3	4.8 (10)	2.0 (4)	7.6 (16)
平　　　　　　　　　　均					5.0 (10)	1.4 (3)	5.2 (10)

（　）内は N を 10 としたときの比率．

d.　葉 面 散 布

　施肥は土壌施用が一般的であるが，栄養不足の応急措置として葉面散布が行われることがある．乾燥で土壌に施した肥料が効かない場合や，火山灰土壌で土壌施用ではリン酸の効果が容易にみられない場合，梅雨時期の土壌侵食で樹勢が一時的に衰弱した場合などに有効である．微量要素の欠乏症が現れた場合には，土壌施用よりも葉面散布の方が速効的であり，好ましいことがしばしばある（表7.7）．

e.　施 肥 時 期

　果樹は種類によって生長周期や結果習性が異なるばかりでなく，同一樹でもそれぞれの器官の生長周期に従って，各要素に対する要求度が違っている．したがって，合理的な肥培管理を行うためには一度にすべてを施用するよりも，分施す

表 7.7 果樹における葉面散布

成分	方法
N	葉面散布には尿素が用いられる．リンゴでは 0.4～0.5%で散布時期は 5 月中旬から 6 月下旬までとする．散布時期があまり遅くなると，着色が不良となり，熟期が遅れる．場合によっては農薬と混用して散布してもよい．ウンシュウミカンでは 0.5%（6～8 月），0.8%（9 月），1%（11～12 月），ナシでは 0.5%，カキでは 0.3～0.5%を散布する．
P	火山灰土ではリン酸の肥効が悪いので，モモ，ブドウ，ナシ，カキの実生にリン酸アンモニアの 1%液を 1 週間ごとに葉面散布すると生長が著しく促進される．薬害の出ない安全な散布濃度はナシ，モモでは 0.5%，カキ，ブドウでは 0.3～0.5%，ウンシュウミカンでは 0.5～1.0%である．散布するリン酸塩の種類によって薬害の出方に差がみられ，一般にリン酸カリ，リン酸第一カルシウムは薬害が少ない．
K	ブドウに硫酸カリを葉面散布すると，カリ欠乏症が回復し，収量と果実の糖度が高まることが知られている．
Mn	カンキツ，モモ，ブドウでは $MnSO_4 \cdot 4H_2O$ と生石灰の等量混合液 0.25～0.3%を 5～6 月に散布するか，休眠期の 3 月に石灰イオウ合剤に硫酸マンガンの 1.5%液として散布する．
B	H_3BO_4 をブドウでは 0.3%を開花 10 日前頃，ナシでは 0.06～0.12%，その他の果樹では 0.2～0.3%を 5～6 月にいずれも半量の生石灰を混じて散布する．
Zn	リンゴ，ナシ，カンキツの斑葉病に対しては $ZnSO_4$ 0.6%，生石灰 0.5%，石灰カゼイン 0.1%を 5～6 月に散布する．

るほうがよい．

1) 落葉果樹

i) 基肥 落葉後の休眠期に，1 年間に与える養分の大部分を基肥として与える．一般的には 12～3 月の間に施用されるが，与える時期によって，秋肥，冬肥，春肥と呼ばれる．落葉果樹の根群が生長を開始するのは 2 月上中旬であるから，発芽直前の施肥よりも 12～1 月の施肥が，新梢の生長，結実性，果実の着色などの点から効果的である．

ii) 追肥 わが国では梅雨期に雨が多く，土壌侵食や浸透作用によって肥料成分の流亡が起こる．また，萌芽後，新梢や果実が発育するにつれて土壌中からの養分，とくに窒素やカリの吸収量が増大してくる．果実はほかの器官に比べて，カリの吸収性が大きいため，比較的収穫時期の遅い種類や品種では窒素やカリを追肥すると果実の肥大に効果がある．

iii) 礼肥 貰い肥ともいわれ，着果によって弱った樹体の回復が主たる目的である．冬季間の樹体内の貯蔵養分が少ないと耐寒性が低く，翌年の新梢の生長や開花結実が悪くなる．したがって，果実収穫後，枝の二次生長を引き起こさない程度に速効性の肥料を施して，葉の光合成作用を促す．しかしながら，過

用すると組織の成熟を遅らせたり，枝の二次生長を促したりして，寒害を助長する危険性があるので注意する．

2）常緑果樹（とくにカンキツ）

カンキツでも種類が多く，主要生産県ではそれぞれの生長周期や結実特性にあった施肥基準が決められている．普通ウンシュウミカンについてみると，通常，1月頃から形態的な花芽分化がみられるようになり，4月に萌芽を始め，5月に開花結実し，11～12月収穫する．

i）基　肥　11月上旬に秋肥として礼肥を兼ねて与えると，樹勢が回復し，花芽分化を促し，隔年結果を防ぐ．さらに，3月上旬に春肥を芽出し肥として与える．

ii）追　肥　5月下旬～6月上旬に夏肥として与える．これを過用すると夏秋梢の充実を悪くし，果実の発育や着色を抑え，浮き皮果の発生を促し，翌年の着花が少なくなる．

f. 有機物の施用

無機質肥料のみを連年施用していくと，土壌の物理性が劣悪化する．一方，有機物の施用は必須元素を土壌に還元するばかりでなく，土壌の腐植含量を増大し，土壌の物理性を改善する働きがある．すなわち，砂質土壌では養水分の保持力を高めて流亡を少なくし，重粘土壌では土壌中の空隙を増して土壌通気をよくする．また，分解に伴って生じる有機酸やガスによって土壌中の成分を可吸態化したり，土壌中の有用微生物の栄養源となって繁殖や活動を助長するばかりでなく，土壌の緩衝能力を高める．通常，作物が十分に生育するには3～5％の腐植を含むのがよいとされているが，わが国の果樹園では3％より少ない園地が多い．最近，果樹園に補給する有機物資源が少なくなってきているので，有機物の供給という観点からも草生栽培が有効である．

7.5　光合成と光合成産物の動態

光合成は光のエネルギーを化学エネルギーに転換する作用である．光合成によって植物体内に取り込まれたCO_2の炭素は，樹体における有機栄養の最も基本的な構成要素であるから，光合成作用は樹体生長や果実の発育にとって欠くことができない．

a. 光合成の仕組み

光合成は明反応と暗反応によって営まれている．明反応では，土壌から吸収された水を分解して酸素を発生するとともに，光のエネルギーを利用してATPとNADPHを生成する．暗反応では明反応でつくられたこれらのATPとNADPHを利用してCO_2を固定する．暗反応におけるCO_2固定の仕方によって，植物はC_3，C_4，CAM植物に分類される．果樹はパイナップルを除いてほとんどC_3植物に属しており，CO_2の固定はカルビン-ベンソン回路のリブロース-1,5-ビスリン酸（RuBP）カルボキシラーゼ/オキシゲナーゼ（Ribulose-1,5-bisphosphate carboxylase/oxygenase，略してRubiscoと呼ばれる）によっている．C_3植物では光呼吸がみられるが，酸素の存在下ではこの酵素はオキシゲナーゼとして働き，酸素とRuBPを反応させ，2-ホスホグリコール酸と3-ホスホグリセリン酸を生成する．さらに，2-ホスホグリコール酸は光呼吸経路を通って，セリンを生成しCO_2を発生する．

b. 環境要因と光合成

1）光

光は明反応での欠くことのできない要因である．一定のCO_2濃度下で光の強さを増していくと，光合成速度は増大していくが，ある光度以上になるともはや光合成速度は増大しなくなる．このような点を光飽和点（light saturation point）と呼んでいる．C_4植物に比べてC_3植物で光飽和点が低いのは，光度が高まるにつれて光呼吸も増大するためだとされている．また，逆に光度を下げていくと，光合成と呼吸が均衡に達して，見かけ上植物体からのCO_2の出入りがみられなくなる点がある．この点を光補償点（light compensation point）と呼んでいる．果樹における光飽和点は30〜42 klux，光補償点は1.0〜3.0 kluxであり，光飽和点での光合成速度は9.5〜16.3 mg CO_2/dm^2·hrと果樹によってかなり異なっている．

果樹は立体構造をしているから，日当たり部と日陰部ができやすい．日陰部では枝が虚弱となり，果実品質は日当たり部に比べて劣る．したがって，整枝・せん定によって樹の特性を活かした樹勢にして，樹全体に光が当たるようにすることが肝要である．

2）CO_2濃度

大気のCO_2濃度は約0.03％である．理論的にはCO_2濃度を高めてやれば光合

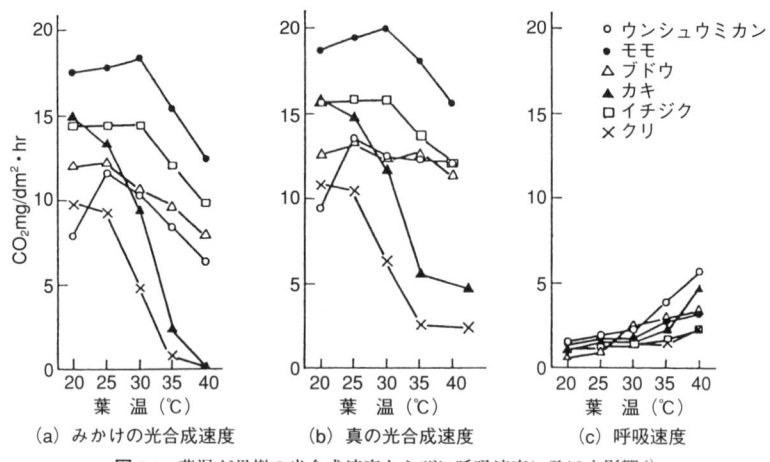

図 7.4 葉温が果樹の光合成速度ならびに呼吸速度に及ぼす影響 [6]

成速度は高まるが，露地での CO_2 濃度の調節はほとんど不可能である．施設栽培では CO_2 の施用効果が期待できるかもしれない．しかしながら，果樹の場合には光合成効率を高め枝葉の生長を促すだけでは意味がなく，それが有効に果実生産につながっていく必要がある．

3) 温　　度

数種の果樹について温度と光合成との関係を調査した結果によると，光合成の最適温度は果樹の種類によって異なり，カキ，クリでは 20 ℃，ウンシュウミカン，ブドウでは 25 ℃，モモ，イチジクでは 30 ℃ であるとされている（図 7.4）．適温以上になると光合成速度が低下するのは，暗呼吸が高まるのと同時に RuBP カルボキシラーゼ/オキシゲナーゼの比が高まり，光呼吸による CO_2 の放出が高まるためと考えられる．しかしながら，ウンシュウミカンの調査では，同一樹でも光合成の最適温度は季節によって異なり，7，8，9，10 月における最適温度はそれぞれ 31，33，28，22 ℃ となっている．

4) 湿　　度

ウンシュウミカンを用いた実験によると，温度を 21～22 ℃ とし，相対湿度を 38 % から 86 % まで変化させて光合成速度を測定したところ，湿度が高くなるにつれて光合成速度が高まることが認められている．

5) 養 水 分

土壌が乾燥すると葉の気孔が閉じ，CO_2 の取り込みが押さえられ，光合成速度

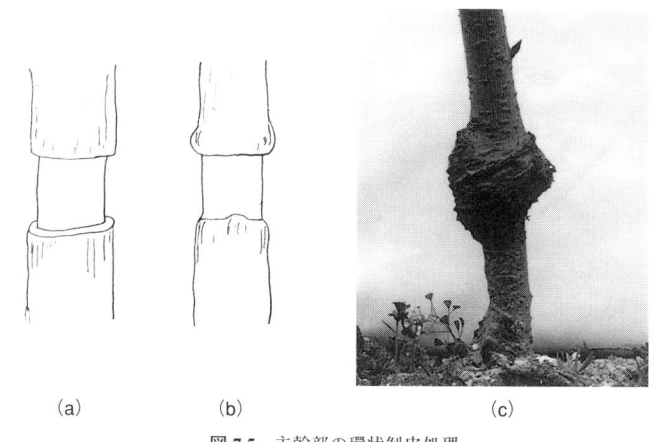

図 7.5 主幹部の環状剝皮処理
a：処理直後，b：かなり時間が経過したもの，c：らせん状に環状剝皮を施して癒合したもの．

が落ちる．一方，土壌が過湿になっても酸素不足になり，根の機能が損なわれ，その結果光合成速度が低下する．肥料成分では，N，Mg，Mn，Feなどのクロロフィルの構成成分やクロロフィルの生合成に関与している元素が欠乏すると光合成速度が低下する．

c. 光合成産物の転流・分配

葉で生成された光合成産物は，師部（phloem）を通って樹体のほかの部位へ転流・分配される．このことは茎に環状剝皮を施すことによって容易に確かめられる（図7.5）．光合成をしている葉に放射能でラベルをした $^{14}CO_2$ を与えて測定した結果では，師部での光合成産物の輸送速度は30〜150cm/hrであった．このような速い輸送は集団流（mass flow）によっているとされている．光合成合成産物を供給する器官はソース（source，供給器官），受け取る器官はシンク（sink，受容器官）と呼ばれる．光合成産物のソース組織から師部への積み込みと師部からシンク組織への積み下ろしは，シンプラスト経由とアポプラスト経由の2つの可能性が示されている．シンクとなる樹体の各器官は自らの生命維持あるいは生長のために，ソースから光合成産物を引き込んでいる．各器官への分配量はシンクの強さと大きさによって決まる．一般に生長の活発な茎の先端部や幼果などは，シンク力が強い．限られた光合成産物を各器官で分配しあうのであるから，

シンクの強さに応じて競合が生じる．地上部と地下部，新梢どうし，新梢と果実，果実どうし，果実と花芽といった器官間で競合がみられる．果樹では果実を生産の目的としているから，いかに果実への光合成産物の分配を多くするかが栽培技術の課題となる．しかしながら，果樹は永年性作物なので，樹体のほかの部分の生長も健全に維持しながら連年安定した生産をはかる必要がある．栄養生長と生殖生長の適正なバランスが叫ばれるゆえんである．

さらに最近，果実の高品質化が求められるようになってきた．一般に果樹では水分ストレスを与えると果実の糖度が高まることが知られている．ウンシュウミカンでの調査によると，水分ストレスによって光合成作用や葉から果実への光合成産物の転流が抑えられるにもかかわらず糖度の上昇がみられるのは，果汁の濃縮ばかりでなく，単糖類から多糖類への代謝が抑制されるためと考えられている．

シンクの強さを決定する機構は今のところはっきりしていないが，内生の植物ホルモンがそれに関与していると考えられている．実際，新梢や根の先端部，幼果，未熟種子は強いシンク力を有するが，これらの組織ではオーキシンやサイトカイニン，ジベレリンなどの生長や細胞分裂を促進する植物ホルモンの含量が高い．また，ウンシュウミカンの幼果にジベレリンやサイトカイニンを処理すると葉からの光合成産物の転流が増加するが，生長抑制物質のCCCを処理すると転流が抑制される．

しかしながら，果実が成熟期に入ると急激に果実内で糖の集積がみられるようになり，それに伴って光合成産物の果実への転流も増大する．この時期には前述の植物ホルモン類は含量が低く，ABAやエチレンといった成熟や老化を促すホルモンの濃度が高くなっている．したがって，成熟に伴う果実のシンク力の増大は，前述のものと違った機構が働いているのかもしれない．

なお，光合成産物の一次的転流形態は多くの場合ショ糖であるが，バラ科の果樹ではソルビトールであるとされている．

d. 光合成産物の貯蔵と再利用

葉で光合成された物質はそれぞれのシンク器官に運ばれ，その器官の生長や維持に利用されるばかりでなく，一部はデンプンなどの形で貯蔵される．とくに永年性作物である果樹でのこの貯蔵養分の果たす役割は大きい．たとえば，秋季に台風や病虫害で早期に落葉すると樹体内の貯蔵養分が少なくなり，翌年の新梢や

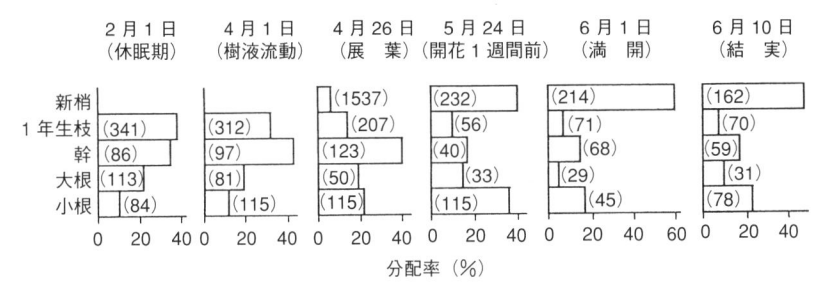

図7.6 ブドウ'マスカット・オブ・アレキサンドリア'において前年度に同化された ^{14}C のその後における動態[7]
( )内の数字は ^{14}C の比活性（cpm/mg）.

花の発育・生長が抑えられ，結実性が低下する．また，結果量が多いと光合成産物の果実への転流が多くなり，枝や根への点流量が制限され，これらの部位での貯蔵養分が少なくなり，これが隔年結果の一因ともなっている．

秋季に鉢植えのブドウに放射性の $^{14}CO_2$ を取り込ませ，休眠期から萌芽期にかけて ^{14}C の動態をみたのが図7.6である．秋季の光合成産物は1年生枝，幹，大根に多く存在している．しかしながら，翌春萌芽し，新梢が生長するにつれて，これらの ^{14}C 含有量は減少して，^{14}C は新梢に移動していることが明らかである．

したがって，永年性作物である果樹では適正な結果量，収穫後の樹体管理，防風対策などをはかって貯蔵養分を十分に蓄えることが，高収量を連年維持していく上で重要である．　　　　　　　　　　　　　　　　　　〔水谷房雄〕

文　献

1) Westwood, M. N.（1993）：Temperate-Zone Pomology（Third edition）, Timber Press, Portland Oregon.
2) 小林　章（1985）：果樹風土論，養賢堂．
3) 小林　章（1954）：果樹園芸総論，養賢堂．
4) 浅見與七（1951）：果樹栽培汎論 土壌肥料編，養賢堂．
5) 小林　章（1972）：果樹園芸大要，汎論，養賢堂．
6) 天野勝司ほか（1972）：園学雑，**41**, 144-150.
7) 岡本五郎（1979）：園芸学研究集録，京都大学農学部園芸学研究室，**9**, 6-12.

8. 整枝・せん定

8.1 整枝・せん定の意義と目的

　主要果樹の多くは高木性であり，ブドウやキウイフルーツのようにつる性の木もある．これらの自然放任樹では管理が困難であり，果実品質は低下する．また，樹の生長に伴って葉や果実の着生する位置は樹冠の外面に移行し，無駄な樹内空間が拡大していく．このような性質を有する果樹において，栄養生長と生殖生長のバランスをとりながら人為的に枝を配置することを整枝（training），整枝のために枝を切ることをせん定（pruning）という．整枝・せん定の意義は，高品質の果実を毎年安定して生産するために，樹形や枝を最も合理的な管理・生産体制に整えることにある．そのための方法は栽培面積，地形，土壌，環境，果樹の種類・品種・台木，機械化，施設栽培，生産者の身体的特徴などへの対応によって多少変わるが，いずれの整枝・せん定においても以下のような共通の目的があげられる．

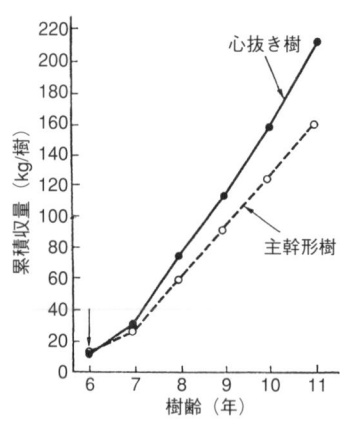

図 8.1 クリにおける心抜き樹と主幹形樹の累積収量[1]
主幹形で育てた樹齢6年のクリに心抜きを行い，11年目に比較調査．葉量（葉面積指数）は主幹形樹の1.3倍となる．

① 樹容積の維持：　樹が設定した幅と高さを越えて生長すると管理に支障をきたすので，目標とする空間を維持する．早期多収を目的とした密植園においては，間伐予定樹の縮伐と間伐を行って，園地全体としての樹容積を維持する．

② 採光と通風：　樹冠に深い切れ込みを多くつくり，受光面積の拡大と葉数・収量の増加をはかる（図8.1）．また，切れ込みによって通風がよくなり，病虫害の発生を抑制し，薬剤散布効果を高める．

③ 果重に耐える骨格の形成：　大小の枝単位ごとに果重・強風・積雪などの重さや圧力に耐えるようにする．骨格や枝が弱いブド

ウや，果実の大きいナシでは棚仕立てにし，棚に枝を固定することによって強風による枝折れや落果を防ぐ．

④ 管理や収穫作業の容易さ： 樹高を低下し，良果がつく枝を無駄なく配置し，不必要な枝や芽を除去して摘蕾・受粉・摘果などの作業を軽減する．

⑤ 栄養生長と生殖生長の均衡と隔年結果防止： 栄養生長と生殖生長のバランスが崩れると成り年（表年）と不成り年（裏年）が交互にくる隔年結果（alternate bearing または biennial bearing）を招く．葉芽（ようが（はめ））（leaf bud）と花芽（かが（はなめ））（flower bud）の数を調整して樹勢を制御し，隔年結果を防ぐ．

⑥ 結果年の延長： 無益な老化枝や大枝の数を減少させて樹の負担を軽減し，その代わりに若い枝を多数養成して同化産物を増加させ，樹勢を回復・持続させて結果年を長くする．

⑦ 外科的治療と健康管理： 冬季せん定において枯れ枝・罹病枝・虫害枝などを切除あるいは適切に処置し，樹を清潔な状態にする．また，粗皮の除去，せん定傷の保護剤処置，せん定枝の持ち出しをして樹の健康管理をする．

8.2 せん定に関する樹体各部の名称と役割

樹体各部の名称を図 8.2 に示している．主幹は地上部を支える役割をもつ．最初の枝の分岐点までを主幹の高さと呼び，その高さが低い（90 cm 以下）場合に短幹という．主枝は主幹から分岐した 2〜4 本の最も大きい枝で亜主枝を支える．主枝には 3〜4 本の亜主枝を配置して空間を有効に利用する．亜主枝には側枝を間隔をおいて配置する．側枝は 3〜5 年ごとに花芽をもたない 1 年生枝（発育枝）から養成した新しい側枝に更新し，絶えず単位空間内において優良な結果母枝（花芽を着けた 1 年生枝）を着生するようにせん定する．

徒長枝は主枝や亜主枝の基部や湾曲部に発生する非常に旺盛な発育枝である．下垂枝は多数の果実がついた枝や細長い枝が自重で垂れ下って発生する．下垂枝では新梢，花芽，果実の発育が不良となる．吸枝は主幹の地表部付近（根頭）および地下部の根から発生する．これら 3 種類の枝はいずれもせん定して除去する．

樹冠（tree crown）は葉が着生している部分の表層部をさす．果樹の樹冠の形は整枝法によって異なり，多数の切れ込みがあるため，複雑な様相を呈する．樹あるいは樹群がある高さの一層（上層）だけに多数の大小の枝や葉を広げている時，この枝葉層をキャノピ（canopy）という．ブドウなどの棚栽培における枝葉の展開はキャノピである．

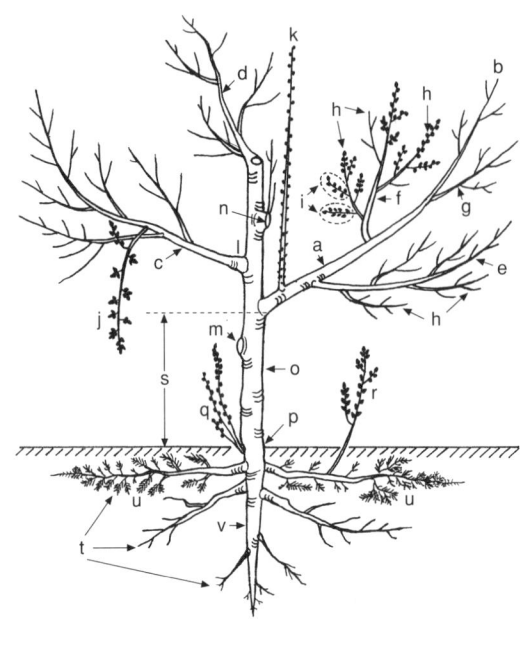

図8.2 整枝せん定に関する樹体各部の構成と名称（Christopher, 1957[2]）を改変）
a：第1主枝（first primary scaffold branch），b：第1枝の先端（first primary scaffold branch terminal），c：第2主枝（second primary scaffold branch），d：第3主枝（third primary scaffold branch），e：第1亜主枝（first secondary scaffold branch），f：第2亜主枝（second secondary scaffold branch），g：第3亜主枝（third secondary scaffold branch），h：側枝（lateral branch），i：結果母枝（shoot with fruit buds），j：下垂枝（hanger, drooping branch），k：徒長枝（water sprout），l：良好な広い分岐角度（strong crotch, wide angle crotch），m：良い間引きせん定跡（properly pruned stub），n：悪い間引きせん定による切り残しこぶ（improperly pruned stub），o：主幹（trunk），p：根頭（ねがしら，crown），q：根頭吸枝（crown sucker），r：根吸枝（root sucker），s：主幹の高さ（heading height），t：側根（lateral roots），u：細根（rootlets, feeder roots），v：主根（tap root）．

8.3 せん定の時期と方法

a. 時期

休眠や低温により芽の活動が停止し，樹液の流動が不活発になる秋から早春にかけて行なわれるせん定を冬季せん定（winter pruning）と呼ぶ．落葉果樹ではせん定可能な期間は長いが，ウメなどの開花期が早い果樹では早めにせん定する．ブドウやキウイフルーツでは厳寒期を過ぎると樹液の流動が活発になり，せん定枝から樹液が大量に流失するため，その1カ月前にはせん定を終える．常緑果樹では寒害防止のために厳寒期を避ける．

夏季せん定（summer pruning）は冬季せん定の補助として新梢の生育の盛んな5〜8月に行う．新梢の間引きや摘心などによって強い樹勢を落ち着かせたり，受光体制の改善をする．樹勢が強いとき，ブドウでは芽掻きを遅らせて樹体内の貯蔵物質を多数の芽に分散消費させて新梢の勢いを緩和した後，不要な新梢を間引く．また，新梢の勢いが強いほど副梢の生育が旺盛になるため，副梢を葉を1枚つけてせん除する．新梢の生長が長く続くときには所定の葉数で摘心する．こ

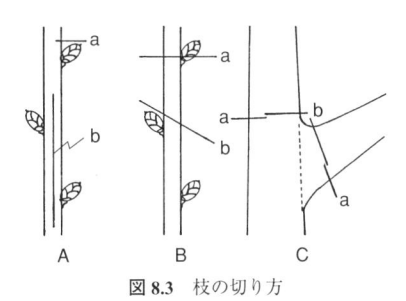

図 8.3 枝の切り方
A-a：芽傷（めきず），A-b：縦芽傷，B-a：犠牲芽せん定，B-b：普通の切り方，C（太い枝の切り方）：切断面積を小さくし（点線では広い），陰芽枝の発生や枝裂けを防ぐために，分岐部に近いところを，倒れる方向の下面aから1/3をのこで切り，次に上面bから2/3を切って落とす．

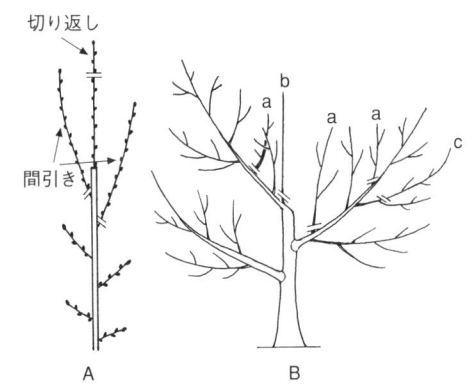

図 8.4 切り返しせん定と間引きせん定
A：1年生枝の間引きと先端の切り返し，B：側枝（a）と徒長枝（b）の間引きせん定，および側枝の切り戻しせん定（c）．

らの夏季せん定は葉数（同化産物）を減少させることから，次年度の樹勢も低下させる．高温・多雨の日本において強勢になりがちなリンゴなどの矮化栽培においても，矮性状態を維持するために夏季せん定が必要になる．

b. 枝の切り方

枝を基部（分岐部）からすべて切り取る切り方を間引きせん定（thining-out pruning）と呼ぶ（図 8.4）．2年生以上の枝の間引きせん定において，特定の分岐した小枝までを残してその先をすべて切り取る切り方を特別に切り戻しせん定と呼ぶ（図 8.4B）．他方，1年生枝を先端部や中間部にある腋芽の上で切りつめる切り方を切り返しせん定（heading back pruning）と呼ぶ（図 8.3B，8.4A）．ブドウやイチジクのように木質部の詰まりが悪い果樹においては，乾燥による発芽力低下を防ぐために目的の芽の上の芽を犠牲にして切り返す．この切り方を特別に犠牲芽せん定と呼ぶ（図 8.3B）．せん定しない部位の芽を発芽させて新梢を得たい場合に，芽（陰芽）の上に横傷をいれる切り方を芽傷（notching），ナシなどで枝をねじり倒して棚に誘引する際に，枝折れを防ぐためにねじる部位にたて方向に入れる傷をたて芽傷と呼ぶ（図 8.3A）．

c. せん定の強さ

間引きせん定する枝の量が多い場合や切り返しせん定する部位が枝の基部に近

い場合に強せん定と呼び，その逆の場合を弱せん定と呼ぶ．切り返しせん定を強くするほど太くて長い新梢が多数発生する．また，同程度のせん定量では切り返しせん定を多用したほうが花芽の数の調整ができ，新梢の発生量が多くなる．このため，樹勢の弱い樹，老化樹，表年で花芽がつきすぎている樹ほど切り返しせん定の程度を強くして多用する．

d. 根のせん定

根のせん定（断根）は樹勢低下に有効であるが，せん定の程度の判断が困難であるために行われていない．苗の植栽にあたっては，枝葉のせん定量に応じて主根や側根を切り戻す．成木移植では，秋に地表部に近い側根を切り戻して細根を発生させた後，春にそのほかの側根と主根および地上部を切り戻して移植する．

8.4 整枝の方法

明治時代に多種類の果樹と栽培技術が欧米から導入され，日本の環境条件にあうように樹を十分生長させてせん定を弱くすることで栽培が安定した．しかし，低品質果が多くて管理に多大の労力を要することなどの経営上の不利益があった．その後の社会的背景の変化，矮化栽培や施設栽培などの新技術の普及によって高品質果の多収と労働時間の短縮を目指した低樹高化が進み，それに対応した整枝法の改良が続いている．

a. 主幹形（central leader）

樹は生長が早く，下位の枝は分岐角度が広くなって落ち着きやすいが，樹の拡大とともに樹冠内ははげあがり，下位の枝は日照不足で枯死脱落しやすい．そのため，主幹形では円錐形に整える（図 8.5）．欧米，オーストラリア，中国など雨量が少なくて樹勢が強くならない地域では多くの果樹に採用されている．雨量の多い日本では樹勢が強く，樹高が高くなるために管理作業が困難になり，また品質が不均一となることから採用されなかった．リンゴなどでは矮性台木の開発とあいまって主幹形の栽培が普及している．

b. 変則主幹形（modified leader）

果樹の高木性を損なうことなく，樹冠内部の枯れ込みを防ぐために，主幹形樹の上部を除いた樹形である．4～5本主枝とし，亜主枝を配置する．主枝本数が

多いために主枝を層状に配置し，主枝間の間隔を広くとる（図8.5）．かつてカンキツ，カキ，クリなど多くの果樹でこの整枝は行われたが，樹高が高くなるため現在はあまり採用されない．

c. 開心自然形（open center）

変則主幹形の上部の主枝数を減らし，2～4本とした主枝のすべてに均等に日が当たるようにした樹形である（図8.5）．樹高を低くすることができ，高品質果が得やすいので，多くの果樹で採用されている．整枝の手順（図8.6）は落葉樹，常緑樹，初期生長の違いなどの樹特性によって多少異なるが，すべて同じ骨格（図8.7）をもつ．主枝の分岐角度は強勢となりやすい第1主枝を広くし，第2，第3主枝は順に狭くする．亜主枝は2～4本配置し，とくに第1亜主枝を大きくする（表8.1）．

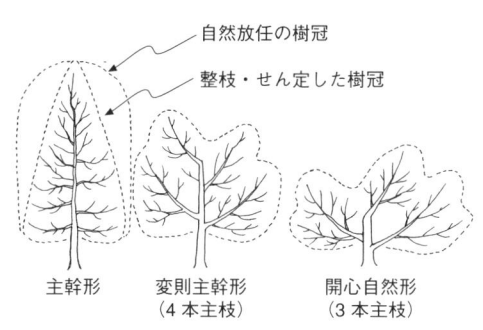

図 8.5 立ち木の代表的な整枝樹形と骨格（側面図）

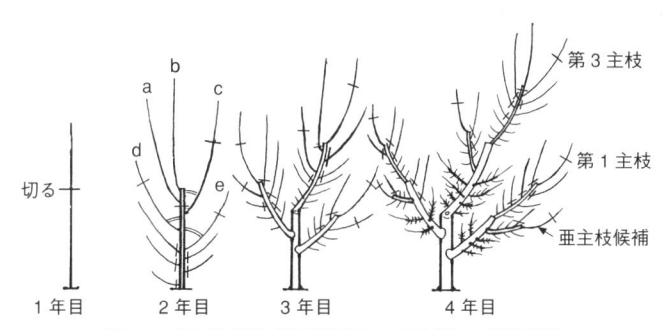

図 8.6 開心自然形（落葉果樹の3本主枝）の整枝手順

1年目：苗の切り返しせん定と定植．2年目：主枝候補を決める．bを第3主枝とする場合（核果類など）添え木を当てて30～35度に傾けて誘引する．分岐角度が広いcを第3主枝にする場合（ナシ棚栽培，イチジク，ウメなど），abはあらかじめ捻枝や摘心などにより生長を抑制して，主枝の生長を促進しておく．主枝と競合する枝はすべてせん除し，小枝は残しておく．主枝候補の枝には外芽の上で軽い切り返しせん定（1/3～1/4をせん除）を施す．初期生長の遅い果樹では4～5年目に主枝候補を決める．3年目：主枝と競合する新梢はすべてせん除し，第1亜主枝候補に外芽で弱い切り返しを加える．4年目以降：各果樹の特性に従い，骨格養成と結果枝や側枝の養成・更新を進める．

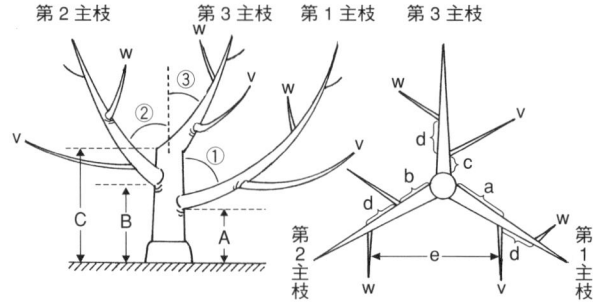

図 8.7 開心自然形の骨格構成（左：側面図，右：平面図）
A：第1主枝基部の高さ，B：第2主枝基部の高さ，C：第3主枝基部の高さ，a, b, c：第1亜主枝までの主枝の長さ，d, e：亜主枝間の距離，V：第1亜主枝，W：第2亜主枝．①：第1主枝の分岐角度，②：第2主枝の分岐角度，③：第3主枝の分岐角度．

表 8.1 開心自然形と棚仕立て（3本主枝）整枝の例（図 8.7 参照，単位 cm）

種類	主枝基部の高さ（主枝の分岐角度）			第1亜主枝までの主枝の長さ			亜主枝間隔		1年生苗の切り返し後の長さ
	A	B	C	a	b	c	d	e	
ウンシュウミカン	30 (45°)	50 (40°)	70 (35°)	60	40	20	40	120	30
モモ	30 (45°)	45 (40°)	60 (35°)	45	30	25	60	150	長さの 3/4
ウメ	30 (50°)	50 (45°)	65 (40°)	60	50	40	60	200	80
アンズ	40 (45°)	60 (40°)	80 (35°)	60	50	40	80	140	80
カキ	40 (50°)	70 (45°)	90 (40°)	60	40	35	60	180	90
イチジク	20 (60°)	35 (55°)	50 (50°)	70	70	70	70	180	60
イチジク（平棚）	60〜80 (45°)			180	160	140		300	80
ナシ長果枝型（平棚）	90〜110 (40°)			80	70	60		180	120
ナシ短果枝型（平棚）	90〜110 (40°)			70	60	50		150	120

d. 棚仕立て（pergola）

　開心自然形における主枝，亜主枝，側枝を同一平面（棚面）に配置した樹形である（図 8.8）．亜主枝や側枝まで均一に受光できるため，均一な高品質果の多収が可能になる．また，身長程度の低樹高であることから管理作業が軽減され，枝を棚面に誘引固定することで台風被害を軽減することができる．ブドウでは枝葉と結果部位を棚面に上げることで病害も軽減できる．棚栽培はナシやブドウで発達した整枝法であるが，利点が多いことから，つる性のキウイフルーツはもとより，核果類，イチジク，カキなどでも試みられている．

1) 盃状形 (vase)

主枝を盃状に配置し，亜主枝と側枝も同一面に配置する整枝法でナシ栽培に利用された．かなり短幹であるため生長と樹勢維持にはすぐれているが，管理が難しく，現在はほとんど使われていない．イチジクやカキではナシの関西式棚仕立てに似ている整枝法が使われている．

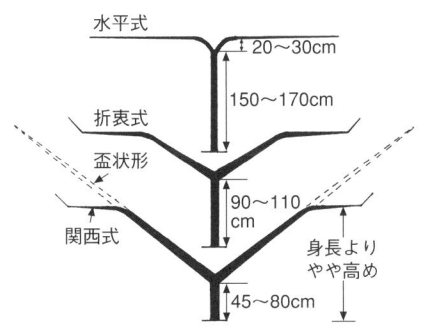

図 8.8 棚仕立てに用いられる整枝（側面図）

2) 水平式

主幹を平棚（horizontal trellis）近くまで伸ばし，主枝をほぼ直角に棚面に誘導する．ブドウでは4本主枝のH字型整枝とX字型整枝がよく使われている．ナシでの水平式（関東式）は主幹が高いために樹勢が弱くなり，また主枝基部に徒長枝が立ちやすいので最近では採用されない．

3) 折衷式

ナシで広く採用されている．主幹の高さを1mとし，3～4本の主枝で小さな杯をつくって棚面の上に誘導する．水平式の管理しやすさと盃状形の樹勢を取り入れた整枝法である．

4) オールバック式

傾斜地に適した整枝法で，3～4本の主枝を斜面に沿って上方に向かって平行に配置する．

e. 変化する樹形と低樹高化

高木となるリンゴでは，各整枝法の利点を取り入れて主幹形→変則主幹形→開心形と樹齢に伴って無理なく整枝が進められる（図 8.9）．同様な整枝による低樹高化は高木性のクリやカキにも用いられる．開心自然形樹の樹高をさらに低下（2.5～3.0 m）する場合，徒長枝が発生しにくい表年に，主枝上部を外向きの側枝の上で切除する．これらの心抜きや切除に際しては，除去する部分の生長をあらかじめせん定によって弱めておく．無理な樹高低下は細根を痛めて樹勢を損なうので，段階的にあるいは年数をかけて徐々に進める．イチジクでは2本の主枝を40 cmの高さに水平に配置した一文字整枝が短梢せん定を行なう'桝井ドーフィン'で採用されている．リンゴ以外の果樹においても矮性台木の検討が進めら

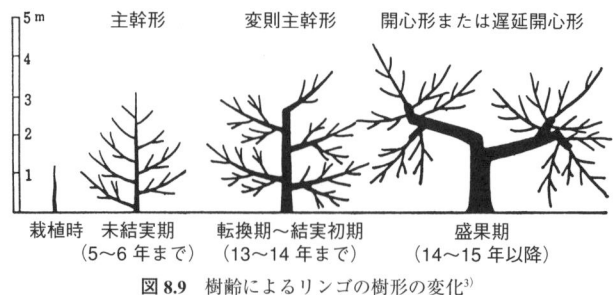

図8.9 樹齢によるリンゴの樹形の変化[3]

（主幹形、変則主幹形、開心形または遅延開心形）
（栽植時、未結実期（5～6年まで）、転換期～結実初期（13～14年まで）、盛果期（14～15年以降））

れており，近い将来さらに低樹高化法が発展するであろう．

8.5　結果習性とせん定

　果樹は種類によって花芽の構造もつき方もかなり異なるので，結果部位はさまざまである．この性質を結果習性（bearing habit または fruiting habit）と呼ぶ．

a.　芽における花蕾のつき方

　果樹の芽は鱗片葉（りんぺんよう）（bract leaf）におおわれた葉芽と花芽に大きく分かれる．花芽は純正花芽（pure flower bud, 花蕾（からい）のみを含む）と混合花芽（mixed bud, 花蕾と葉芽，または花蕾と枝葉を含む）に分かれる．鱗片葉腋に鱗片葉をもつ芽が1つ以上着いた場合には複芽（compound bud）と呼び，最初の芽を主芽，二次的に発達した鱗片葉腋芽を，副芽（accessory bud）と呼ぶ．副芽は主芽が形成した新梢の腋芽と相同であり，葉芽，純正花芽，混合花芽のいずれかである．鱗片葉腋芽が発達しない芽を単芽と呼ぶ．芽の構造を図8.10に，主要果樹の芽における花蕾の分化発達する位置とその説明を表8.2に示している．

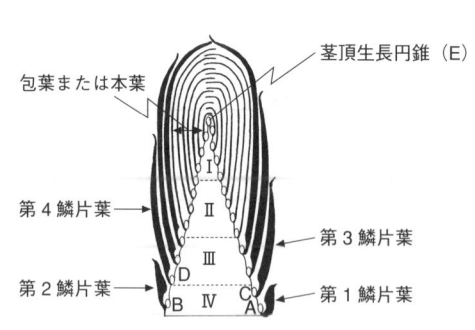

図8.10　果樹の芽の構造の概略図
花蕾の分化する位置は茎頂（E），本葉着生部上部（I）と下部（II）の葉腋，および鱗片葉着生部下部（IV）の鱗片葉腋にある．

表8.2 主要果樹の芽における花蕾（花房）の分化する位置（図8.10 参照）

茎頂と葉腋または包葉腋（IとII）			鱗片葉腋（IV）		
頂生花（E）	頂生花と腋生花	腋生花	第1鱗片葉腋生花芽(A)	第2鱗片葉腋生花芽(B)	第3鱗片葉腋生花芽(C)
後生カンキツ[*1,*3]	初生カンキツ[*2,*3]（I）	クリ（II）	カンキツ[*3]		
モモ[*4]	リンゴ[*6]（I・II）	カキ[*7]（II）	イチジク	イチジク[*9]	
ウメ[*4]	ナシ[*6]（I・II）	キウイフルーツ（II）	モモ[*8]	モモ	
アンズ[*4]	ビワ（I・II）	アボカド（II）	ウメ[*8]	ウメ	ウメ[*9]
ブドウ[*5]	オウトウ（I）	オリーブ（II）	アンズ[*8]	アンズ	アンズ[*9]
	スモモ（I）		スモモ[*8]	スモモ	スモモ[*9]
			ブドウ[*5]		

[*1] ユズ類やミカン類．[*2] ユズ・ミカン類以外のカンキツ．[*3] カンキツ類（カンキツ，キンカン，カラタチ）では原則的に茎頂（E）は枝葉花展開の主体となる第1鱗片葉腋芽（副芽：A）のみを分化してとげに分化する（厳密にいえば，とげが結果母枝となる）．さらにこの副芽には第1と第2鱗片葉腋芽が形成されることが多い．生殖生長に入るとウンシュウミカンなどでは茎頂（E）は枝葉や花を分化して主芽となる．このようにしてカンキツ類の結果母枝の葉腋芽は1～4花芽をもつ複芽となる．[*4] 主芽茎頂（E）が花芽分化を起こすのは頂芽付近（モモ），短果枝および充実度の悪い新梢に限られる．[*5] ブドウの茎頂（E）は巻きづるに分化し，その下の腋芽原基生長点は1または2葉を分化して巻きづるに分化し，その後も同様に巻きづる分化・枝葉の分化生長を繰り返して新梢がつくられる．生殖生長に入ると茎頂（E）は巻きづるには分化せず，花房へと分化する．ブドウでは茎頂（E）は頂芽優勢の支配をまったく受けず，枝葉花展開の主体となる第1鱗片葉腋芽（A）のみを分化してただちに伸長し，副梢となっている．この第1鱗片葉腋芽（ブドウではこれを主芽と呼ぶ）およびその第1と第2鱗片葉腋芽にも同様の過程を経て数花房が分化・発達する．主芽と第1鱗片葉腋芽が萌芽後に失われると，第2鱗片葉腋芽が萌芽・生長する．[*6] リンゴやナシでは花蕾の分化する最下節の次節の1または2節に葉芽が分化・発達するが，この葉芽にも花芽分化が同様に起き，子花房ができることがある．[*7] カキでは第1～第4鱗片葉腋芽（A～D）が発達する．これらの副芽は主芽が失われた場合に萌芽するが，花蕾はいずれも分化しておらず，たとえ分化していても発達が悪い．[*8] 核果類の種間雑種（スモモ×モモなど）では第1・第2鱗片葉腋芽に花芽分化が起こらず，2または3葉芽の複芽となることがある．[*9] 通常，花芽が形成されることは少なく，まれにしか分化・発達しない．

b. 枝における花芽のつき方

1） 茎頂の生長型

果樹には茎頂が無限生長（determinate growth）する同軸性（monopodium）と有限生長（indeterminate growth）する仮軸性（sympodium）がある．カンキツ，カキ，クリ，ウメ，ブドウ，キウイフルーツ，ブルーベリーなどは仮軸性であり，リンゴ，ナシ，ビワ，モモ，スモモ，イチジク，アボカドなどは同軸性である（ナシ亜科の果樹は茎頂に花芽がつくと無限生長は途絶える）．ブドウなどのつる性果樹を除くと，仮軸性果樹（キウイフルーツの短果枝を含む）では新梢が伸び終わる頃，茎頂部が自己せん定（shoot tip abortion）し，先端の腋芽が充実して擬頂芽（pseudoterminal bud）となる．

2) 長さによる1年生枝の便宜的な分類

　外見的に果実が着生した枝を結果枝，その結果枝が着生している枝を結果母枝と便宜的に呼ぶ．これらの枝の齢を正確に示すときには，新梢（当年枝），1年生枝（前年枝）と呼ぶ．結果母枝（核果類では結果枝）は長い枝を長果枝，短い枝を短果枝，両者の中間を中果枝と便宜的に呼ぶが，果樹の種類によってそれぞれの長さも形態も異なる．

3) 花芽と果実の着生位置

　新梢に分化・発達する花（果実），葉芽，花芽の位置を図8.11に，分類を表8.3に示している．モモは長・中果枝では枝のほとんどに複芽の花芽がつく．短

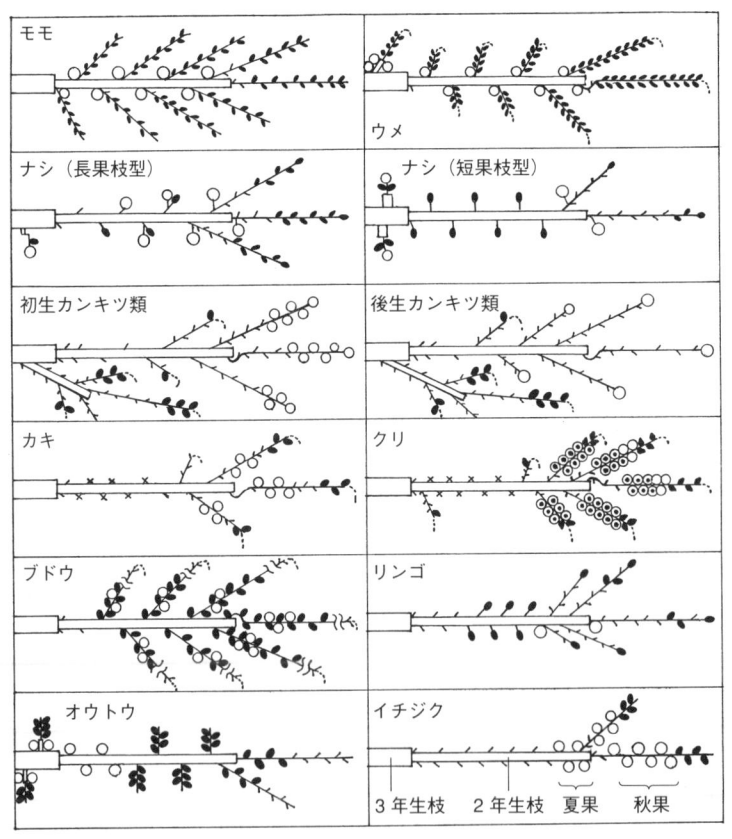

図8.11　主要果樹の結果習性
ヽ：葉芽，○：花（果実；クリでは帯雌花穂），◉：雄花穂，●：花芽，×：前年の花（果実）着生による欠芽，…：自己せん定．

表 8.3　1年生枝（結果母枝）における花芽の着生部位（小林，1972[4]）を改変）

花芽の着生位置	花芽の種類				せん定の特徴
	純正花芽（枝葉が発達しない）		混合花芽（枝葉が発達する）		
	頂生花または頂腋生花	腋生花	頂生花または頂腋生花	腋生花	
頂生花芽	ビワ	(バナナ)[*1]	ナシ（短・中果枝）リンゴ（短・中果枝）	アボカド(パイナップル)[*1]	頂芽をせん除すると着花しない
頂側生花芽	マンゴー		ナシ（中・長果枝）リンゴ（中・長果枝）	オリーブ	母枝を強く切り返しせん定すると無着果
側生花芽（鱗片葉腋生花芽を含む）	核果類イチジクブルーベリー[*2]キンカン		カンキツ[*2]ブドウキイチゴ	カキ[*2]クリ[*2]キウイフルーツ[*2]	カキ，クリ，カンキツでは母枝を強く切り返しせん定すると着花しない
果実の着生状態	前年枝に着果，または着果したように見える．イチジクの秋果は新梢に着果したように見える		枝葉がほとんど展開しない場合には前年枝に着果したように見える	新梢に着果	

[*1] 熱帯性の多年生草本で，1年生枝ではない．バナナでは雌花の着生位置．[*2] 自己せん定した新梢の先端部の数芽が花芽となることから，外見上は頂側生花芽に似ている．

果枝では葉芽は頂芽のみとなり，腋生花芽はすべて単芽となる．ウメもモモと似ているが，頂芽がないので弱い短果枝ではすべて花芽となることがある．オウトウでは新梢下部の葉腋に単芽の花芽がつき，花束状短果枝では葉芽（頂芽）の下に単芽の花芽が密生する．ナシでは中・長・短果枝の頂芽が花芽となり，長果枝型のナシ（'幸水'）では長果枝の頂芽から中間部までの腋芽が花芽となる．リンゴでも短・中・長果枝の頂芽が花芽となる．品種によっては中・長果枝に腋生花芽が多数つく．カンキツでは発育枝の先端部の数芽に花芽がつき，有葉花または葉が発達しない直花になる．果実がついている枝（果梗枝）には花芽がつかない．カキでは結果母枝先端の充実した新梢の先端の数芽が雌花をもつ花芽となる．クリでは結果母枝の先端部の腋芽が花芽となるが，雌花（帯雌花穂）は先端の1～3芽からでた新梢にしかつかない．ブドウやイチジクではほとんどすべての腋芽が花芽となる．

8.6 樹の性質と整枝・せん定

a. 主枝・亜主枝・側枝の分岐角度

果樹の整枝では主枝の着生位置の高さが低いほど，亜主枝は主枝基部に近いほど強勢になりやすい．とくに，下位の枝ほど強勢になって，樹形が横に広がっていく性質を開張性という．また，主枝・亜主枝は分岐角度が狭いほど強勢になるが，あまり狭いと裂けやすく（弱く）なる（図8.12）．そこで高木性の果樹では主枝の着生位置を高めにし，低木性になるほど低めにする．また，主枝・亜主枝の分岐角度は下位の枝ほど広めにとって，主枝間・亜主枝間の均衡をとる．

b. 亜主枝や側枝の発生位置

傾いている主枝や亜主枝に発生する発育枝の生長は上面（背面）で最も旺盛になり，下面（裏面）で最も衰えるので，亜主枝には側下面に発生した，側枝には上側面から下側面に発生した発育枝を用いる（図8.13）．

c. 頂芽優勢と頂部優勢

新梢において茎頂のみが生長し，腋芽の発芽が抑制される性質を頂芽優勢性（apical dominance），1年生枝において先端に位置する芽ほど旺盛に生長し，それより下の腋芽の発芽が抑制される性質を頂部優勢性（dominance of terminal shoot growth）と呼ぶ（図8.14）．いずれも広い意味で頂芽優勢性と呼ぶこともある．

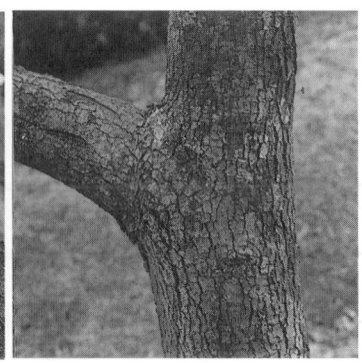

図 8.12　主枝の分岐角度
左：分岐角度が狭く，主枝と亜主枝が分岐部で圧迫しあい，粗皮がくい込んでいる．
右：広い分岐角度で主枝と亜主枝間の圧迫や粗皮のくい込みがない．

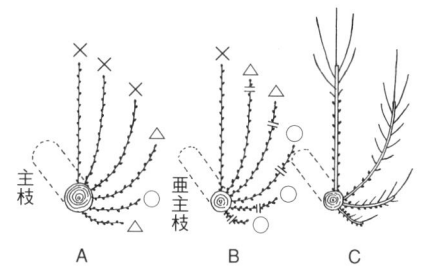

図 8.13 枝の発生位置による生長の違い
A（亜主枝として使える発育枝）：上面の発育枝は主枝より旺盛となるので使えない（×）．下面に発生した発育枝は主枝の直下で日当たりが悪くなるので使わない．側面から下側面の発育枝がよい（△：適，○：最適）．B（側枝として使える発育枝）：上側面から下面にかけて発生する発育枝がよい．上側面に位置する側枝は旺盛となるので早めに更新する．C（発育枝の発生位置と新梢の伸長）：不発芽によるはげあがりの防止および充実した側枝や結果母枝の養成のためにはBに示した強さで切り返しせん定をする．

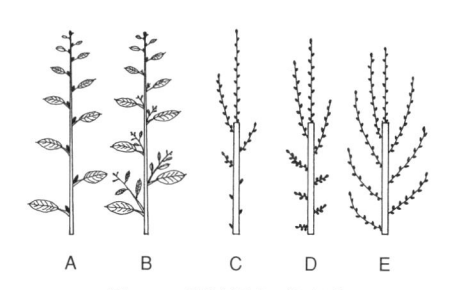

図 8.14 頂芽優勢と頂部優勢
頂芽優勢性：(A) 強い，(B) 弱い．頂部優勢性：(C) 強い，(D) 中程度，(E) 弱い．
高木性果樹の多くは強い頂芽優勢性と強い頂部優勢性を示す．頂芽優勢性が弱い果樹としてはブドウ，モモ，アーモンド，熱帯系果樹のインドナツメなどがある．頂部優勢性が弱い果樹としてはモモ，アーモンド，中程度の果樹としてはブドウ，カンキツ，ビワ，クリ，および短果枝群をつくるウメやスモモなどがある．

頂芽優勢性は新梢を傾けても変わらないが，頂部優勢性は枝を傾けるほど弱くなる．頂芽優勢性の強い果樹でも，新梢がかなり長く伸びる場合には，茎頂からある程度離れた腋芽が発芽・伸長することがある．しかし頂部優勢性の強い果樹の上方向にかなり長く伸びた枝において，頂芽から遠く離れている腋芽が発芽・伸長することは決してない．他方，いずれにおいても芽傷処理によって腋芽を発芽・生長させることができる．

頂芽優勢性の弱い果樹（ブドウ，モモなど）では副梢の伸びが旺盛となるので夏季せん定や冬季せん定が必要になる．また，ブドウやモモでは副梢を主枝や結果枝として利用できる．頂部優勢性の強い果樹（品種）では強い枝が立ちやすいので，整枝にあたってはなるべく分岐角度が広くて弱い枝を亜主枝や側枝に利用し，花芽をつけるために側枝をなるべく水平に傾けて頂部優勢性を緩和する（ナシの平棚栽培はその典型）．また，強い側枝では切り返しせん定は弱めにし，花芽形成を早める．

d. 陰芽と不定芽

果樹では萌芽しなかった葉腋芽および鱗片葉の腋芽や腋芽原基が長年生存して

いることが多い．このような芽（芽の原基）を陰芽（latent bud）と呼ぶ．枝の組織（コルク形成層，皮層など）から直接あるいはカルス形成を経て分化・発達する芽を不定芽（adventitious bud）と呼ぶ．芽のない部位から発生する枝のほとんどは陰芽の萌芽による．不定芽は切り口や根などに発生する．陰芽は側枝の更新せん定（renewal pruning）において重要である．側枝を更新するとき，その基部をある程度残して間引きせん定すると陰芽が萌芽する．ブドウの短梢せん定では芽座が長大化したときに陰芽枝を利用して更新する．カキでは予備枝として利用する．陰芽枝がほとんど発生しないモモでは主枝や亜主枝がはげあがりやすくなるので，間引きせん定では1芽を残してせん定する注意がいる．

8.7　主要果樹のせん定

a. リンゴ

矮性台木のM.26やM.9を台木とした矮化栽培では，主幹形の整枝が行われている．主幹形整枝では樹高を2.5 m，樹冠を円錐型とし，主幹と2～3年の年齢

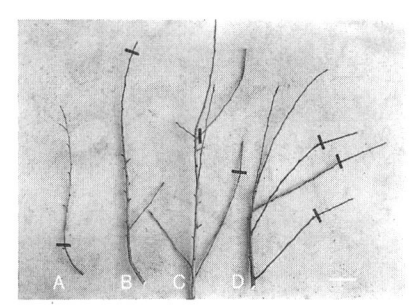

図8.15　リンゴのせん定（バーは10 cm）
A：弱い下垂枝（小さな花芽がついた7短果枝）では基部に近い短果枝1つのみを残して切り戻すか，すべて間引く．B：強さがほど良い2年生枝（花芽がついた8短果枝，1中果枝，1長果枝）では軸先端の長果枝の花芽を切り，中長果枝の発育を促す．C：やや強い2年生枝（花芽がついた10短果枝，2中果枝，4長果枝）では新梢が二次伸長した部分を切り，先端の角度の狭い枝を切るにとどめる．新梢の二次伸長部は芽の充実が不良となる．D：強い2年生枝（花芽がない5発育枝）では新梢の二次伸長部を切るにとどめ，後はそのままにしておく．

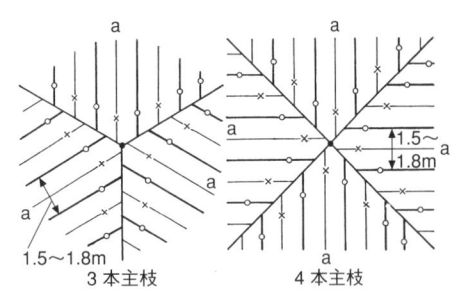

図8.16　ナシ棚栽培の整枝（平面図）
○：最終亜主枝，×：当初亜主枝（最終亜主枝が枝を拡大したら間引く）．主幹近くの亜主枝ほど強勢になりやすいので主幹に近いほど主枝下側面の弱い発育枝を亜主枝に養成する．主幹に近い亜主枝は強勢であるから，間引く当初亜主枝は主幹に最も近い亜主枝（a）から等間隔におく．

差をつけた弱くて水平方向を向いた1年生枝を側枝に養成する．せん定は下枝と内部のはげあがりに注意して側枝の更新を行い，夏季せん定を加えて樹勢と受光を調整をする．主幹形整枝では樹齢が進んだときの整枝の問題が残っている．マルバカイドウを台木とする開心自然形整枝（図8.9）は2本の短くした主枝に短い亜主枝を2本ずつ配置して完成する．老化に伴って側枝の衰弱や下垂が多くなるので，間引きと強めの切り戻しを行って樹勢の回復と良好な結果母枝の確保をする．新梢の伸びが30 cm程度の側枝がよく，40 cm以上であればせん定を加えず，それ以下では程度によって，蕾切り，弱い切り返し，切り戻し，間引きを加える（図8.15）．デリシャス系は短果枝に，'ふじ'は中・長果枝によい果実がつく．

b. ニホンナシ

平地では折衷式棚仕立て栽培（図8.8）が行われ，主枝数は管理しやすい3本が多く採用されている（表8.1，図8.16）．亜主枝は最終間隔が1.5 m（短果枝型の品種）から1.8 m（腋花芽を利用する長果枝型の'幸水'）になるようにろっ骨

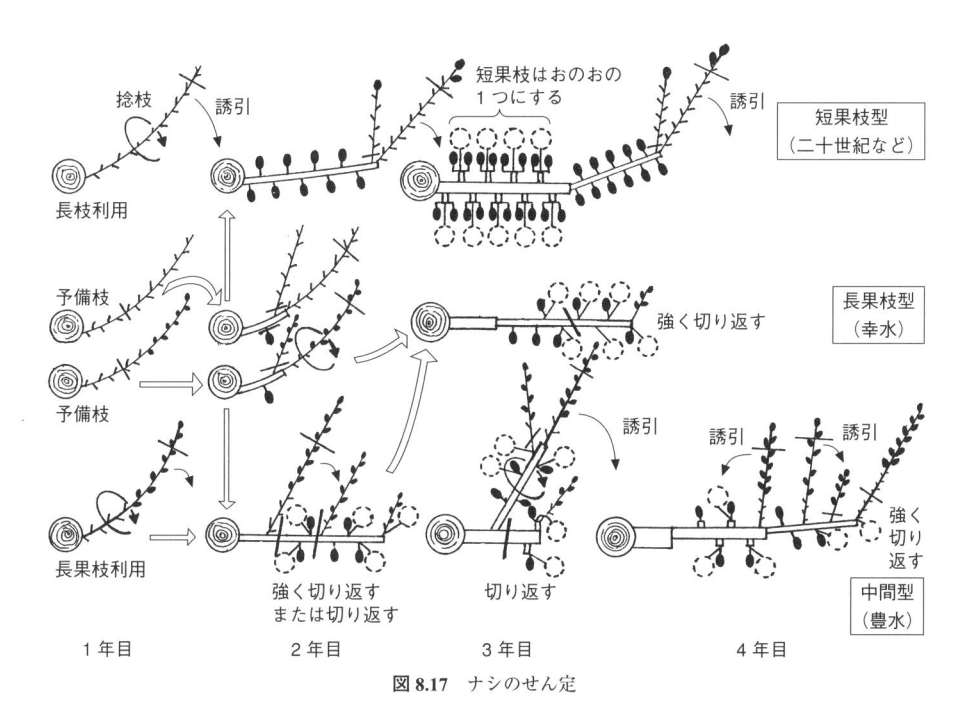

図8.17 ナシのせん定

状に配置する（図8.16）．側枝は30〜40cmの間隔で亜主枝と直角に養成する．主枝・亜主枝の上面にたった徒長枝は除去し，側下面から発生した新梢を直接側枝とするかまたは強く切り返して予備枝とする（図8.17）．側枝の中心枝は長果枝型では棚面に沿って誘引し，2，3年目に枝の勢いがなくなったときには，2年生枝あるいは1年生枝を強く切り返して短果枝の充実を促進する．短果枝型では1，2年生枝を上向きにして短果枝の着いた側枝を養成し，落ち着いてきたら，側枝先端の1年生枝を強く切り返して短果枝を充実させる．側枝は短果枝型では4〜5年で更新し，'幸水'では3年で更新する．

c. モ モ

2本または3本主枝の開心自然形（表8.1）とする．モモはとくに下位に発生する枝ほど勢いが強くなるので主枝と亜主枝に2年程度の年齢差をつけ，亜主枝にはなるべく弱い枝を採用する．モモは新梢がよく伸びるので，側枝は小さめにする．上面にある側枝ほど拡大しやすいので早めに更新し，側・下面にある側枝は下垂して弱勢となったら更新するかまたは切り戻す．長果枝（30cm以上）は長くて果重により下垂しやすいので1/3程度切り返すが，中果枝および短果枝（15cm以下）は適度に間引いてそのまま用いる．短・中果枝に良果のつく白桃系品種では，切り返しを弱くして短果枝を多くつけるようする．切り返しや1芽残して間引きをする場合には葉芽の確認をする（図8.18）．

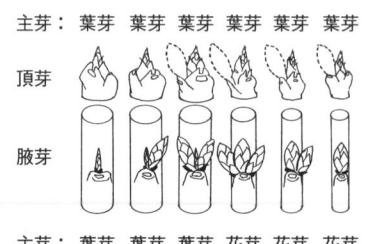

図8.18 モモの葉芽と花芽のつき方
頂芽近くに点線で示した芽はすべて葉腋芽の主芽茎頂が花芽分化して発達した花芽である．

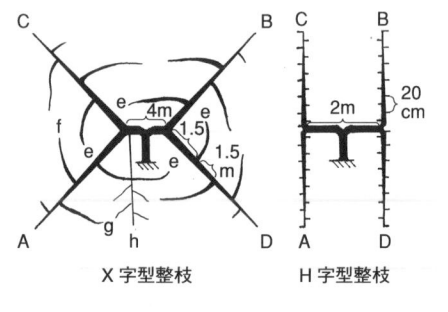

図8.19 ブドウのX字型整枝とH字型整枝
A：第1主枝，B：第2主枝，C：第3主枝，D：第4主枝，e：第1亜主枝，f：第2亜主枝，g：第3亜主枝，h：追い出し枝．

d. ブドウ

X字型整枝とH字型整枝が棚仕立で行われている（図8.19）．大木となるX字型整枝では主枝基部に近い枝ほど強勢となるので，広い角度で発生した枝を主幹のまわりに同心円状に返して枝の勢力を落ち着かせ，亜主枝とする．樹冠拡大に伴うあいた空間は強勢な追い出し枝を適宜配置して埋め，亜主枝の拡大に伴って間引く．結果母枝の強さに応じて6～20芽を残す切り返しせん定（長梢せん定）と間引きせん定を行う．H字型整枝は芽（芽座）が欠けにくい品種（'マスカット・ベーリーA'や'キャンベル・アーリー'など）に適しており，1～2芽を残す短梢せん定を行う（図8.20）．'マスカット・オブ・アレキサンドリア'では，扱いやすい小ぶりの花房を得るために1芽目を犠牲にした基底芽せん定が行われる．

e. カ キ

開心自然形整枝とする（表8.1）．結果母枝の先端の芽（擬頂芽）が形成した枝が最も充実した結果母枝となる（図8.21）ために先追いせん定になりやすく，結果部位の上昇や下垂が起きる．そこで，側枝には常に予備枝をもうけて毎年の安定着果をはかり，長く伸びすぎた側枝は切り戻すかあるいは更新する．

図8.20 ブドウの短梢せん定
矢印：基底芽，1：1芽目，2：2芽目．基底芽せん定は1芽目，1芽せん定は2芽目，2芽せん定は3芽目を犠牲にしてせん定する．前年に犠牲芽せん定した節間は枯れ込んでおり，その基部から切除する．

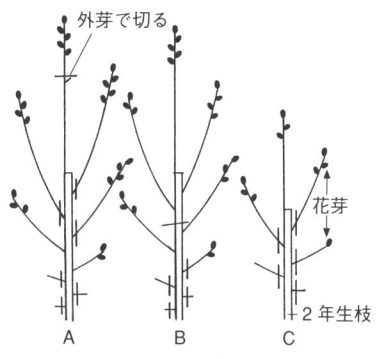

図8.21 カキのせん定
A（主枝・亜主枝の先端部）：軸の先端は外芽で切り返しし，競合する分岐角度の狭い枝と貧弱な枝をせん除する．B（上向きの強い枝）：結果部位の上昇防止のために，分岐角度が広くてほどよい勢力の結果母枝まで切り戻し，2～3の結果母枝を残す．C（生育のほど良い枝）：軸の延長線上にある結果母枝を残す．

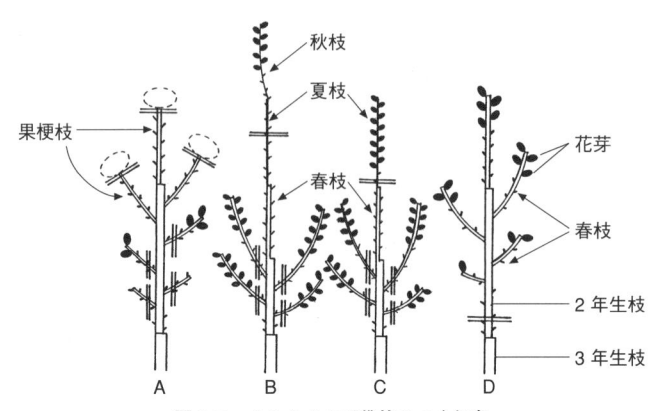

図 8.22 カンキツの予備枝のつくり方
A：有葉果の果梗枝を残す．B：充実した秋枝がある場合にはその夏枝と春枝には花芽が分化していないので，長く伸びている夏枝を強く切り返して発育枝をだすか，あるいは夏枝を切除して春枝から発育枝をださせる．C：夏枝をせん除し，花芽のない春枝を残す．D：2年生枝の基部でせん除する．

f. ウンシュウミカン

整枝は開心自然形とする（表8.1）．落葉果樹と比較して生長が遅く，春枝の長さも短いので夏枝を利用しながら，強いせん定は極力ひかえて初期生長を促し，4年目までに2～4本の主枝を養成する．主枝には側枝を多く立て，これらに間引きせん定を加えながら生産の主力となる第1亜主枝を養成し，その他の亜主枝は主枝生長に伴って1～2本配置する．せん定は2月下旬から3月中旬に行う．側枝がつくる小緑枝群を最小単位として配置し，込んでいる側枝を間引きせん定する．表年の樹あるいは夏枝の発生が多い樹では強い切り返しせん定（図8.22）を一部に行って，発育枝を確保し，栄養生長と生殖生長のバランスをとる．裏年にはせん定を遅らせ，花芽の着生状況を確認しながら，込みあっている側枝のみを間引きせん定する． 〔若菜　章〕

文　献

1) 農山漁村文化協会編（1984）：農業技術大系果樹編，農山漁村文化協会．
2) Christopher, E. P.（1957）：The Pruning Manual, The Macmillan, New York.
3) 米山寛一ほか（1976）：図解果樹のせん定，農山漁村文化協会．
4) 小林　章（1972）：果樹園芸大要，養賢堂．
5) Janick, J.（1979）：Horticultural Science, Freeman, San Francisco.
6) Soule, J.（1985）：Glossary for Horticultural Crops, John Willey & Sons, New York.
7) 佐藤公一ほか編著（1974）：果樹園芸大事典，養賢堂．

9. 花芽形成と開花・結実

9.1　果樹の生育相と生殖生長

a. 実生個体における幼若相から成木相への転換

　果樹の実生は，発芽後一定の年数を経過しないと着花しない．この期間は幼若相（juvenile phase）あるいは幼若期間（juvenile period）と呼ばれ，その長さは種類によって異なる．実生樹は幼若期間の後，栄養相（vegetative phase）あるいは移行相（transition phase）と呼ばれる過渡期を経て成木相（adult phase）に達し，花芽を着生するようになる（図9.1）．幼若相の樹では，新梢に刺が発生したり（カンキツ類，ナシ），葉形に形態的な特徴がみられるほか，成木相の樹に比べて挿し木発根が容易である．

　果樹の幼若期間は 2〜8 年と比較的長く，交配による品種改良を短期間に効率よく行う上での妨げとなる．幼若期間の長さは実生個体の生長速度により影響を受ける．適度な窒素栄養を与え，生長期間を長く保ち，あるいは成木に高接ぎして生長を促進することで幼若期間を短縮することが可能で，リンゴ，ナシ，カキなどのように 7〜9 年の長い幼若期間を要する種類でも，3〜4 年の短縮が可能である．なお，グレープフルーツなどブンタン類のカンキツでは，低温に遭遇した実生が数カ月齢で開花することがある．この一過性の現象は幼樹開花（precocious flowering）と呼ばれるが，本来の成木相に達するまでには，その後 5〜10 年の幼若期間

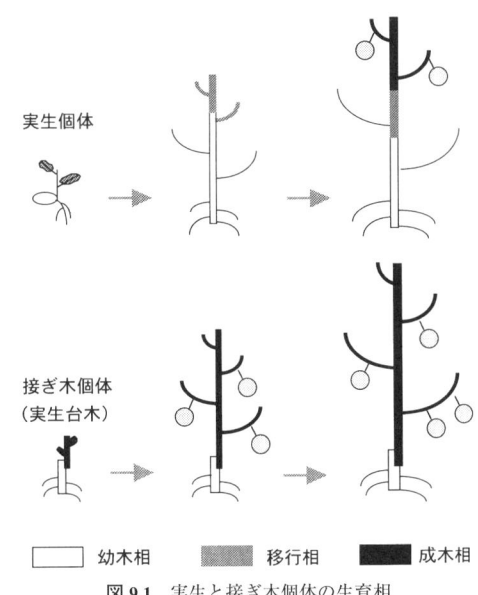

図 9.1　実生と接ぎ木個体の生育相

を要する．

b. 接ぎ木繁殖した果樹苗木の生育相

果実生産に使用される苗木はふつう接ぎ木繁殖される．たとえ幼若相にある実生を台木に用いたとしても，すでに成木相に達した樹から採取した穂木をこれに接ぐため，接ぎ木部より上部はすでに成木相にある（図9.1）．しかし実際には苗木の植え付け直後の数年間は着花がみられないことが多い．モモ，クリ，ブドウで2～3年，リンゴ，ナシ，カキ，ウンシュウミカンで4～5年に及ぶこの期間は幼木期（nonbearing vegetative period）と呼ばれ，栄養相への一時的な移行によるものである．実際栽培では，開園時に投入した経費を早期に回収し，結果までの栽培管理の経費を節減することを目的に，矮性台木や根域制限，枝の誘引やパクロブトラゾールなどの生長抑制剤による樹勢調節により幼木期間の短縮がはかられている．

結果樹齢に達した樹はそれ以降，モモで10～20年，ブドウ，ナシで10～25年，リンゴ，カキ，ウンシュウミカンで15～30年間にわたり果実を生産する．長期間果実生産を安定して持続するためには，養水分の供給源となる枝葉や根を伸長させる栄養生長と，開花・結実の生殖生長がバランスよく維持されなければならない．

9.2 花芽形成の過程と要因

果樹において，花芽形成の良否は収量に直接影響する重要な条件であるが，花芽の分化や発達は，樹体の生理状態や環境条件によって大きく左右される．安定した果実生産を持続するためには，花芽形成の過程やその要因を十分に理解しておく必要がある．

a. 花芽形成の過程

果樹の花芽は，おのおのの結果習性に応じて，頂芽あるいは腋芽の中にある生長点の肥厚から始まる．円錐状に突起している生長点が肥厚して平坦になる転換期を誘導期あるいは生理的分化期と呼び，植物ホルモンの処理や環境条件の影響を強く受ける．これに続いて形態的分化期に入り，がく片，花弁，雄ずい，雌ずいの順に花器の原基が形成される（図9.2）．同一樹内でも芽の着生位置により花芽分化開始時期には幅があるが，多くの落葉果樹では6～9月にかけて始まり，

9.2 花芽形成の過程と要因　159

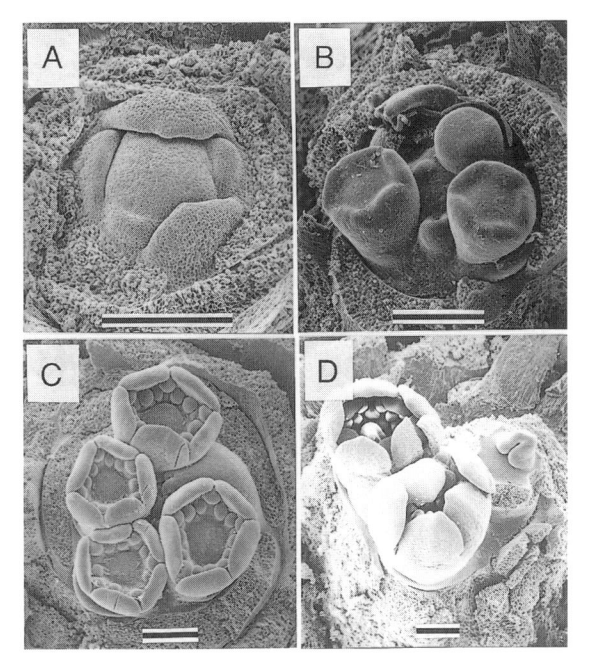

図 9.2 甘果オウトウ'佐藤錦'の花芽分化の過程（バーは 200μm）
A：肥厚した生長点と包葉の分化，B：がく片の分化，C：花弁と雄ずいの分化，D：雌ずいの分化（右上の花蕾は雌ずい原基のみ残して他の器官は切除した）．

晩秋までに雌ずいが形成される．冬季には花芽は発達をほぼ休止し，翌春の発芽後急速に発育して開花する．キウイフルーツはほかの落葉果樹と異なり，形態的な分化がみられるのは3月で，発芽とともに形態的分化が進行する．雌雄異花のクリやクルミでは，雄花は7月に分化を始めるが，雌花は翌春4月に雄花穂基部に分化する．イチジクでは，当年の新梢の葉腋に基部から順次花芽を分化し，果実（秋果）に発達するが，新梢の上部の節位に分化した花芽は，翌年の発芽後に発達して果実（夏果）となる．一方，常緑果樹のウンシュウミカンでは，自然条件下での形態的分化期は12月下旬～3月下旬であるが，10～11月には生理的分化が進行し，11月中下旬から加温促成を行った場合には，ただちに形態的分化に移行し開花する．ビワでは7～8月にかけて花芽分化し，11～1月に開花する（図9.3）．

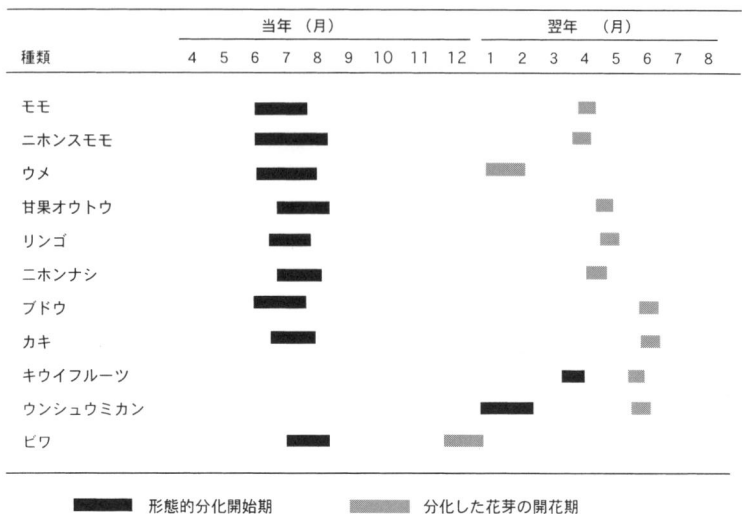

図 9.3 主な果樹の形態的花芽分化開始期と開花期

b. 花芽形成の要因

1） 環　　境

ⅰ） 光　果樹は，花芽分化に関して明瞭な日長反応を示さないが，光強度の影響を強く受ける．リンゴでは，花芽分化期における太陽光の 30％以下の遮光により，花芽形成率は大きく低下し，カキやニホンナシでも同様に遮光処理すると花芽分化が抑制される．モモでも樹冠外部に比べ光透過量の少ない内部の新梢の花芽着生率は低い．アメリカ系あるいは欧米雑種のブドウでは早期加温栽培の樹で花芽（花房原基）着生数や発達が劣ることがあるが，これには冬季の日照時間の不足や施設内への光透過量の制限による日射量の低下が樹の栄養状態への影響を介して間接的に作用しているものとみられる．このような条件下では補光が花芽の確保に有効な手段となる．

雌雄異花のクルミでは，光強度が性分化にも影響を及ぼす．すなわち強光度下では雌花の分化が促され，逆に遮光による光度の低下により雄花の分化が促進される．

ⅱ） 温　度　温度条件は果樹の花芽分化に影響をもたらすが，温度の範囲や影響の程度は果樹の種類によって異なっている．冷温帯作物のリンゴでは，12～25℃の気温で花芽分化は進行するが，25～30℃に達すると，花芽形成率は

低下する．また，オウトウでは，高温条件（30℃）では20℃に比べて，花芽分化の開始時期が遅れる．一方ブドウでは，アメリカ系品種に比べ生長により多くの積算温度を必要とするヨーロッパ系品種である'マスカット・オブ・アレキサンドリア'の花芽分化の適温は25～35℃にあり，20℃以下では分化しない．常緑性のカンキツ類や亜熱帯果樹類の花芽分化には，一定期間の比較的低気温への遭遇が有効である．ウンシュウミカンでは，25℃以上の気温では花芽分化は強く抑制されるが，20℃以下の気温積算が花芽分化に有効であることが示され，促成栽培における加温開始時期の決定のための目安の1つとなっている．オリーブやアボカド，マンゴー，レイシ，リューガンなども一定の期間15℃以下の低温に遭遇することで花芽分化が促されることが知られている．一方，地温の低下によっても花芽の分化が促進されることがウンシュウミカンで明らかにされた．花芽分化に不適切な25℃以上の気温条件でも，地温を15℃程度に低下させることで花芽を誘導することが可能であり，早期の加温促成栽培における花芽の確保に応用されている（図9.4）．

iii）土壌水分 適度の土壌乾燥による水分ストレスは，樹体の栄養生長を緩慢にし，花芽分化に好適な生理状態をもたらすとみられる．とくにカンキツ（レモン，ウンシュウミカン），マンゴー，ドリアン，コーヒーなど熱帯・亜熱帯性の常緑果樹においては，土壌乾燥による水分ストレスは花芽分化を明らかに促進する．土壌乾燥処理は，わが国のウンシュウミカンの早期加温栽培において，花芽形成に不都合な高温期における花芽の生理的分化促進のための手段として利用されている．一方，高気温の続く熱帯・亜熱帯地域においては，乾期の土壌乾燥が花芽分化の誘導に重要な役割を果たしている．また，より斉一な開花を誘導したり，オフシーズンの果実生産を目的に通常の時期以外に花芽分化をさせるため，樹を人為的な乾燥条件に一定期間遭遇させることも行われている．

2）植物ホルモン

ほかの生長現象と同様，果樹の花芽分化の制御には植物ホルモンが複雑に

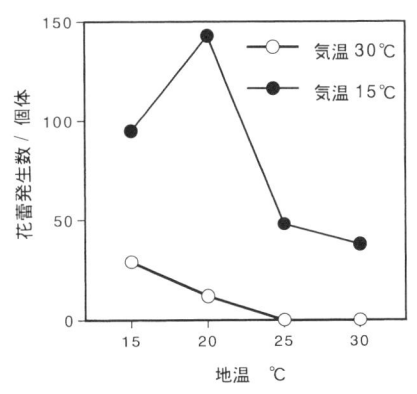

図9.4 ウンシュウミカン'興津早生'の花蕾発生に及ぼす気温と地温の影響[1]

関与している．そのうちジベレリンは，多くの果樹で花芽分化を抑制する作用をもつことが明らかとなっている．発育中の果実，とくに若い種子は高濃度のジベレリンを生成する．過剰に着果した樹では，果実から芽や枝にジベレリンが高濃度で拡散し，これによって花芽分化が抑制され，翌年の着花が減少し，隔年結果を引き起こすとみられている．リンゴやセイヨウナシ，カキなどの単為結果した無核果実は，有核果実に比べてこの作用が小さいといわれている．また外部から与えたジベレリンは，さまざまな種類の果樹で花芽分化を著しく抑制する．スイートオレンジでは，GA_3 はがく片分化の段階までの花芽では葉芽への転換を引き起こす．また，わが国で栽培されるウンシュウミカンやイヨカンでも同様の花芽分化抑制の作用がみられ，過剰な着花が予測される場合には 10〜3 月の GA_3 処理で着花数を制限し，樹勢の低下を防ぐことが可能である．

　一方，サイトカイニンは，花芽の分化に対して促進的に働くとみられている．外部から処理したサイトカイニンは，ブドウやリンゴの花芽分化を促進する．また，ニホンナシにおいて，新梢の誘引は，腋芽の花芽形成率を上昇させることが知られているが，これは誘引により頂芽でのオーキシン（IAA）生産が減少し，基部方向へのオーキシン移動量が低下することにより，腋芽中のサイトカイニンのレベルが逆に上昇して，鱗片（葉原基）の形成速度が増加し，花芽分化に好適な条件が生じるためと考えられている（図 9.5）．

　花芽分化において，生長抑制物質のいくつかは促進作用を示す．ジベレリンの生合成阻害剤である CCC, B-9, パクロブトラゾールは，多くの果樹で栄養生長を抑制すると同時に，花芽形成を促進する．頂生花芽を着生するマンゴーでは，パクロブトラゾールは新梢伸長を一時的に抑え，新葉の展開を止めて，花芽を分化させる効果がある．パクロブトラゾール処理は栄養生長の旺盛な熱帯地域での人為的な花芽誘導技術として適用されているが，樹体への残効性が大きいため樹勢や処理量に十分な配慮が必要である．

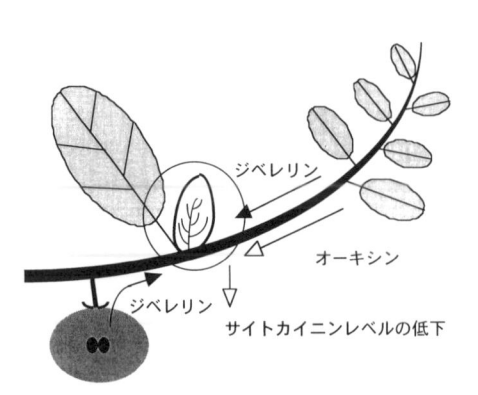

図 9.5 新梢伸長と着果負担による花芽分化の抑制とホルモンレベルの関係

3）栄　　　養

　樹体の栄養状態と花芽分化の関係は，炭水化物と窒素栄養のバランス

（C/N 率）という観点から論議されてきた．炭水化物に対して相対的に窒素の濃度が高い状態にあると，樹は栄養生長に傾き，逆に炭水化物の濃度が高ければ，花芽分化に好適となる．樹幹や枝の基部の環状剝皮は，剝皮上部の炭水化物濃度を上昇させ花芽分化を促進するため，結果年齢までの期間が長いカキなどでの着花促進や，加温促成栽培でのウンシュウミカンの花芽誘導などに利用されている．過剰な窒素の施用は新梢を徒長させるが，適度な窒素栄養は花芽形成とその後の花芽の発達に不可欠である．

c. 花芽の形態的異常

果樹の種類によって，花芽形成の過程で形態的な異常が生じる場合がある．'佐藤錦'や'ナポレオン'などの甘果オウトウ品種では，一花中に2つの雌ずいが形成され，これがともに結実すると双子果と呼ばれる異常果となる．この原因は雌ずい分化期前後の高温遭遇とみられており，夏季に高温に見舞われた年や直射光の当たる樹冠南側で発生が多い．

9.3 受精による種子形成と結実

果樹の多くの種類・品種では，開花後受粉・受精が行われ，胚（種子）が発達することにより，果実は樹に着生した状態を保ち発育することができる．したがって，結実の確保には受粉・受精の過程と条件について理解しておく必要がある．

a. 開花前の花器の発達

芽において形成された花芽の原基は萌芽とともに，さらに発達して花蕾となり，やがて開花する．落葉果樹のうちリンゴ，ナシ，モモなどでは，夏に花芽分化を始めて秋までにほぼ花器の各器官を形成するが，花粉と胚珠は翌春の発芽以降に分化し，開花前後に完成する．

花粉は葯の内壁の胞原細胞から発生する花粉母細胞に由来する．これが減数分裂して，4分子となり分離して花粉粒となる．

胚珠は，単一あるいは複数の心皮の融合によってできている子房の子室中に形成され，果樹の種類によってその数は異なる．胚珠は，萌芽期以降急速に発達し，珠心を珠皮が包み込んだ構造で，一方が溝状に開いて珠孔となる．珠心の中央あるいは珠孔よりに胚のうが形成される．胚のう母細胞の減数分裂により生じ

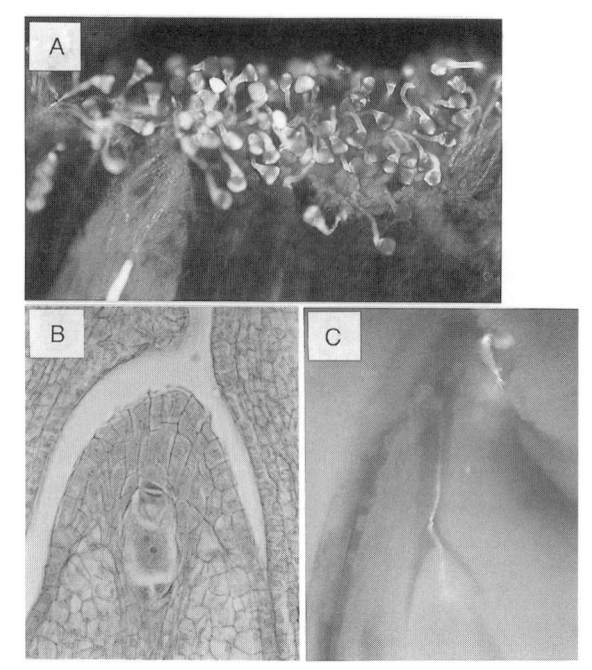

図9.6 甘果オウトウ'佐藤錦'の完成した胚のうと花粉管伸長
A：花柱上で発芽した花粉，B：8核期の胚のう，C：珠孔を通過する花粉管．

た4つの細胞の1つはさらに核分裂して，8つの核を形成する．このうち3つは珠孔側に並び卵細胞と2つの助細胞となり，中央部に2つの極核，他方の側に3つの核が並び反足細胞となって，胚のうが完成する（図9.6B）．胚のうの発達と完成の時期には，果樹の種類間でかなりの差異がある．ブドウやカキでは，開花2～4日前には完成しているが，カンキツや，オウトウ，スモモでは開花2～3日後，モモでは5日後と遅い．4倍体のブドウ'巨峰'，や3倍体のリンゴ'陸奥'では胚珠や胚のうの発達異常が多くみられる．また，高温や窒素・ホウ素の欠乏などによっても，胚のうの発達不良が生じることがある．

b. 受精過程と条件

被子植物である果樹では重複受精が行われる．柱頭に付着した花粉は，乳頭状毛細胞から分泌される粘液の養水分を吸収して発芽し花粉管を伸ばす．花粉管は花柱内の誘導組織や溝に沿って伸長し，やがて子室に達し，珠孔を通過する．花

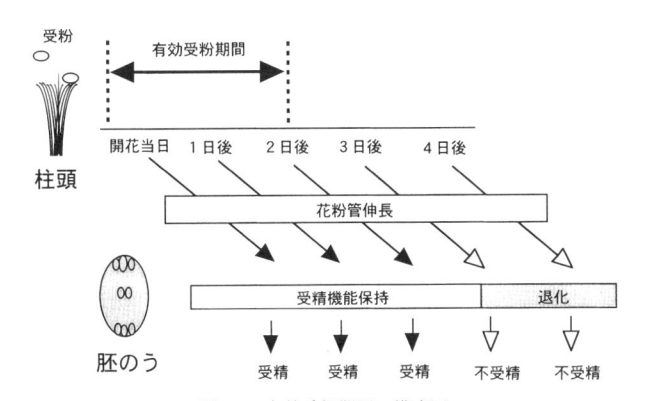

図 9.7 有効受粉期間の模式図
開花 3 日以降に受粉した場合，花粉管が胚のうに達したときには胚のうはすでに退化しているので受精の可能性はない．

粉管内の栄養核と 2 つの精核のうち，精核の 1 つは卵細胞と他方は融合した極核と合体して，受精が完了する．受精した卵細胞は分裂し，胚に分化する．また精核と極核の融合体は胚乳に発達する（図 9.6A，C）．

開花後日数が経つと，柱頭は乾燥し花粉を受容することが困難となる．また胚のうは完成後数日で退化を始める．したがって，両者の機能が保持されている間に受粉され，花粉管が胚のうに達しなければ受精の機会は失われる．受精が可能な開花後の受粉までの期間を有効受粉期間（effective pollination period）といい，通常 2〜5 日であるが，環境や樹の栄養条件により変動する．多くの果樹で花粉管の伸長は 25 ℃前後で活発で，低温では抑制される．一方，胚のうの生存は比較的低温で長く維持され，高温では退化が早まる．また，胚のうの生存期間は，秋季の窒素施用により延びるが，ホウ素の欠乏により短縮される（図 9.7）．

9.4 受精に影響する要因

果樹の種類によっては，開花しても受精しないため種子が形成されず，結実しないことがある．これには遺伝的要因と生理的条件が相互に関係している．

a. 雌雄性（sexuality）**と雌雄異熟**（dichogamy）

果樹の多くは両性花を着生するが，種類によっては雌雄異株（キウイフルーツ，ヤマモモ，ヤマブドウ）や，雌雄同株（クリ，クルミ，カキ）で雌雄異花の

ものもあり，結実には，雄品種の混植や雄花，雌花の適正な着生が重要である．

クルミ，チェリモヤなど果樹の種類よっては，花柱の受容期間と雄ずいからの花粉放出時期がずれるものがあり，雌雄異熟と呼ばれる．雌性先熟（protogyny）の場合，受精が行われるためには，先行して開花した花の花粉が受容可能な雌ずいをもつ花に受粉される必要がある．

b. 不和合性

モモやアンズ，クルミ，ビワなど多くの品種は，それら自身の花粉によって受精する自家和合性であり自家結実する．また，これらの果樹は他品種の花粉によっても受精し結実する．一方，果樹の種類・品種によっては，花粉，胚のうともに正常な形態・機能をもっているにもかかわらず，同一品種間の花粉の交配では受精できない自家不和合性のものがある．リンゴ，ナシ，ニホンスモモ，甘果オウトウなどの大半の品種は自家不和合性で自家結実しない．このため結実には他品種の花粉を受粉する必要があるが，さらに交配する品種によっては受精・結実しない交配不和合の組み合わせもある．

リンゴ，ナシなどバラ科の果樹にみられる不和合性の発現様式は，配偶体型（gametophytic incompatibility）に分類され，柱頭に付着した自家花粉はいったん花粉管を伸長させるが，花柱基部で伸長を停止し，受精に至らない．遺伝学的にみると自家不和合性は1つの遺伝子座にある複対立遺伝子（S_i）によって支配され，花粉と雌ずいのS遺伝子型が同一の場合，花粉管の伸長が阻害されると考えられている．交配不和合の現象も，同一のS遺伝子型をもつ品種間の交配では，同様の花粉管の伸長阻害が起こるためである．ニホンナシではS_1～S_7の遺伝子に基づく11対の遺伝子型が見いだされ，甘果オウトウでは14のS遺伝子が推定されている．ニホンナシ，リンゴ，オウトウでは花柱組織においてS遺伝子に由来する特異的なS糖タンパク質としてリボヌクレアーゼ（RNase）が確認され，タバコやペチュニアなどと同様，バラ科の果樹でも不和合性の発現に重要な役割を果たしているとみられている（図9.8）．

自家不和合性の解消は，生産面での結実の安定化とともに育種面での制約を解除するために重要である．これには，蕾受粉や老化花粉，死滅花粉の混合受粉，反復受粉，倍加花粉の受粉，化学物質の処理，雌ずいの温湯処理などによりある程度の効果があることが報告されている．また，突然変異を利用した不和合性の遺伝的制御も進められている．甘果オウトウでは，カナダにおいて人為的なγ線

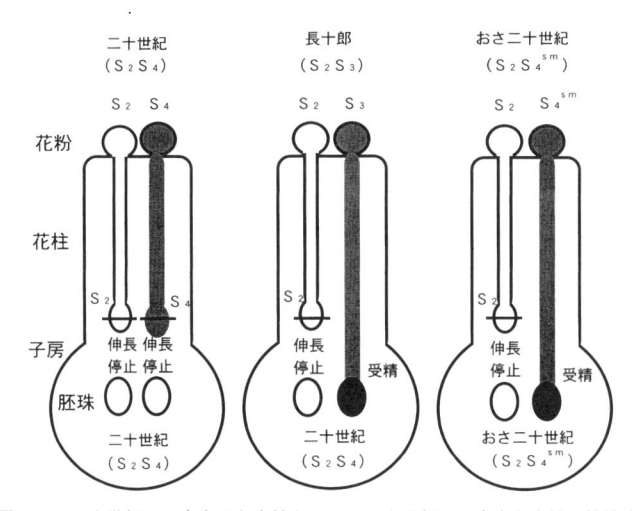

図9.8 '二十世紀'の自家不和合性と'おさ二十世紀'の自家和合性の機構[2)]

照射により自家和合性の突然変異'ステラ'が得られ，これをもとにした交配により自家和合性品種が育成されている．またわが国ではニホンナシ'二十世紀'の自然突然変異として自家和合性の'おさ二十世紀'が発見されている．遺伝子解析の結果，'おさ二十世紀'では'二十世紀'の遺伝子型であるS_2S_4のS_4遺伝子が突然変異を起こし，このため花柱内でS_4遺伝子をもつ花粉管の伸長が阻害されず，受精できるとみられている．現在'おさ二十世紀'を交配母本とした自家和合性品種の育成が進められている．

c. 生殖器官の異常による不結実

'白桃'などモモの一部の品種，リンゴやセイヨウナシの3倍体品種，'ワシントンネーブル'やウンシュウミカンなどのカンキツ類では，花粉の発達過程の異常により，受精能力のない不稔花粉を生じる．これらのカンキツ類は単為結果性があるため種子が形成されなくても結実するが，モモの花粉不稔品種では，他の品種の花粉を交配しなければ結実しない．また，'陸奥'や'ジョナゴールド'のようなリンゴの3倍体品種は他品種の受粉樹として利用することはできない．不稔花粉の発生は，葯の初期発育（'ワシントンネーブル'），花粉母細胞の減数分裂（3倍体品種），小胞子から成熟花粉への発達（モモ'白桃'，ウンシュウミカン）など各発育段階において生じる異常が原因である．'富有'などカキの主

要品種の多くは，雌花のみ着生する．このような品種の雌花では偽雄ずいの発達はみられるものの，花粉母細胞やタペート細胞は分化しない．このため，雄花を着生する品種を混植して受粉する必要がある．

一方，ウンシュウミカンや'ワシントンネーブル'，リンゴやセイヨウナシの3倍体品種，ブドウの無核品種の一部では，胚珠や胚のうの不発達や遅れ，未熟段階あるいは完成後の退化などの雌性器官の異常により結実が阻害されることがある．また，ウメやスモモでは，花蕾の発達期間中の凍害や樹体の栄養不足のために，雌ずいの退化した不完全花を生じることがあり，結実不良の一因となる．

d. 人工受粉の実際

1） 受粉の意義

受粉は結実の確保において基本的に重要な意義をもっているが，同時に果実の形質にも大きな影響を及ぼす．キウイフルーツでは，1果実あたりの種子数と果実重には高い相関がある．また，カキでも大果生産には種子数の確保が重要である．リンゴやナシでは，果実内の種子の偏在によって，果形がいびつになる．一方，種子から発生するエチルアルコールによって，果肉の可溶性タンニンが不溶化し自然脱渋する不完全甘ガキの'西村早生'などでは，果実当たりの種子数が不足すると果肉に渋みが残る．したがって，このような種類の果樹では，いっそう確実で十分な量の受粉が必要となる．

クルミなどのナッツ類やヤマモモ，キウイフルーツ，カキなど，小さな花粉粒を形成する果樹では，花粉は風によっても運ばれるが，多くの果樹ではミツバチやハナアブなどの訪花昆虫によって媒介される．しかし昆虫の活動は日中の気温によって大きく変動するため，確実な受粉には人手による人工受粉が必要となる．

2） 人工受粉の方法

人工受粉に用いる花粉は，使用する当年に促成開花させた切り枝などから採取，あるいは自然開花した花から直接得る場合と，前年の開花期に採取して−85℃以下の極低温下で翌年まで貯蔵して用いる場合がある．いずれにしても貯蔵する際は乾燥・低温条件におく必要がある．受粉は通常，毛バタキや梵天，風圧を利用した受粉器を用いて行う．キウイフルーツではショ糖液に懸濁させた花粉を散布する溶液受粉も試みられている．

9.5 単 為 結 果

　果樹の種類・品種によっては受精しなくても結実する場合がある．これを単為結果（単為結実，parthenocapy）といい，通常種子が発達しないため無核果となる．花粉や胚珠の異常などにより自然発生する場合と，市場性の向上を目的として人為的に誘導する場合がある．

a. 単為結果のタイプ
　単為結果は，外部刺激の必要性の有無により2つのタイプに分けられる．
1） 自動的単為結果
　カキ，イチジク，ブドウ（品種 'ブラック・コリンス'，'ホワイト・コリンス'），ウンシュウミカン，'ワシントンネーブル'，バナナ，パイナップルなどの無核品種などのように，外部からの特別な刺激がなくても果実を発達させるものを自動的単為結果（vegetative parthenocarpy または autonomic parthenocapy）という．
2） 他動的単為結果
　他動的単為結果（stimulative parthenocarpy）は，受精には有効でない花粉の受粉，温度，化学物質などの刺激を受けることで単為結果するものをいう．カンキツやセイヨウナシでは不和合である自家花粉や放射線照射し発芽力を失った花粉の受粉が刺激となって単為結果する．自家不結実性のセイヨウナシ品種のいくつかは温暖な地域では単為結果するが，これには開花期の高温が作用しているものとみられる．植物ホルモンであるオーキシンやジベレリンの処理も単為結果を誘導する．トマトやナスなどナス科の果菜類の単為結果の誘導にはオーキシンの処理効果が大きく実用的に行われている．果樹でも受粉の必要なイチジクの品種やマンゴー，オウトウなどで単為結果の誘導が可能であることが実験的に確かめられている．一方，ジベレリンは果樹の単為結果の誘起に最も幅広い効果をもち，ブドウ，リンゴ，ナシ，モモ，カキ，カンキツ，ビワなど多くの果樹で効果が確認されている．

b. 単為結果の誘導による無核果の生産
　わが国で開発されたブドウの無核果生産技術は，ジベレリン処理による単為結果の誘導とそれにより生じた無核果実の肥大促進を合わせて行うものである．'デラウエア'，'マスカット・ベーリーA' などの2倍体品種では，通常開花前14

```
1回目処理  開花14日前
```

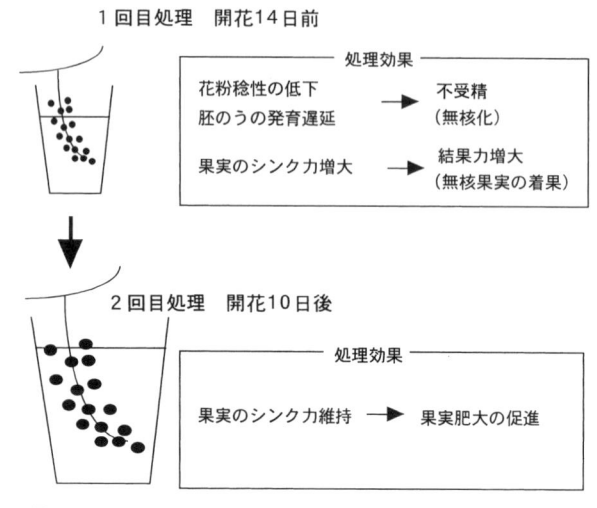

処理効果
- 花粉稔性の低下 / 胚のうの発育遅延 → 不受精（無核化）
- 果実のシンク力増大 → 結果力増大（無核果実の着果）

```
2回目処理  開花10日後
```

処理効果
- 果実のシンク力維持 → 果実肥大の促進

図9.9 ブドウ'デラウエア'のジベレリン処理による無核果生産

日頃の花房にジベレリン酸（GA_3）100 ppm 溶液を用いて1回目の処理を行う．これにより花粉稔性の低下と胚のうの発達の遅れが生じることで，受精が妨げられ無核となる．これと同時に，処理した花房では子房のジベレリンレベルが高く保たれるため，自然発生の単為結果性品種の果実と同様，果実は養分を引きつける力（シンク力）を維持し，不受精でも着果が可能となるものと考えられる．完全な無核化を得るためには適期の処理が不可欠で，展葉枚数，花穂の形態，花冠長などが処理時期の判定指標として用いられている．また，無核化率を向上させるために，抗生物質のストレプトマイシン 200 ppm をジベレリン溶液に添加することもあるが，その作用は受精後の胚乳核の分裂を阻害することによるものである（図9.9）．

4倍体品種の'巨峰'，'ピオーネ'，'藤稔'などは，もともと種子形成能が低く単為結果性があり，ジベレリンに対する反応性も強い．このため満開から4日後にかけての 10〜25 ppm 程度の処理で十分な無核化の効果が得られる．短梢せん定などにより樹勢を強めることでさらに効果が安定する．

無核化した果実はそのままでおくと有核果に比べて生長が大きく劣る．このため果実の肥大促進を目的とした2回目のジベレリン処理を1回目と同濃度で行う．この際，サイトカイニン活性をもつ2-クロロフェノキシフェニルウレア（CPPU）を低濃度で添加して果実の細胞分裂を促し，果実肥大の効果を高めるこ

とも行われる．

c．偽単為結果

カキ'平核無'やブドウ'トムソンシードレス'などは自然条件で大半の果実が無核となる．これらの果実では胚珠の発育により不受精で種子形成に至らなかったものと，いったん受精した後に胚乳核の分裂不良のため胚が発育停止し，退化したものが混在している．後者は偽単為結果（stenospermocarpy）と呼ばれ，前者の単為結果と区別される．'トムソンシードレス'では，単為結果した果実は，偽単為結果の果実に比べて小さい．

9.6 単為生殖と多胚性

種子単為生殖（agamospermy）は受精によらない種子形成をいう．一般に用いられる単為生殖（apomixis）は，厳密には，挿し木などの栄養的な生殖をも含めたものである．種子単為生殖は，配偶体単為生殖（apospory）と不定胚形成（adventive embryony）によるものに分けられる．リンゴ属の植物では減数分裂を経ない配偶体から胚形成が起こることがある．一方，カンキツ類，マンゴー，マンゴスチンなどにみられる不定胚は珠心細胞から発生する．カンキツの不定胚は珠孔付近の胚のうをとりまく珠心組織から形成される．1 種子中に受精胚を含めて複数の不定胚が存在することを多胚性（polyembryony）という．カンキツでは，ブンタン類のように 1 種子に 1 つの胚のみしか形成されない単胚性のものから，ウンシュウミカンのように 10 個以上の胚を含むものまである．マンゴーにも単胚性と多胚性の品種がある．マンゴスチンの花は葯が退化しているため，種子には交雑胚は含まれず，いずれも不定胚である．多胚種子を播種すると 1 種子から複数の個体が発芽する（図 9.10）．

通常珠心胚は受精胚に比べて生長が旺盛で，受精胚の発達を阻害する．このためカンキツの交雑育種においては交雑種子の獲得の妨げとなる．一方，珠心胚より得られた個体は，基本的には母体と同じ遺伝的形質をもち，またウイルスに感染していないため，栄養繁殖の手段として利用できる．しかし，ウンシュウミカンにおいては，'宮川早生'の珠心胚実生から得られた'興津早生'や'三保早生'のように若干の変異を生じる場合もある．

樹上においてカンキツ類の珠心胚の発生と発達には，受粉の刺激が必要である．一方，摘出した珠心組織でも適切な栄養と生長調節物質が与えられれば，培

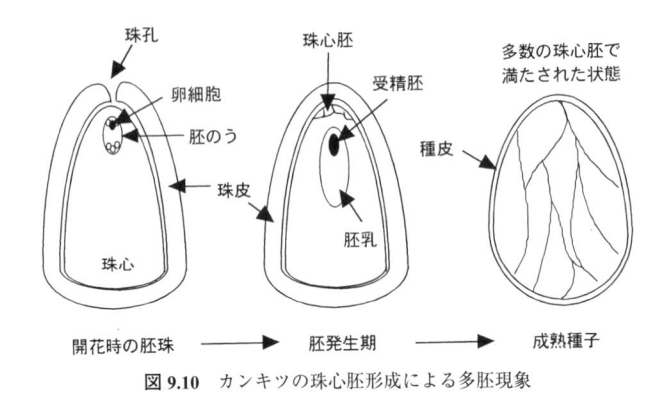

図 9.10 カンキツの珠心胚形成による多胚現象

養条件下で不定胚を活発に分化させることが可能であり，新たな育種手法に応用されている．

9.7 生理的落果

果樹において，病虫害による落果や強風などの物理的損傷による落果でなく，生育環境や栄養条件によってもたらされる樹体の生理的変動が原因で発生する落果を生理的落果（physiological fruit drop）という．生理的落果の時期や程度は，種類・品種により異なるが，著しい場合には収量の減少を招く場合がある．

a. 生理的落果の様相

果樹の生理的落果の発生は，開花直後から幼果期にかけてみられる早期落果と収穫期直前の後期落果（収穫前落果）に分けられる．早期落果は，ブドウでは開花直後から2週間以内にみられ，とくに著しい場合には，花振るい（花流れ）と呼ばれ，1果房に果実はまばらにしか残らない．ウンシュウミカンでは，開花直後と約1カ月後の2回の落果波相がみられる．スモモやカキでは3回，リンゴやモモでは4回の波相が観察されているが，いずれも開花直後の10日前後の落果が最も多い．リンゴでは6月中旬頃，モモやカキにおいては，6月下旬前後に多くの幼果の落果がみられ，ジューンドロップ（June drop）と呼ばれている．一方，'つがる'やデリシャス系品種のリンゴでは収穫1カ月前，ヒュウガナツなどの晩生のカンキツでは冬季と発芽前に落果がみられる（図9.11）．

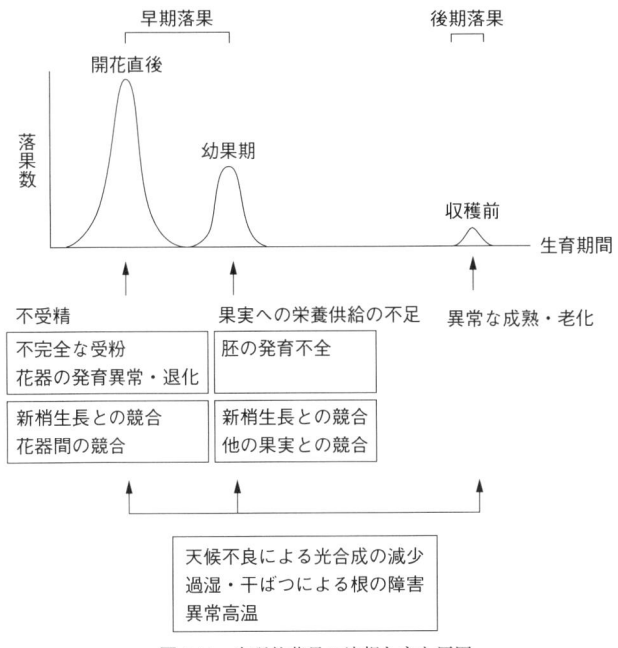

図9.11 生理的落果の波相と主な原因

b. 生理的落果の原因

　開花直後の生理的落果は，胚珠や胚のうの発達異常や退化，さらに受粉条件の不良などによる不受精が主な原因とみられる．'巨峰'のような4倍体ブドウ品種では，胚のうの異常よりも，むしろ胚のうの発達の進みすぎによってもたらされる花柱内での花粉管の伸長抑制，さらに雌ずい内における花粉管の誘導組織の発達不良が，受精を妨げる原因とみられている．一方，ウンシュウミカンのような単為結果性をもつ果樹でも，開花直後に生理落果のピークがみられる．とくに表年に大量に着花したような場合には落果も著しい．したがってこの時期の生理的落果には，花どうしあるいは花と新梢との栄養的な競合も一因となっているものとみられる．

　幼果期の落果には，この栄養的な競合が主因となる．種子（胚）を含めた急激な果実の発育は，果実間および果実と新梢の間での競合を招き，さらにわが国のように梅雨による天候不良が続く場合，養分供給の不足が生じ，競合関係は一層激しいものとなる．また，'清水白桃'のようなモモ品種では，内果皮（核）の

硬化初期に急激に果実が肥大した場合，核割れが発生し，種子に養水分を供給する維管束が損傷を受けて胚発育が停止し，落果に至ることが多い．

生理的落果と内生ホルモンの関係について，リンゴやカキでは，果実の離脱部位である離層を挟んで，果実側と樹体側のオーキシン濃度の勾配と関連があることが報告されており，果実側のオーキシン濃度が樹体側に比べて低下した場合，落果しやすく，旺盛に伸長する新梢からのオーキシンの移動がこの勾配を強めるものとされている．

一方，収穫前落果は高温や土壌乾燥，窒素過多などの条件により，多く発生する．落果果実では離層形成に先立ってエチレン発生の高まりが認められ，特異的に成熟・老化過程が進行するものとみられるが，詳細は明らかでない．

c. 生理的落果の防止

生理的落果を軽減するには，まず確実な受粉が必要である．複数の種子が形成される種類では，種子数の多少も生理的落果の程度に影響する．このため花器に障害を及ぼす凍害や栄養不足を回避することも重要である．開花時期の異常高温も花器の発育異常をもたらすため，施設栽培では注意が必要である．

一方，果実間の栄養的競合を軽減するためには，摘蕾や摘花，幼果の摘果が有効である．また，新梢の摘心や生長抑制物質の処理などによる栄養生長の抑制や環状剝皮は，果実への養分供給を増加させることで，生理的落果を減らすことができる．逆に過剰な窒素施用は栄養生長を促し，生理的落果を助長する．また，核割れによる生理的落果の多いモモ品種では，摘果時期を分散させて急激な果実肥大を避け，仕上げ摘果の時期をやや遅らせることで内果皮の硬化を進行させることも，落果の軽減に有効である．一方，収穫前落果の防止にはオーキシン系の薬剤の散布がリンゴなどで行われている．

9.8 隔年結果

経営上，連年安定した果実生産が維持されることが望ましいが，ウンシュウミカンやカキ，リンゴの'陸奥'などのように着花量が大きく変動し，成り年と不成り年を交互に繰り返す現象を隔年結果（alternate bearing）という．

a. 隔年結果の原因

隔年結果の現象は樹体の生理的あるいは栄養的な条件によって制御されている

が，気象条件の変動がしばしばその誘因となる．ウンシュウミカンでは開花から着果期の高温による異常落果，夏秋期の乾燥による樹勢の低下と過剰着花，凍害による落葉に伴う花数の減少などが隔年結果のきっかけとなり，またその振幅をさらに拡大する．

隔年結果の樹体要因としては，貯蔵養分である炭水化物含量の変動があげられる．過剰な着果を放任すると，地上部，地下部ともに炭水化物含量は大きく低下する．また，ウンシュウミカンでは，収穫を遅らせると翌春の着花量は減少し，晩生の品種ほどこの傾向が強く，貯蔵養分の減少が花芽の分化と発達を制限するものとみられる．カキなど果実の成長期間が長い落葉果樹では，当年の果実の成長と花芽分化が並行して進むため，過剰着果させると同化養分の競合が生じ，花芽分化が抑制される．

一方，樹体内のジベレリン濃度の変化も隔年結果の調節にかかわっていると考えられている．過剰な着花や着果は樹体のジベレリン濃度の上昇を招き花芽分化を抑制する．発育中の種子によって生産されるジベレリンが樹体に移行するものとみられるが，単為結果のウンシュウミカンでも着果により枝梢内のジベレリン濃度が上昇することから，種子だけでなく花器や幼果などの急速に発育する生殖器官でもジベレリンの生産が行われ，これが大量に存在する場合には，樹体のジベレリン濃度が上昇するものとみられる．さらに，ウンシュウミカンでは，着果

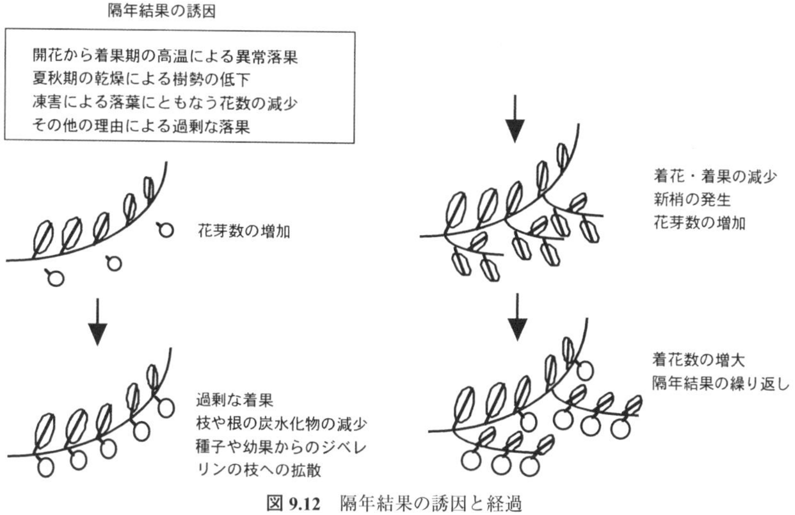

図 9.12 隔年結果の誘因と経過

負担の大きい枝では，アブシジン酸（ABA）のレベルが高く，このことも同化作用への影響を介して花芽分化を抑制する原因となっている可能性も指摘されている（図9.12）．

b. 隔年結果の回避

隔年結果を軽減するためには，着花や着果数を樹の生理状態に応じた適正量に調整することが基本的に重要である．また，その年々の気象条件の変動による樹の生育への影響も考慮する必要がある．さらに樹への負担をかけすぎないような収穫時期の設定も大切である．適正着果量への調整は，人手や薬剤による摘花，摘蕾や摘果に加えて，せん定の程度，施肥管理など総合的に行うことが望ましい．

一方，個々の樹に連年均一に着果をさせる考え方とは異なり，'青島'のように隔年結果性の強いウンシュウミカンの晩生品種では，あえて樹あるいは枝別に隔年に結実させ園地単位で収穫量の安定化を図る方法も一部で試みられている．

〔片岡郁雄〕

文　献

1) Poerwanto, R. *et al.* (1989)：*J. Japan. Soc. Hort. Sci.*, **58**, 275-281.
2) 佐藤義彦 (1992)：園芸学会平成4年度シンポジウム講演要旨, pp. 12-22.
3) 中川昌一監修，堀内昭作・松井弘之編 (1996)：日本ブドウ学，養賢堂．
4) 新居直祐 (1998)：果実の成長と発育，朝倉書店．
5) Bhojwani, S. S. and Bhatnagar, S. P. (足立泰二・丸橋　亘訳) (1995)：植物の発生学，講談社サイエンティフィック．
6) Faust, M. (1989)：Physiology of Temperate Zone Fruit Trees, John Wiley & Sons, New York.
7) Nyeki, J. and Soltesz, M. (1996)：Floral Biology of Temperate Zone Fruit Trees and Small Fruits, Akademiai Kiado (English translation version), Budapest.
8) Sedgley, M. and Griffin, A. R. (1989)：Sexual Reproduction of Tree Crops, Academic Press, London.
9) Schaffer, B. and Andersen, P. C. (1994)：Handbook of Environmental Physiology of Fruit Crops, Vol. 1. Temperate, Vol. 2. Sub-tropical and tropical, CRC Press, Florida.
10) Wright, C. J. (1989)：Manipulation of Fruiting, Butterworth, Kent.

10. 果実の発育と成熟

10.1 果実の発育

a. 果実生長のパターン

開花・受精・結実後，可食部位となる果実は成熟期まで発育を続ける．果実の成熟までの生育期間は果樹の種類によってさまざまであるが，それぞれの果実生長を果径あるいは新鮮重の増加によって経時的に表すと，その生長のパターンは単一S字型生長曲線（single sigmoid growth curve）か二重S字型生長曲線（double sigmoid growth curve）のどちらかに分類される．すなわち，リンゴやナシなどは生長の初期と末期に肥大が緩慢で，生育中期に著しく肥大する単一S字型生長曲線を示し，モモやブドウなどでは生育期の中期に一時的な生長停滞期があり，この期間の前後に急速な生長期間をもつ二重S字型生長曲線を示す（図10.1，表10.1）．なお，キウイフルーツの一部品種は例外的に三重S字型生長曲線を示すことが報告されている．

二重S字型生長曲線を示す果実では，生長速度が転換する2つの反曲点を境にして，その生長を第1期，第2期，第3期として区分する．この第2期の生長

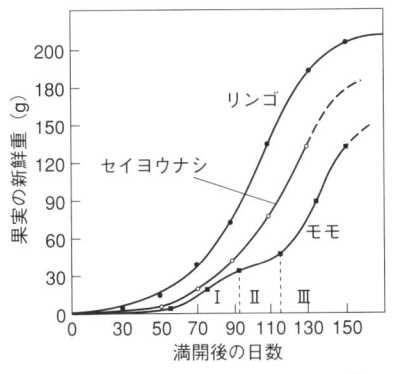

図 10.1 リンゴ，セイヨウナシ，モモ果実の生長曲線[1]
Ⅰ，Ⅱ，Ⅲはモモの生長第1, 2, 3期を示す．

表 10.1 果実生長が単一S字型，二重S字型生長曲線を示す果樹の種類

単一S字型曲線	リンゴ，セイヨウナシ，ニホンナシ，ビワ，カンキツ，パイナップル，ナツメヤシ，バナナ，アボカド，マンゴー
二重S字型曲線	モモ，ウメ，アンズ，スモモ，オウトウ，カキ，ブドウ，イチジク，オリーブ，クロフサスグリ，ラズベリー，ブルーベリー

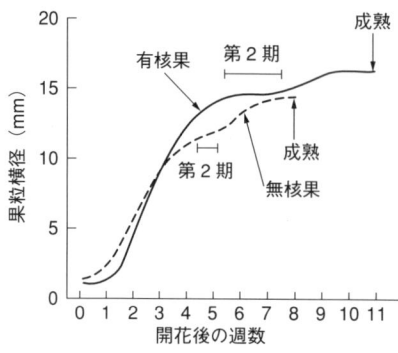

図 10.2 ジベレリン処理による無核'デラウェア'果粒と無処理の有核果粒の生長曲線[2)]

ジベレリン処理によって第2期は約1週間短縮し,収穫も約3週間早くなる.

停滞期がなぜ起こるのかは明確でないが,モモ,ウメ,アンズなどの核果類ではこの生育停滞期は内果皮の硬核期にあたり,また,硬化が遅い晩生品種ほどこの停滞期が長いことから,種子の発育生理とこの生育停滞とが関係していると考えられている.二重S字型生長曲線を示すブドウやカキなどでもこの生育停滞期(第2期)は種子の硬化する時期と一致しており,ジベレリンなどで単為結果を誘導した果実あるいは遺伝的に種子が形成されない品種や早生品種の果実では,この第2期がほとんど認められなくなる(図10.2).

b. 果実の細胞分裂と細胞肥大

果実生長は,基本的には果実柔細胞の総数とその個々の柔細胞の肥大程度によって決定される.果実の細胞数は細胞分裂の程度によって決まるが,細胞分裂は開花・受精時から非常に活発になり,通常はかなり早い段階で終了する.このため,初期の果実生長は細胞分裂によっており,その後,分裂を終了したそれぞれの柔細胞が肥大することによって生長が持続される.

果実の細胞分裂の期間は果樹の種類や品種により異なるが,スグリ類やキイチゴ類では開花期にその細胞分裂が終了すると報告されており,酸果オウトウでは開花後2週間,スモモやモモでは開花後4週間,リンゴでは通常開花後4〜5週間,セイヨウナシでは開花後7〜9週間が細胞分裂期であるとされている.ただ,例外的に,アボカドのように成熟期まで細胞分裂が続くものもある.

これまで,果実生長が細胞分裂から細胞肥大に移行する時期を特定するための方法として,果実赤道面の横断組織切片の観察が行われてきた.すなわち,両対数グラフ上に赤道面の果径を横軸,赤道面切片の直径上にある個々の細胞の平均直径を縦軸とする点を経時的にプロットしていくと,明らかな変曲点が認められ,この変曲点を細胞分裂停止期と定義してきた(図10.3).また,果実細胞内のDNA量の経時的変化と細胞分裂期との関係も報告されており,ブドウでは第

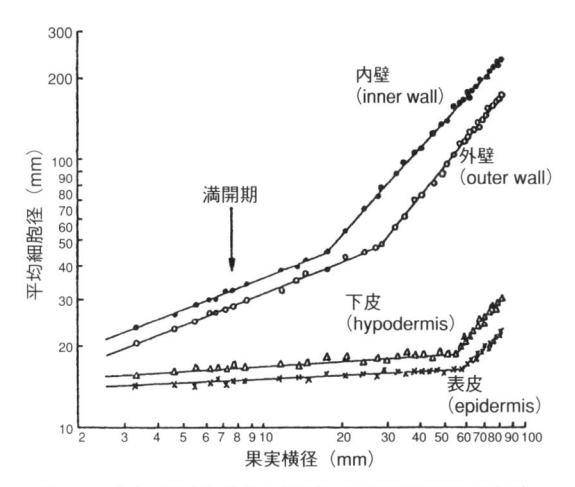

図 10.3 カキ'富有'果実の各部位での細胞分裂期の調査[3]

1期後半までに分裂が終了していることが確かめられている（図 10.4）．しかしながら，果実柔細胞の分裂は果実内のすべての柔細胞で同調して起こるのではなく，部位により異なっており，一般に表皮細胞付近では分裂は長く続く（図 10.3）．また，カキ果実ではへた片部位付近ではかなり遅い時期まで細胞分裂が認められる．このため，細胞分裂が果実発育のどの時期まで続いているかを正確に特定することは難しいが，いずれにしても，活発に細胞分裂をしているのはほ

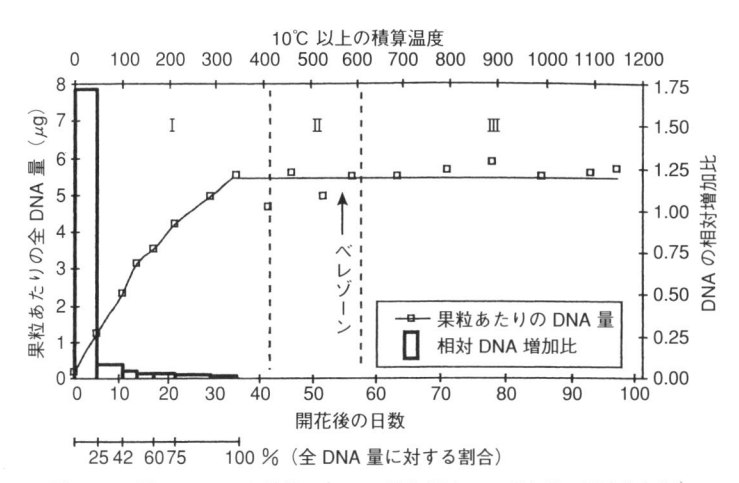

図 10.4 ブドウ'Shiraz'果粒の全 DNA 量と相対 DNA 増加比の経時的変化[4]
Ⅰ，Ⅱ，Ⅲは生長第 1, 2, 3 期を示す．

とんどの果樹で果実発育初期の限られた期間である．

果実の細胞分裂が終了すると，次に，それぞれの柔細胞は肥大を始めるが，クリやクルミなどの堅果類を除いて，その肥大はもっぱら果実柔細胞内への水分の流入が大きな要因となっている．このことは堅果類を除くほとんどの成熟果実の新鮮重量の少なくとも80％前後が水分からなっていることからも明らかである．個々の細胞がどれだけ水分を取り込むことができるかが，果実がどれだけ肥大できるかを決定する1つの大きな要因となっている．

c. 果実細胞の肥大と水分および糖蓄積との関係

果実内の個々の柔細胞が肥大していくことが，細胞分裂期以降の果実発育を持続させていくことにつながる．果実柔細胞は分裂終了後，かなり早い段階から細胞内の液胞が発達し，細胞質は大きな液胞に押されて細胞壁に密着するような状態となり，個々の柔細胞は液胞で満たされてくる．水分はこの液胞中に取り込まれ，細胞肥大を引き起こしていくが，液胞中には水分だけでなく，糖，有機酸，無機イオンなどの物質が水に溶けた状態で蓄えられる．一般に果実は発育に伴い，糖含量が増加し，酸含量が減少していくが，とくにブドウでは第3期の開始期をベレゾーン（veraison）と呼び，この時期を境に果実中の糖含量が急激に増加する（図10.5）．

果実の発育に伴う糖の蓄積は，葉で合成された光合成産物がブドウ，カキ，ミカンなどの多くの果樹ではショ糖の形で，リンゴ，ナシ，モモなどのバラ科果樹では糖アルコールの1種であるソルビトールの形で，果梗の維管束を経由して果実内の柔細胞に輸送されることによって起こっている．果実内の個々の柔細胞への輸送経路は，シンプラスト（symplast）経由による場合とアポプラスト（apoplast）経由による場合の2通りがある．シンプラスト経由とは果梗から果実内維管束の師部を通って果実内に転流されてきた糖が，隣接した細胞に存在する原形質連絡（plasmodesmata）を通って

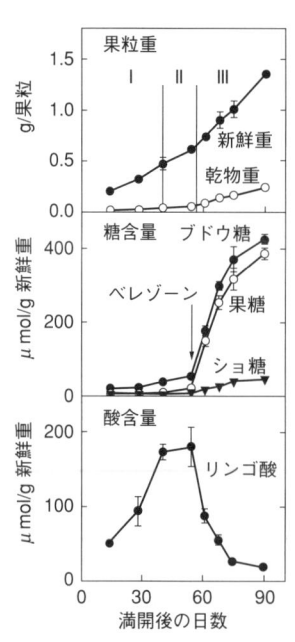

図10.5 ブドウ'ピノ・ノアール'果粒の生長曲線と糖・酸含量の経時的変化[5]

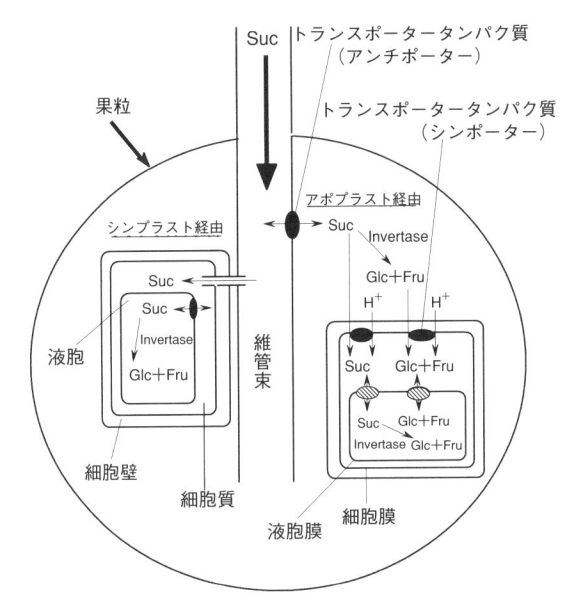

図10.6 ブドウ果粒細胞への糖蓄積のための2つの経路の模式図
（BossとDavies, 2001[6] より一部改変）
Suc：ショ糖，Glc：ブドウ糖，Fru：果糖．

次々と隣り合う柔細胞へ移動していく経路であり，アポプラスト経由とは師部を通って転流してきた糖がいったん細胞外へ輸送（unloading）され，それが細胞壁を含む細胞外空間（アポプラスト）を経由して個々の柔細胞に移動していく経路である（図10.6）．このため，アポプラスト経由の場合，糖が果実柔細胞に取り込まれるためには柔細胞の細胞膜を通る必要があり，このために糖のトランスポーター（運搬体）として作用する細胞膜中の膜タンパク質が関与する．さらに，アポプラスト経由でもシンプラスト経由でも，細胞質中に取り込まれた糖は液胞膜を通って液胞に蓄積されるが，この液胞膜の通過にも液胞膜に存在する糖のトランスポーターが機能している．このトランスポーターによって糖が細胞膜あるいは液胞膜を通る輸送はATPに依存するエネルギーを必要とするが，シンプラスト経由で原形質連絡によって糖が細胞質に取り込まれる過程は，エネルギーを必要としない拡散作用によっている．

　果実発育に伴って柔細胞中に蓄えられていく糖は，果実肥大を引き起こすための柔細胞内への水の取り込みに深く関与している．すなわち，細胞中の糖濃度が上昇することによりその細胞の浸透ポテンシャルが下がり，その水ポテンシャル

が低下することで，細胞外に存在する水を半透性をもった細胞膜と液胞膜を通して液胞中に吸収することができるようになる．この結果，液胞が細胞全体を膨らませることになり，結果として細胞肥大が引き起こされ，果実が肥大する．

ただ，この細胞肥大が起こるためには細胞壁の構造も大きな要因となる．すなわち，細胞の水ポテンシャルは浸透ポテンシャルと膨圧との和によって表されるので，細胞壁の構造が強固でそれ以上伸長できず，膨圧が上昇する場合には，細胞の水ポテンシャルの低下がみられないためそれ以上の水分を吸収できない．このため，細胞壁は伸長できる程度の柔軟な構造を維持していることが果実肥大の要因として不可欠となる．なお，転流されてきた糖がどのような形で液胞中に蓄積されるかもその細胞の浸透ポテンシャルと深く関係している．たとえば転流されてきたショ糖が，細胞内外に存在するショ糖の加水分解酵素（インベルターゼ）によりブドウ糖と果糖に分解されて蓄積されると，溶質中のモル濃度が上昇し，浸透ポテンシャルがより下がることで水ポテンシャルが低下し，吸水力がさらに高まる．

さらに，近年，細胞膜と液胞膜双方に水を通す通路（水チャンネル）の形成にかかわっているアクアポリンと呼ばれる膜貫通タンパク質が存在することが知られており，植物体の細胞に急速に水を取り込むための通路として機能している可能性が考えられている．このアクアポリンが果実肥大を引き起こすときに機能しているのではないかとの考えから，果実細胞でのアクアポリンの発現様式が調べられているが，ベレゾーンを境にして急速に肥大するブドウでも，まだ果実肥大との関連が確かめられておらず，現在のところその役割は明確ではない．

d. 果実発育に及ぼす環境要因

果実柔細胞の細胞分裂能力とその細胞肥大能力は基本的には遺伝的に決定されているため，果実はその能力を越えて肥大することはない．しかしながら，そのポテンシャルが最大限発揮できるかどうかは同じ品種でも栽培される場所やその条件によって異なる．

一般に，温度は果実の生育と成熟に大きな影響を与え，同じ品種であっても栽培地によって成熟時期は一様ではない．このため，積算温度の考え方が導入され，℃日 (degree-day) という単位が収穫期を決定するための指標として用いられる場合がある．これは簡単には，日平均気温からある決められた生育限界温度を引いた値を果実の成熟期まで加えることによって求められる．ブドウ'トムソ

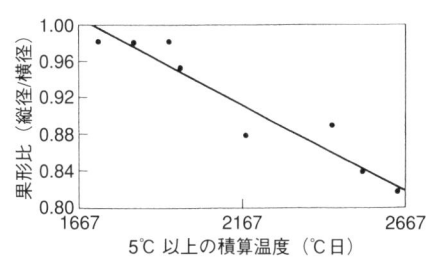

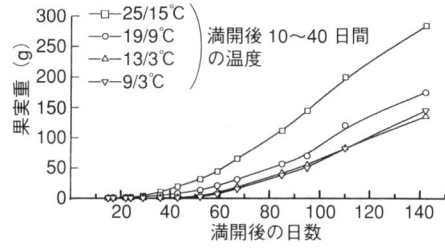

図10.7 開花期から収穫期までの温度とリンゴ'デリシャス'の果形の関係[1]

図10.8 満開後10日から40日までの温度処理がリンゴ'デリシャス'の生長に及ぼす影響[7]

ンシードレス'で生育限界温度を10℃としてこの方法で算出すると，成熟可能になるためには2025〜2081℃日が必要であると報告されている．また，温度はリンゴなどでは果形にも影響を及ぼし，生育期間の積算温度（5℃を生育限界として算出）と果形比には負の相関関係が認められている（図10.7）．また，果実発育初期の細胞分裂期間は温度との関係が深く，温度が低いと細胞分裂活性は低くなるため，リンゴでもこの期間の温度が低いと生育が劣ることが報告されている（図10.8）．また，ニホンナシでは細胞分裂期の高温は細胞数には影響しないが，細胞分裂期間が短縮され，成熟期が早まることが知られている．一方，カキ果実では生長第2期の長さが温度によって左右され，夏期の高温により第2期の生長停滞期が長くなる．加えて，環境温度だけでなく，果実周辺温度もその生育に大きな影響を与えることが，ブドウ，リンゴ，カキで実験的に示されており，カキではとくに第3期の果実周辺の高温（30℃）が成熟を顕著に抑制することが報告されている．

次に，生育期間中の土壌水分含量も果実発育に大きな影響を及ぼす．果実柔細胞の肥大が細胞への水分流入によっていることからも明らかなように，土壌水分の欠乏は果実肥大を顕著に抑制する．また，発育初期の細胞分裂期における土壌水分の欠乏は細胞分裂活性を抑制し，水分欠乏が激しい場合は早期落果を誘発する．さらに，土壌水分の欠乏は葉の光合成能力を低下させることが報告されているため，間接的な影響として光合成産物の果実への転流が低下することによって果実発育が抑制される．しかしながら，土壌水分が過剰で果実への水分流入が多すぎると，果実肥大は促進されるものの，果実の糖濃度が減少し，品質が低下する．このため，施設栽培では果実肥大の抑制への影響が少ない程度の適度な水分ストレスを与えることにより，糖濃度の高い高品質果実の生産を行っている．

一方，果実の発育に大きく影響する栽培管理として，果実の摘花・摘果があげられる．果実発育初期の生長は細胞分裂によるところが大きいが，この細胞分裂のためのエネルギーは主として前年度に蓄えられた貯蔵養分を使用している．このため，細胞分裂前の摘花は個々の果実の細胞分裂活性を高めることに顕著な効果がある．さらに，細胞分裂後の果実肥大は葉での光合成による同化産物の転流が大きな要因となるため，摘果による果実数の制限は個々の果実肥大に効果をもたらす．このため，各種果樹について果実1果当たりに必要とされる葉数を葉果比として表し，栽培管理のための一応の目安としている．

e. 果実発育と植物ホルモン

果実発育のための細胞分裂・細胞肥大を制御している直接的な要因として，従来から植物ホルモンの役割が考えられている（図10.9）．すなわち，細胞分裂を促進する植物ホルモンであるサイトカイニンは果実発育初期の細胞分裂と深く関係していると思われ，事実，キウイフルーツやカキの開花直後の子房に，強いサイトカイニン活性を有するフェニルウレア系化合物（4-PUやホルクロルフェニュロンなど）を処理することにより，細胞数が増加して果実が大きくなることが報告されている．また，前述のように細胞肥大のためには細胞壁の構造がある程度の伸長性をもっている必要があるが，オーキシンは細胞壁の構造成分に影響を与え，ある程度の緩みを細胞壁にもたらすことが知られており，果実肥大に何らかの関係をもっていることが推測されている．事実，モモ果実の第3期の果実肥大期にその含量が増加しているとする報告がある．しかしながら，ブドウにおいては，オーキシン処理は生育第3期の開始を遅らせ成熟過程を抑制することが知られている．また，ジベレリンはブドウの無核果実生産に実用的に利用されているように，無核のブドウでの果実肥大を促進し，成熟過程を促進することが知ら

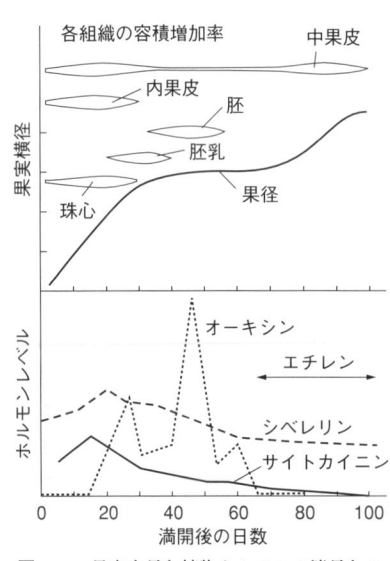

図10.9 果実生長と植物ホルモンの消長との関係[8]

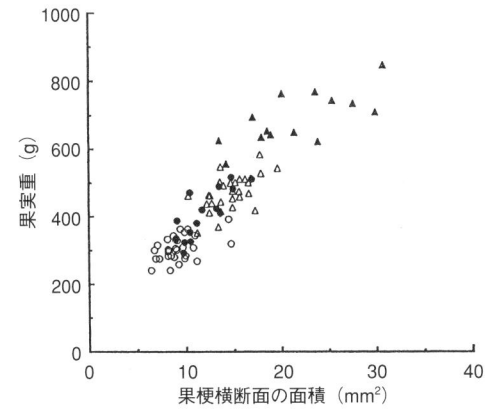

図 10.10 グレープフルーツ'マーシュ'収穫果実の大きさと果梗の大きさとの関係[9]
○：コントロール，●：環状剝皮処理，△：摘果処理，▲：摘果＋環状剝皮処理によって果実の大きさを制御して実験．

れているが，一方ではカキ果実において第2期の終わりから第3期の始めにジベレリンを処理するとその肥大が顕著に抑制され，成熟過程が抑制される．このようにそれぞれのホルモンの効果は樹種や処理時期によって一様ではなく，その反応は他のホルモン含量とのバランスやその果実の生理的状態によって異なる．

　果実中では種子の植物ホルモン含量が高く，種子で生成される植物ホルモンは，光合成産物を引きつける力（シンク力）を形成するための要因として働いていると考えられている．とくに，発育初期はサイトカイニン，オーキシン，ジベレリンなどの含量が高く，無種子果実と有種子果実が混在している場合には，有種子果実のシンク力が強くなるため，無種子果実の発育が悪くなり，また，無種子の果実は落果しやすいことが知られている．なお，果実のシンク力は植物ホルモンだけでなく，果菜類であるトマトでは果実中のインベルターゼ活性と正の相関があることが知られており，果樹においても果実内の糖代謝活性がシンク力形成に何らかの影響を及ぼしている可能性が考えられる．また，維管束系の発達も果実のシンク力に影響し，グレープフルーツではその果梗の直径と成熟果実の重量に関係があることが報告されており，果梗が太く維管束が発達した果実ほど大きな果実となっている（図 10.10）．

f. 果実生長パターンの再評価

前述のように，従来，リンゴ果実の生長は単一S字型生長曲線，モモ果実は二重S字型生長曲線を示すとされていた．しかしながら，果実生長を果径や新鮮重の増加という一面的な指標のみでなく，新鮮重に対する乾物重の割合や乾物重の相対増加率といった指標によって経時的に果実生長をみてみると，生長パターンの様相はかなり変わる．たとえば，生長に伴う乾物重割合の経時的変化をリンゴでみると，その生長パターンは明らかに3相に分かれる（図10.11）．さらに，早生の'June Lady'，晩生の'O'Henry'というモモ品種の生長過程を乾物重の相対増加率でみていくと，その生育パターンは2相に分かれる（図10.12）．また，果実全体の生長ではないが，グレープフルーツの果肉の新鮮重と乾物重・水分蓄積量・乾物蓄積量を経時的にみたグラフ（図10.13）からも明らかなよう

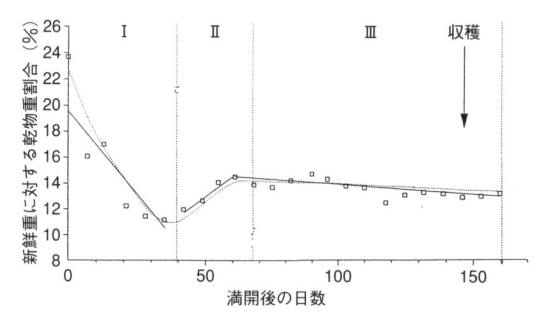

図10.11 リンゴ'Idared'果実の乾物濃度の経時的変化[10]
点線：近似曲線，実線：回帰直線．

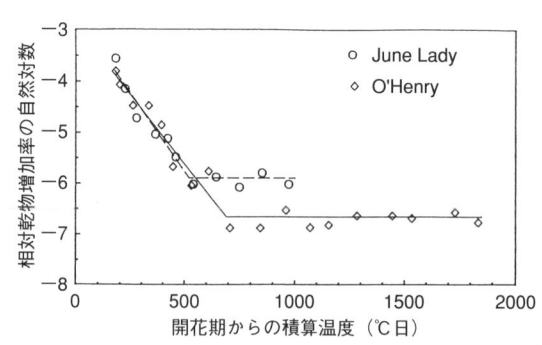

図10.12 モモ'June Lady'（早生）と'O'Henry'（晩生）果実の相対乾物増加率を自然対数変換した場合の経時的変化[11]
積算温度は上限30℃，下限7℃の範囲で算出．

に，新鮮重および乾物重のグラフと水分蓄積量および乾物蓄積量とのグラフは明らかに異なったパターンを表す．このように，どの指標に焦点をあてて生長を解析するかによって，果実生長パターンの解釈が異なってくることを理解しておく必要がある．

10.2 果実の成熟

a. 果実の成熟期

果実発育の最終段階は果実が成熟する段階であり，通常はこの時期に特有の風味を発現し，可食状態となる．しかしながら，どの段階から果実が成熟期となり，可食状態となるかを客観的に決定することは意外と難しい．成熟期は老化期へと続く連続的な変化の過程であり，成熟期は成熟段階（maturation）と後熟あるいは追熟段階（ripening）に区分される場合がある（図10.14）．すなわち，成熟段階とは果実がフルサイズに達して収穫可能となり，その後に可食状態となることができる段階にまでに達している生育段階であり，後熟（追熟）段階とは果実の着色・成分変化・肉質変化などが完了し，その果実が可食状態になっている段階として定義されている．

この成熟期の2つの区分は，後述の成熟に伴って果実内に植物ホルモンであるエチレンが生成され，それによる果実の呼吸上昇（climacteric rise）が認められ

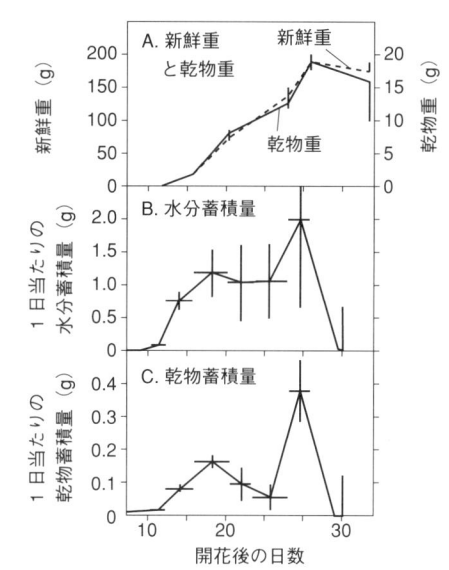

図10.13 グレープフルーツ'マーシュ'の果肉の新鮮重と乾物重（A），水分蓄積量（B），乾物蓄積量（C）の経時的変化[12]

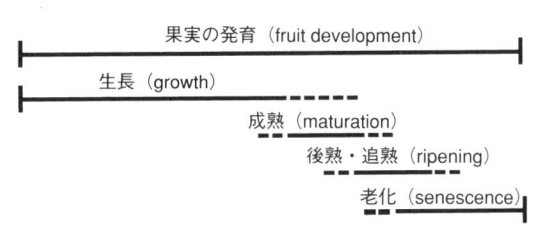

図10.14 果実発育における成熟・老化段階を示す模式図（Watadaら，1984[13]より一部改変）

るクライマクテリック型（climacteric type）の果実の成熟過程と深く関係している．たとえば，クライマクテリック型の成熟過程を示すセイヨウナシやバナナでは果実が成熟段階に達していれば，まだ緑色で成分変化や軟化が始まっていない果実を収穫しても，収穫後の果実はある段階で呼吸上昇が起こり，急激に後熟（追熟）段階に達することができる．むしろセイヨウナシの場合には，成熟段階をこえて果実を収穫せずに樹上につけておくと，セイヨウナシ特有のメルティング（溶質）と呼ばれる肉質変化が起こらない場合があり，成熟段階で収穫する必要がある．これに対して，ブドウやウンシュウミカンのような成熟過程でエチレン生成が認められず果実の呼吸上昇が認められないタイプ（非クライマクテリック型，non-climacteric type）の果実では成熟段階と後熟（追熟）段階の区別が不明瞭で，樹上にある場合でも果実を収穫した場合でも，クライマクテリック型果実のような劇的な後熟（追熟）段階での変化がなく，成熟段階から後熟（追熟）・老化段階へと徐々に進行していく．ただ，ブドウの場合は成熟段階で前述のようにベレゾーンと呼ばれる果実への急激な糖の蓄積と着色が始まる大きな転換期が存在しており，この成熟開始期には植物ホルモンであるアブシジン酸（ABA）が関与している可能性が考えられている．

b. 成熟に伴う果実内成分の変化
1） 糖と有機酸

果実が成熟期にはいると糖含量はピークを迎え，逆に有機酸含量は低下していく．発育に伴う糖の蓄積過程は，ミカンやリンゴなどのように生育に伴い，成熟期まで徐々に蓄積していくタイプと，ブドウやモモなどのように発育後期に急激に蓄積するタイプがあるが，有機酸についてはいずれの果樹でも果実生育過程で蓄積した有機酸が成熟へ向かう過程で徐々に減少していく．この糖含量と酸含量は収穫時の果実品質を左右する大きな要因であり，とくに，糖含量は果実品質に与える影響が大きい．そこで果実収穫時期決定のための1つの指標として，簡単に測定でき，糖含量の目安として使用できる屈折糖度計による可溶性固形物含量（Brix %）の値を利用する場合が多い．

成熟時，果実は数%〜十数%前後の糖を含むが，その糖組成は果樹の種類によって異なり，モモではショ糖を，ブドウでは果糖とブドウ糖の還元糖を主として蓄積する（表10.2）．これらの糖は甘味度が異なり，甘味度は果糖＞ショ糖＞ブドウ糖の順となっているので，組成によって感じる甘味が異なる．また，ソルビ

表 10.2　数種の果樹における成熟果実の糖含量とその組成[14]

果樹の種類	品　種	ショ糖(%)	ブドウ糖(%)	果糖(%)	ソルビトール(%)	全糖(%)
ウメ	白加賀		0.18	0.09	0.20	0.47
オウトウ	ナポレオン	0.30	5.06	3.97	2.22	9.33
スモモ	ソルダム	1.97	1.82	1.82	0.60	5.61
モモ	白桃	5.17	0.85	1.04	0.67	7.06
	白鳳	6.92	0.42	0.52	0.23	7.86
ネクタリン	19-4	5.65	0.90	1.02	1.45	7.57
リンゴ	つがる	2.31	1.81	5.19		9.31
ニホンナシ	長十郎	1.84	1.54	3.68	1.27	7.06
	二十世紀	1.95	1.76	4.87	0.78	8.58
ブドウ	巨峰	0.79	6.51	6.83		14.13
	マスカット・ベリーA	0.75	7.81	7.75		16.31
カキ	富有	7.82	4.14	2.20		14.16
ウンシュウミカン	――*	2.41	1.76	2.27		6.44
バナナ	キャベンディシュ	10.49	3.17	3.18		16.84

*早生ウンシュウの青切り（品種不詳）．

トールを転流糖としているバラ科果樹では果実に若干のソルビトールが存在しており，その甘味度はブドウ糖並みである．

　果実内での糖蓄積のための代謝過程は，ショ糖が転流糖となっている場合とソルビトールが転流糖となっている場合とでは当然異なり，ソルビトールを転流形態とするバラ科果樹では転流されてきたソルビトールが NAD$^+$ 依存ソルビトール脱水素酵素とソルビトール酸化酵素によって，それぞれ果糖とブドウ糖に変換され，それらの糖の一部がさらにスクロース合成酵素やスクロースリン酸合成酵素によりショ糖として合成されて果実中に蓄積される．これに対して，ショ糖を転流糖としている果樹では，転流されてきたショ糖はそのまま分解されずに液胞中に直接蓄積される場合やインベルターゼにより果糖とブドウ糖に分解され，それらが液胞中に蓄積される場合，あるいはバラ科果樹の場合と同様，分解された果糖とブドウ糖の一部が細胞内で，スクロースリン酸合成酵素によりショ糖として合成されて液胞中に蓄積される場合がある．このため，これらの糖代謝関連酵素の活性によって，蓄積される糖の組成が決定されると考えられている．事実，ニホンナシやカキでは品種によって果実のショ糖含量が異なり，その糖組成がかなり異なることが示されている．ニホンナシでは蓄積されるショ糖含量とスクロース合成酵素およびスクロースリン酸合成酵素の活性との間に高い相関があり（図 10.15），また，カキでは酸性インベルターゼ活性が糖組成と深く関係してい

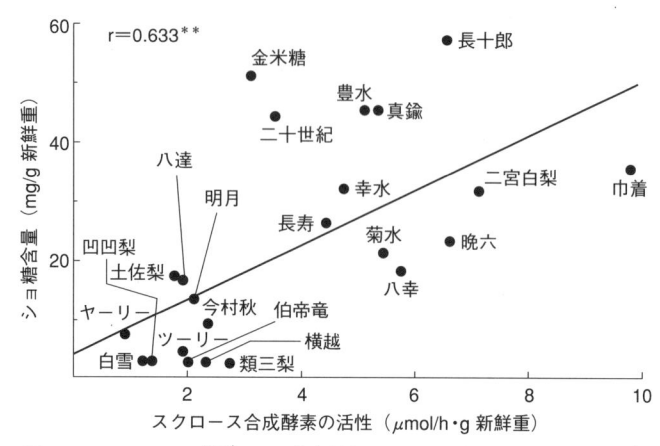

図 10.15 ニホンナシ品種のショ糖含量とスクロース合成酵素活性の相関[15]

ることが明らかにされている．これらの糖代謝関連酵素は主にシンプラスト（細胞内）に存在していると考えられているが，インベルターゼはアポプラスト（細胞壁）中にも存在して糖代謝に関与している．また，これらの糖の蓄積にはトランスポーターと呼ばれるタンパク質が関与していることは前述の通りである．

なお，バナナなどの果実では発育に伴い果肉中にデンプンを蓄積するが，追熟段階には，それまで果肉中に新鮮重当たり 20％以上を占めていたデンプンが急激に加水分解されてショ糖が急増し，その後一部が還元糖に転化される．また，リンゴでも通常の収穫時には若干のデンプンを果実中に蓄積しているが，これが追熟段階になるとほとんど消失するので，果実断面をヨード・ヨードカリ液に浸して着色度を調べることで果実の熟度を決定する指標とすることができる．

次に，有機酸についてみると，果実柔細胞の液胞中に蓄積される遊離の有機酸は大部分の果樹ではクエン酸とリンゴ酸である．ただし，ブドウではクエン酸はほとんど認められず，それにかわって酒石酸が含まれている．有機酸は糖が解糖系や TCA サイクルにおいて代謝される過程で生成するが，果実中に蓄積する組成は果樹の種類によってほぼ一定した傾向がある．すなわち，リンゴ，バナナ，オウトウではリンゴ酸が有機酸の大部分を占め，カンキツ類ではクエン酸，ブドウではリンゴ酸と酒石酸が主要な有機酸として含まれている（表 10.3）．しかしながら，レモンなどの一部の果実を除き，その含量は成熟果では 1％以下である．

2） 渋味成分

成熟中の果実に起こる大きな変化の 1 つに渋味の消失がある．渋味は舌の味ら

表 10.3　数種の果樹における成熟果実の主要な有機酸の含量[16]

	リンゴ酸	クエン酸	酒石酸	シュウ酸	フマル酸
レモン	245.3	5102.2		5.6	2.8
バレンシアオレンジ	110.0	701.8		9.3	9.8
グレープフルーツ	44.1	996.7		6.5	1.0
ウンシュウミカン	72.1	539.1		7.4	6.4
バナナ	409.7	113.2		4.6	3.2
ネクタリン	447.3	481.3		3.0	14.3
モモ	137.0	116.5		2.3	5.8
ブドウ	257.6	25.3	220.5	1.1	1.8
リンゴ	289.6	9.9			1.1
オウトウ	982.4	22.5			12.0

それぞれの酸含量は新鮮重 100g 当たりの mg.

いタンパク質に渋味成分であるタンニンが結合することで起こる収斂作用によって引き起こされる反応で，一種の脱水作用である．タンニンは多くの樹種の未熟な果実に含まれているが，その本体は高分子フェノール化合物である．タンニンは，カテキン（catechin）などのフラバン-3-オール（flavan-3-ol）が骨格となったプロアントシアニジン（proanthocyanidin）が重合してできているかなり高分子の縮合型タンニン（condensed tannin）と，加水分解により没食子酸（gallic acid）あるいはエラグ酸（ellagic acid）を生成する比較的低分子の加水分解型タンニン（hydrolyzable tannin）に分類できる．カキ，モモ，リンゴ，ブドウなど大部分の果実の渋味は縮合型タンニンによっているが，ラズベリーやブラックベリーのようなキイチゴ類の渋味は加水分解型タンニンによっている．

　渋味を示す代表的な果実はカキであるが，カキには成熟時にその渋味を消失している甘ガキと渋味をまだ保持している渋ガキとがある．さらに，同じ甘ガキでも種子がないと渋味が消失しない不完全甘ガキと種子の有無によらず渋味が消失する完全甘ガキとがある．不完全甘ガキ品種が成熟時に渋味を消失するのは生育第 2 期に種子の硬化に伴って種子から発生したエタノールやアセトアルデヒドが果実内に蓄積し，それによって縮合型タンニンがさらに重合・凝固して不溶化するためであり，この脱渋過程は成熟とは関連していない．一方，完全甘ガキはアセトアルデヒドと無関係に脱渋過程が進むが，完全甘ガキの場合，タンニン生成が発育の早い段階で止まってしまうため，その後の果実肥大に伴うタンニン濃度の希釈効果が渋味減少の第 1 の要因となっていることがわかっており，この場合も渋味の減少は成熟に伴う現象ではない．しかし，完全甘ガキのタンニンも成熟

期には重合して完全に凝固しているので，この凝固には成熟過程における果実内の生理代謝が関係している可能性は大きい．

　カキ果実では，成熟に関連した渋味の減少はむしろ渋ガキで認められる．渋ガキでは成熟期でもその渋味が完全に消失することはないが，タンニン含量は成熟過程で徐々に減少している．この減少の原因は明らかではないが，タンニンの重合度が進むために溶解度が小さくなることが要因の1つになっているものと考えられる．これはほかの果実でも認められている現象で，成熟過程でタンニンの重合度が進み，水に溶けにくくなることが渋味を消失していく原因として考えられている．

　一方，加水分解型タンニンを有するキイチゴ類では，成熟過程でタンニン含量やその化学性にほとんど変化が認められないにもかかわらず渋味がなくなるとされており，その理由として，成熟期に起こる軟化に伴って生じる水溶性ペクチンの増加が考えられている．すなわち，果実を食べるときに舌の糖タンパク質と水溶性ペクチンが競合的に働き，タンニンが水溶性ペクチンと反応するために渋味を感じなくなるとする仮説が報告されている．

　なお，モモでは生育第3期の乾燥条件や矮性台木の使用によって成熟果実で渋味が強く発現することが報告されている．また，カキでは完全甘ガキを寒冷地で栽培した場合には成熟果で渋味が残ることが知られており，これが'富有'や'次郎'などの完全甘ガキ栽培の北限を決定する要因となっている．

3） アミノ酸と香気成分

　果実に含まれている遊離アミノ酸は果実のうま味などに深く関係し，成熟時のその組成は果実独特の風味を与える要因の1つになっている．果実に含まれる遊離アミノ酸はモモなどのように含量の多いもので0.2〜0.3％前後，リンゴなどの含量の少ないものでは0.1％以下である．また，その組成はバラ科果樹ではアスパラギンを多く含み，モモやウメでは60〜80％を占めているが，ブドウでは品種によりその割合は異なるものの，グルタミン，プロリン，アラニン，アルギニンが主要なアミノ酸となっている．

　一方，成熟果実に芳香をもたらす成分は微量の揮発性成分によっており，アルコール類，エステル類，カルボニル類，テルペン類などがその構成成分となっている．これらの成分のうち，果樹の種類により，果実の芳香を特徴づける代表的な成分が報告されており（表10.4），芳香の良否が果実品質を左右する1つの要因となっている．

表 10.4　果実の種類に特徴的な揮発性成分[17]

果実の種類	特徴的な揮発性成分
リンゴ	酢酸 2-メチルブチル，酢酸ブチル
バナナ	酢酸イソブチル，酢酸イソアミル，エイゲノール
ブドウ	アントラニル酸メチル（アメリカ系ブドウ），リナロール
モモ	カプロラクトン，デカラクトン
レモン	シトラール

c. 成熟に伴う果色と硬度の変化

　果実の成熟に伴い果色と果実硬度も変化し，これらも果実品質を決定する大きな要因となる．果実は成熟に伴ってクロロフィル色素が分解し，その緑色が抜けて黄色味を帯びていき，着色系品種では徐々に色づいていく．ブドウ，リンゴ，ブルーベリーなどの赤色や紫色の着色には水溶性のアントシアニン色素，カキやカンキツなど黄色，橙色，赤色の着色には水不溶性（脂溶性）のカロチノイド色素が関与している．

　果実の着色過程でのクロロフィル色素の分解には温度が強い影響を及ぼし，クロロフィル色素の分解は高温で阻害される．このため，タイなどの熱帯地域で栽培されているマンダリンは成熟期になってもクロロフィルの分解が起こらず，緑色のままである．また，カロチノイド色素やアントシアニン色素の合成にも温度は深く関係している．一般に，カロチノイド生成のための最適温度は比較的低く，第 3 期のカキ果実の周辺温度を制御した実験によると，カロチノイドの生成は 22 ℃の処理区で最も促進され，30 ℃になるとその形成が顕著に抑制されている．アントシアニン色素の合成も低温によって促進され，リンゴの着色は成熟果では 16～24 ℃で促進され，ブドウでは 15 ℃前後が最適で，30 ℃以上では著しく着色不良となることが報告されている．

　果実の軟化は，成熟に伴う細胞壁成分の変化によって引き起こされる．細胞壁はリグニン，タンパク質，多糖類からできており，軟化は細胞壁成分である多糖類の変化によって主として引き起こされると考えられている．詳しくは後述されているが，細胞壁多糖類はペクチン，ヘミセルロース，セルロースの 3 つに分類されており，これらの構成成分の分子量，溶解度，側鎖の分枝などが変化することで，多糖類全量の大きな変化がみられることなく果実軟化が引き起こされる．この変化を引き起こす酵素としてペクチンの場合，ポリガラクツロナーゼとペクチンメチルエステラーゼが関与していると考えられ，多くの果実で成熟に伴って

水溶性のペクチンが増加することが知られている．また，ヘミセルロースは1種類の多糖類分子ではなく，キシログルカン，ラムノガラクツナンなどから構成され，アボカドでは成熟時の軟化に伴ってキシログルカンの分子量が小さくなることが報告されており，キシログルカントランスグリコシラーゼの関与が指摘されている．なお，ブドウではベレゾーン後の軟化に伴って細胞壁成分当たりのハイドロキシプロリン含量が増加し，細胞壁構成成分であるタンパク質が増加している可能性が報告されており，成熟過程の軟化とハイドロキシプロリン高含有タンパク質の関与が示唆されている．

いずれにしても，果実の着色と軟化の程度は成熟段階を判断する簡単な指標となるため，さまざまな果樹での果実の収穫期判断のために利用することが可能である．たとえば，それぞれの種や品種に対応したカラーチャートが作成されており，それを実際の果皮色と比較することで収穫期の判断基準として広く利用されている．また，果実の軟化程度を簡単に測定できる硬度計が市販されており，これも収穫期判断のための1つの指標として利用されている． 〔米森敬三〕

文　献

1) Westwood, M. N. (1993)：Temperate-Zone Pomology (Third edition), Timber Press, Portland Oregon, pp. 254-274.
2) 稲葉昭次 (1975)：京都大学学位論文．
3) 平田尚美・林　真二 (1978)：鳥取大学農学部研究報告, **30**, 14-25.
4) Ojeda, H. *et al.* (1999)：*Vitis.*, **38**, 145-150.
5) Famiani, F. *et al.* (2000)：*J. Exp. Bot.*, **51**, 675-683.
6) Boss, P. K. and Davies,C. (2001)：Molecular Biology & Biotechnology of the Grapevine (ed. K. A. Roubelakis-Angelakis), Kluwer Academic Pub., Dordrecht, pp. 1-33.
7) Warrington, I. J. *et al.* (1999)：*J. Amer. Soc. Hort. Sci.*, **124**, 468-477.
8) Crane, J. C. (1969)：*HortSci.*, **4**, 108-111.
9) Bustan, A. *et al.* (1995)：*Ann. Bot.*, **76**, 657-666.
10) Schechter, I. *et al.* (1993)：*Sci. Hort.*, **54**, 203-210.
11) DeJong, T. M. and Goudriaan, J. (1989)：*J. Amer. Soc. Hort. Sci.*, **114**, 800-804.
12) Koch, K. E. and Avigne,W. T. (1990)：*Plant Physiol.*, **93**, 1405-1416.
13) Watada, A.E. *et al.* (1984)：*HortSci.*, **19**, 20-21.
14) 小宮山美弘ほか (1985)：日食工誌, **32**, 522-529.
15) Moriguchi, T. *et al.* (1992)：*J. Amer. Soc. Hort. Sci.*, **117**, 274-278.
16) 山下市二ほか (1974)：農化, **48**, 151-154.
17) 上田悦範 (2001)：近畿の園芸, **3**, 2-9.

11. 収穫後の果実の取り扱い

11.1 収穫後の果実生理

　果実は収穫された後，貯蔵・流通過程を経て，良好な状態で消費者に届いて，初めてその生産目的が達成される．収穫後の取り扱いが不適切な場合には，貯蔵・流通過程で老化の進行，生理障害，腐敗などによって，ロスの発生や果実品質の低下が起こる．果実生産の最終段階での量的，質的損失は，それまでの生産コストを考えると大きな打撃となる．

　果実は，樹上において一定の時期になれば，着色の進行や糖含量の増加などを特徴とする成熟段階，すなわち適食段階に達する．収穫され樹体から切り離された果実は，それ自体が一個の生命体であり，生食用果実は食べられる直前まで「正常な生命活動」を続けている．そのため，多くの果実は，一定の発育段階に達していれば，未熟な段階で収穫しても樹上とほぼ同様に成熟する性質がある．収穫後の果実の成熟現象は，樹上の成熟と区別して，「追熟」と呼んでいる．果実の収穫後の取り扱い技術は，生命体である果実をできるだけ長く正常な生理状態に保つ技術であり，果実の成熟・老化生理の理解に立脚している．

a. クライマクテリック型果実と非クライマクテリック型果実
1) 呼吸生理と果実の分類

　呼吸代謝は，糖，脂質，有機酸などの有機物に蓄積されたエネルギーを主としてATPという高エネルギー化合物の形で取り出す過程であり，最も重要なエネルギー獲得系である．糖を基質とした場合には，解糖系，クエン酸回路（TCA回路），電子伝達系および酸化的リン酸化の4つの過程からなる．ブドウ糖を基質として簡略化して示すと，以下のような反応式になる．

$$C_6H_{12}O_6 + 6O_2 + 32ADP + 32Pi \rightarrow 6CO_2 + 6H_2O + 32ATP$$

　果実の呼吸活性を幼果期から成熟・老化期まで継続的に測定すると，いずれの果実でも幼果期に高く，発育に伴って漸減する傾向がみられる．ところが成熟段階に入ると，種類，品種によって呼吸活性の一時的な増加を示すグループと，成

表 11.1 果実の追熟性，呼吸型およびエチレン生成量（茶珍，1987[1]に加筆修正）

追熟性	呼吸型	エチレン生成量 (nl/g/hr)	果実の種類
追熟型	クライマクテリック型	100 以上	アンズ，キウイフルーツ，ウメ，チュウゴクナシ，パッションフルーツ，サポジラ，チェリモヤ
		10 〜100	リンゴ，スモモ，モモ，ネクタリン，セイヨウナシ，アボカド，パパイア，フェイジョア
		1.0〜 10	バナナ，マンゴー，イチジク，カキ，一部のニホンナシ（'幸水'，'菊水'など）
非追熟型	非クライマクテリック型	0.1〜 1.0	一部のニホンナシ（'二十世紀'，'豊水'，'新高'など），オリーブ，パイナップル，ブルーベリー
		0.1 以下	ブドウ，オウトウ，カンキツ類

熟段階でも漸減するだけのグループに分かれる（表11.1，図11.1）．前者はクライマクテリック型果実と呼ばれ，リンゴ，バナナ，キウイフルーツ，モモなどがこれに属する．後者は非クライマクテリック型果実と呼ばれ，カンキツ類，ブドウなどが入る．ニホンナシは品種によって異なり，'幸水'や'菊水'は前者に，'二十世紀'や'新高'は後者に分類される．いずれの果実でも，収穫後もその生存のための呼吸代謝を維持しており，一定の発育段階に達したクライマクテリック型果実は，収穫後に樹上と同様の呼吸活性の増加（クライマクテリックライズ）を示し，追熟（成熟）する．

2） クライマクテリック型果実の成熟

クライマクテリック型果実の成熟現象，すなわち，デンプンの糖への分解，果実軟化につながる細胞壁成分の分解，着色（クロロフィルの分解やフラボノイド色素の合成）などは，呼吸のクライマクテリックライズと同調して進行する．一般に，クライマクテリック型果実の成熟現象は，非クライマクテリック型果実の成熟現象よりも急速である．したがって，呼吸の上昇によって得られるエネルギーは，果実の成熟に伴う成分変化に用いられていると考えられている．

すべてのクライマクテリック型果実において，呼吸のクライマクテリックライズに先行して，または平行して，エチレン生成の顕著な増加がみられる（図11.1参照）．また，成熟開始前に収穫した果実に，人工的にエチレンを処理すると，呼吸のクライマクテリックライズと果実自身からのエチレン生成が誘導され，同時に成熟現象も進行する．エチレン処理による成熟の誘導は，バナナ，キウイフルーツ，セイヨウナシなどで成熟の促進と均一化に用いられている．逆に，成熟

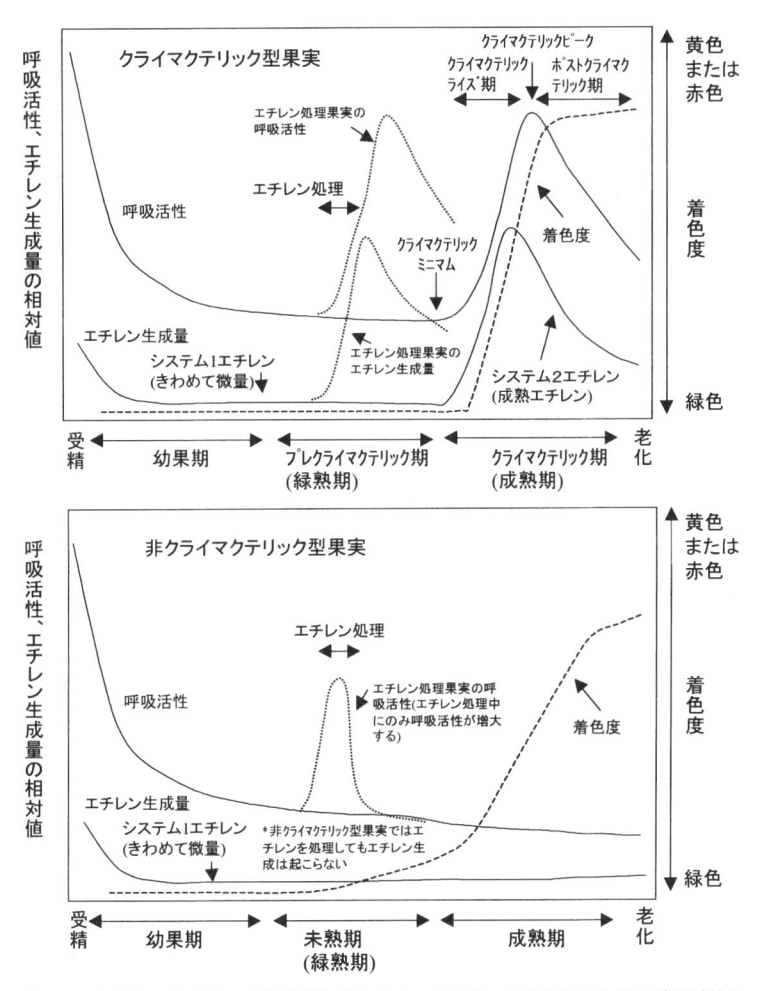

図 11.1 クライマクテリック型果実と非クライマクテリック型果実における呼吸活性とエチレン生成の模式図

開始直後の果実にエチレン作用の阻害剤（1-methylcyclopropene：MCP など）を処理して内生エチレンの作用を阻止すると，呼吸活性が低下し，成熟の進行も抑制される（図 11.3 参照）．これらの観察から，クライマクテリック型果実の成熟は，植物ホルモンであるエチレンによって制御されていると考えられている．したがって，クライマクテリック型果実の貯蔵・流通技術では，エチレンの制御が決定的に重要である．

ほとんどのクライマクテリック型果実は，樹上でもエチレンを生成し成熟するが，未熟段階で収穫したほうがより早く成熟する性質がある．すなわち，果実は樹体から何らかの成熟抑制因子（tree factor）の供給を受けていると考えられているが，現在のところ，この因子は特定されていない．

3） 非クライマクテリック型果実の成熟

非クライマクテリック型果実は，成熟段階に入ってもほとんどエチレンを生成せず，呼吸活性は漸減するのみである（図11.1参照）．一般に，非クライマクテリック型果実の成熟現象は，クライマクテリック型果実の場合のような劇的変化を示さず，徐々に進行する．このため，非クライマクテリック型果実には，カンキツ類やニホンナシ '二十世紀' などのように，長期貯蔵が可能な果実が多い．非クライマクテリック型果実でも，外からエチレンを処理すると，呼吸活性の増大やクロロフィルの分解による果実の黄化などがみられる．ただし，エチレン生成の誘導は起こらない．このエチレン処理による着色の促進作用は，レモンや一部の早生ミカンの催色処理として利用されている．また，非クライマクテリック型果実でも，傷害や病原菌の侵入などの外的ストレスには反応してエチレンを生成する．すなわち，非クライマクテリック型果実とは，ストレスエチレンなどの生成能力とエチレンに対する反応性はもっているが，成熟期には自らはエチレンを生成しない果実である．クライマクテリック型果実と非クライマクテリック型果実は，成熟前エチレン処理による果実自体のエチレン生成の誘導の有無によっても判別される．

非クライマクテリック型果実の自然の成熟には，エチレンはかかわっていないことは明らかであるが，どのような機構で成熟現象が制御されているかについては，あまり解明されていない．ただし，非クライマクテリック型果実でも，果実成熟に伴うオーキシンやジベレリンなどの含量低下とABA含量の増加が示されている．

b． 果実成熟とエチレン

1） エチレン生合成経路

植物においてエチレンは，図11.2に示したような過程を経て生合成される．アミノ酸の1つであるメチオニンにATPからアデノシル基が供給され，活性型メチオニンであるS-アデノシルメチオニン（S-adenosylmethionine：SAM）が生成し，さらに1-アミノシクロプロパン-1-カルボン酸（1-aminocyclopropane-1-

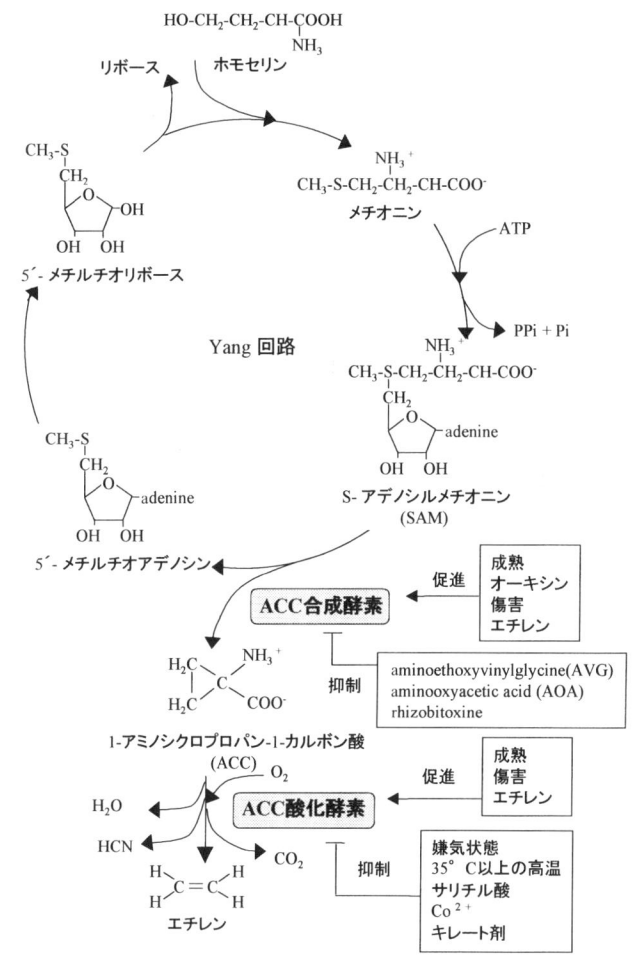

図 11.2 エチレンの生合成経路と制御条件

carboxylic acid：ACC）を経てエチレンが生成する．SAM から ACC が生成される際につくられる S-メチルチオアデノシンは，この合成経路の発見者にちなんで名づけられた Yang 回路によって，再びメチオニンに戻る．エチレン生合成の律速酵素は SAM → ACC の変換を触媒する ACC 合成酵素と ACC →エチレンの変換を触媒する ACC 酸化酵素である．多くの場合，エチレンを生成していない組織でも，一定の ACC 酸化酵素活性は検出されるので，ACC 合成酵素のほうがより重要な律速段階と考えられている．最近，多くの果樹において，これらの酵素

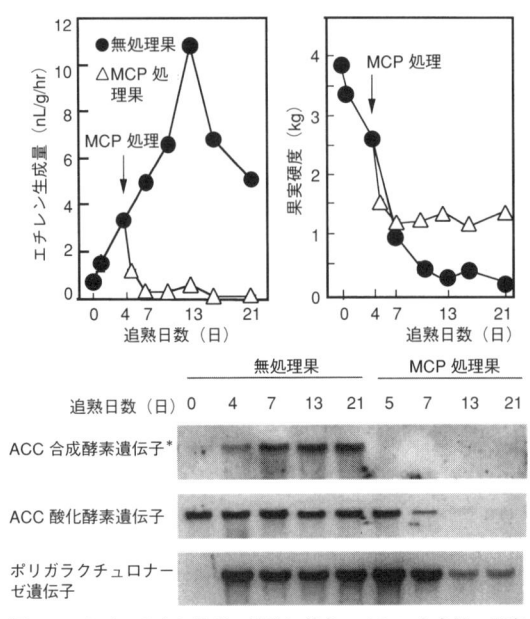

図11.3 セイヨウナシ果実の追熟に伴うエチレン生成量，果実硬度および関連遺伝子発現の変化とMCP（エチレン作用阻害剤）処理の効果[2]

*黒いシミは濃いほど遺伝子発現が強いことを示す．MCP処理によりエチレン生成と果実軟化が抑制されているので，成熟エチレンが自己触媒的生成制御を受けていること，果実成熟がエチレンの支配を受けていることがわかる．

をコードする遺伝子がクローニングされ，その発現特性が解析されている（図11.3）．ほとんどの場合，一種の果樹に複数のACC合成酵素およびACC酸化酵素遺伝子が存在し，マルチジーンファミリーを構成していること，それぞれのイソ遺伝子は器官および刺激によって特異的に発現することが確認されている．なお，ACC合成酵素は，その触媒作用にピリドキサールリン酸を，ACC酸化酵素は炭酸ガスとアスコルビン酸および鉄イオンを必要としている．

2）エチレン信号伝達経路

最近，シロイヌナズナを用いた研究から，エチレンが種々の生理作用を起こすまでの信号伝達経路が徐々に明らかにされてきた．エチレンの信号伝達経路は，果樹類でもほぼ同様であると考えられている．図11.4に示したように，エチレンは，まず細胞膜に局在するETR1（ethylene response，エチレン非感受性シロイ

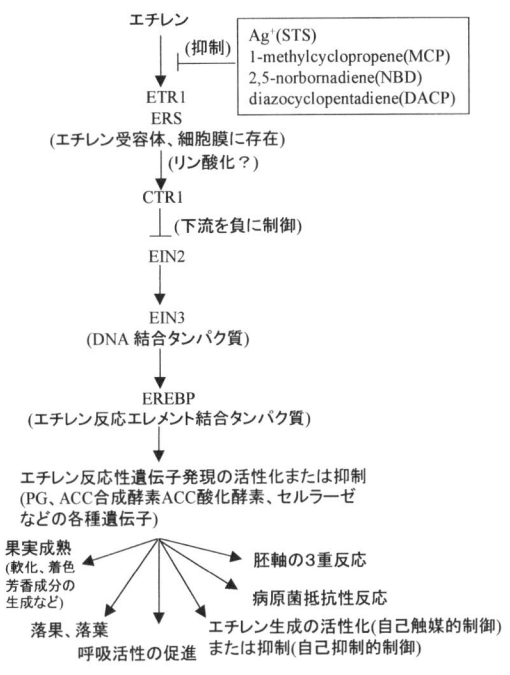

```
エチレン        Ag⁺(STS)
  │ (抑制)      1-methylcyclopropene(MCP)
  ▼            2,5-norbornadiene(NBD)
 ETR1          diazocyclopentadiene(DACP)
 ERS
(エチレン受容体、細胞膜に存在)
  │ (リン酸化？)
  ▼
 CTR1
  ┤ (下流を負に制御)
 EIN2
  ▼
 EIN3
(DNA 結合タンパク質)
  ▼
 EREBP
(エチレン反応エレメント結合タンパク質)
  ▼
エチレン反応性遺伝子発現の活性化または抑制
(PG、ACC合成酵素ACC酸化酵素、セルラーゼ
などの各種遺伝子)
```

果実成熟　　　　　　胚軸の3重反応
(軟化、着色
芳香成分の　　　　　病原菌抵抗性反応
生成など)
落果、落葉　　　　　エチレン生成の活性化(自己触媒的制御)
呼吸活性の促進　　　または抑制(自己抑制的制御)

図 11.4　エチレン信号伝達系のモデルとエチレン作用阻害剤

ヌナズナ変異体の解析から得られた因子）および ERS（ethylene response sensor, ETR1 との類似性から得られた因子）と呼ばれる受容体タンパク質に結合する．さらに，その信号は伝達経路の下流に位置する因子に次々と伝えられる．この信号伝達系路において，EIN3（ethylene insensitive, エチレン非感受性シロイヌナズナ変異体の解析から得られた因子）と EREBP（ethylene-responsive element binding protein）は DNA の特定領域に結合して遺伝子の発現を調節する因子と考えられている．この信号伝達系路の最末端にはポリガラクツロナーゼ（polygalacturonase：PG），セルラーゼ，ACC 合成酵素や ACC 酸化酵素などの多様な酵素遺伝子が位置しており，エチレンによるエチレン生成自身の調節，果実の軟化と着色，落果，落葉の促進，細胞生長の変化などのエチレンの生理作用に直接的にかかわっていると考えられている．なお，エチレンの受容体である ETR1 と ERS は銅イオンと結合していること，細胞膜貫通領域，ヒスチジンキナーゼ様領域とレシーバー領域（ERS はレシーバー領域を欠く）をもっていること，また，CTR1（constitutive triple response, 恒常的にエチレン反応性を示すシロ

イヌナズナ変異体の解析から得られた因子）は，その下流を負に制御する因子であることも明らかにされている．

3） 成熟エチレン生成の内的制御

いずれの果実でも，未熟な段階では「システム1エチレン」と呼ばれる極微量のエチレンを生成している（図11.1参照）．成熟開始前のクライマクテリック型果実にMCPなどのエチレン作用阻害剤を処理すると成熟開始が顕著に遅れることから，この微量なシステム1エチレンは，わずかずつ果実の生理学的な齢を進めており，成熟開始時期を決定する一種の生物時計のような役割を担っているのではないかと考えられている．

クライマクテリック型果実では成熟が始まると急激なエチレン生成の増加がみられ，この多量エチレンは「システム2エチレン」と呼ばれている．一定の発育段階に達したクライマクテリック型果実にエチレンを処理すると，ACC合成酵素とACC酸化酵素の遺伝子発現が急激に高まり，果実自身のエチレン生成が誘導される．このように果実成熟に伴うエチレン（システム2エチレン）には，エチレン自身が生合成系を促進する性質があり，「エチレンの自己触媒作用」と呼ばれている（図11.3，11.4参照）．一方，未熟な段階のシステム1エチレンや傷害によるストレスエチレンは，エチレンの存在によって，逆に抑制される性質があり，「エチレンの自己抑制作用」と呼ばれている．なお，未熟時のシステム1エチレン，成熟時のシステム2エチレンおよびストレスに伴うストレスエチレンは，それぞれ異なるACC合成酵素イソ遺伝子（果実によっては同一遺伝子がかかわっている場合もある）によって生成することから，マルチジーンファミリーを構成する各イソ遺伝子には，役割分担があると考えられている．

4） エチレンの生成と作用の外的制御

エチレンはポリエチレンやプラスチック製造の工業原料として，石油から大量に生産されている．果実の成熟を促進させる場合には，10〜1000 ppmの濃度のエチレンガス下に，果実を1〜2日間保持すればよい（図11.1参照）．クライマクテリック型果実の場合には，この処理によって自己のエチレン生成が誘導されるので，それ以上のエチレン処理は必要ない．

前述したように，エチレン生合成経路および信号伝達系の進展に伴って，さまざまなエチレンの生成および作用を抑制する手段が開発されている（図11.2，11.4参照）．ACC合成酵素の阻害剤として，AVG（aminoethoxyvinylglycine），AOA（aminooxyacetic acid）およびrhizobitoxine，ACC酸化酵素の阻害剤として，

ヒノキチオールやトロポロンなどのキレート剤，コバルトイオン，サリチル酸などが知られている．また，ACC 酸化酵素の活性は，35 ℃以上の高温や低濃度酸素環境によっても抑制できる．エチレンの作用阻害剤としては，チオ硫酸銀（silver thiosulfate：STS）ならびにシクロオレフィン系化合物の 2,5-norbornadiene（NBD），diazocyclopentadiene（DACP），MCP などが知られている．これらの化合物は，エチレンとその受容体の結合を阻害することによって，エチレン作用を阻害する．また，高濃度炭酸ガスもエチレンの生成や作用を阻害する作用を示し，CA 貯蔵に用いられている．

貯蔵環境中のエチレンを除去する手段として，過マンガン酸カリウムやパラジウムを珪藻土などに染み込ませて触媒的にエチレンを分解する，いわゆるエチレン吸着剤が開発されている．これらは，過熟果や傷害果から発生したエチレンがほかの果実に作用するのを防ぐのに有効であり，キウイフルーツなどの貯蔵に利用されている．

c. 成熟（追熟）に伴う主要成分の変化
1）炭水化物

果実は強いシンク器官であり，光合成産物がバラ科果樹ではソルビトール，ほかの果樹では主としてショ糖として転流してくる．転流してきた光合成産物は，果実の生長と発育に利用されるほかに，ブドウ糖，果糖およびショ糖などの糖，あるいはデンプン，有機酸および脂質の形で果実に蓄積している．光合成産物が，収穫期の果実に主としてどのような物質として蓄積しているかは，果実の種類によって大きく異なる．たとえば，バナナやキウイフルーツは主としてデンプンとして蓄積し，収穫期にあたる成熟開始前の段階には，バナナでは重量の 20 ％以上，キウイフルーツでは 10 ％前後のデンプンを含んでいる（図 11.5）．これらの果実では，この段階では糖の割合はごくわずかであり，甘みはほとんどない．成熟（追熟）が始まると，アミラーゼやフォスフォリラーゼなどの酵素によって，デンプンは急速に可溶性の糖に変換されるため，特有の甘みが生じる．なお，バナナでは，追熟に伴うデンプンの糖への変換が，果実の軟化にも大きく寄与していることが示されている．成熟開始前のリンゴやセイヨウナシでは，かなりの甘みを感じさせるレベルの糖を蓄積しており可食であるが，2〜3 ％のデンプンも含まれているため，食べると粉質が感じられる．成熟が始まると，これらの果実でも，デンプンが糖に分解され，その分だけ甘味が増すとともに粉質の

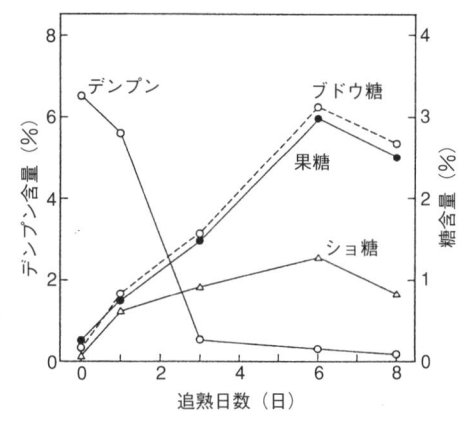

図11.5 キウイフルーツの追熟中の糖とデンプン含量の変化[3]
品種:ヘイワード.10月15日採取果,0～1日間100ppmエチレン処理,追熟温度25℃.

食味が解消される.一方,カンキツ類やブドウ,ニホンナシ'二十世紀'などの非クライマクテリック型果実では,追熟性が弱く,成熟が進んだ段階で収穫されるため,収穫時のデンプン含量はきわめて少ない.したがって,収穫後に糖含量が増加することは望めないので,これらの果実では十分に熟度が進行し,糖が蓄積した段階で収穫することが重要である.

2) 有 機 酸

呼吸代謝の中でTCA回路は有機酸代謝経路そのものであるので,クライマクテリック型果実では成熟期に有機酸代謝が活発になることになる.実際,バナナでは果実成熟に伴って呼吸のクライマクテリックに同調した有機酸含量の増減が観察されている.ウメでは,樹上,収穫後のいずれでも成熟に伴って,クエン酸の増加とリンゴ酸の減少がみられる.また,リンゴやセイヨウナシでは,呼吸のクライマクテリックに伴って,リンゴ酸が減少する.TCA回路は,環状の代謝回路であるので,正常に機能している限り,理論的には特定の有機酸の増減は考えにくい.そこで,リンゴ酸の減少には,リンゴ酸を脱炭酸してピルビン酸に変換するNADP依存型リンゴ酸酵素の活性化の関与が指摘されている.また,果実における特定の有機酸の増減には,TCA回路にリンクするバイパス経路であるフォスフォエノールピルビン酸とオキザロ酢酸の間の変換(フォスフォエノールピルビン酸カルボキシラーゼが触媒)も関与すると考えられている.

有機酸は果実の酸味の主因であり，有機酸含量が1％を越えると強い酸味を呈する．レモンやスダチなどの香酸カンキツやウメ果実では3～7％の有機酸が含まれているが，生食用の果実では0.2～0.4％程度が適している．貯蔵用のウンシュウミカンや晩カン類では，収穫時にはこの範囲以上に含まれているが，貯蔵中の呼吸による消費によって漸減し，糖含量が増加しなくても甘味比（糖/酸）が上昇し，食味が改善される．しかし，貯蔵中に酸含量が低下しすぎると，いわゆる「ボケ」た味になる．リンゴの貯蔵の場合には，低温や貯蔵ガス環境の制御によって，酸含量の低下を抑えることが重要である．

3） 細胞壁構成成分

植物の細胞壁は，それぞれ約30％ずつのセルロース，ヘミセルロースおよびペクチンと約10％のタンパク質によって構成され，微生物などの侵入を防ぐ一次障壁であるとともに物理的強度の主因となっている．セルロースはグルコース分子が β-$(1 \rightarrow 4)$ 結合によって直鎖状に高度に縮重合した高分子化合物であり，多数の水素結合によって，互いに結合するともに，他の分子とも連結している（図11.6）．ヘミセルロースは，もともと細胞壁を弱酸やキレート剤で抽出した後，強アルカリで抽出できる物質の総称であり，キシログルカンなどが含まれる．ペクチンはガラクツロン酸が α-$(1 \rightarrow 4)$ 結合によって直鎖状になった基本構造をもつが，カルボキシル基がメチルエステル化したり，直鎖のところどころ

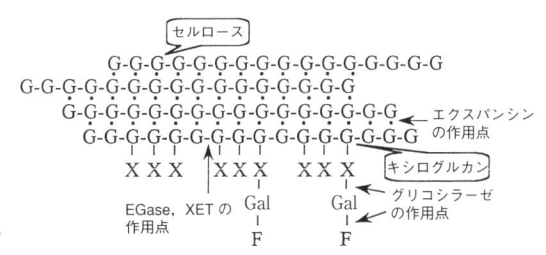

図 11.6 セルロースとヘミセルロース（キシログルカン）の模式図
セルロースは側鎖をもたないブドウ糖の重合体，ヘミセルロースは側鎖をもつブドウ糖の重合体，互いに多数の水素結合によって結合していると考えられている．G：ブドウ糖，X：キシロース，Gal：ガラクトース，F：フコース，・：水素結合，EGase：エンドグルカナーゼ（セルラーゼ，ブドウ糖間の結合を切断する），XET：キシログルカンエンドトランスグリコシラーゼ（ブドウ糖間の結合を切断後，つなぎ変える），エクスパンシン（水素結合を切断し，他の酵素が作用しやすくすると考えられている）．

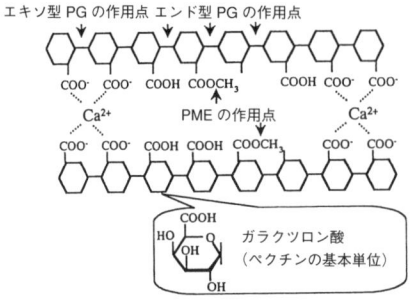

図 11.7 ペクチン分子間のカルシウム架橋と PG, PME の作用点の模式図
PG：ポリガラクツロナーゼ，PME：ペクチンメチルエステラーゼ．

にラムノースが入り側鎖が結合するなど，複雑な構造をしている．ペクチン分子は Ca^{2+} や Mg^{2+} を架橋剤として互いにイオン結合によって結ばれており，これが物理的強度の一因となっている（図 11.7）．リンゴの収穫の前後に Ca^{2+} を処理すると，貯蔵中の軟化が抑制されることが知られており，これは，ペクチン分子の架橋を増強するためと考えられている．

果実においては，これらの細胞壁構成成分は，食味に直結する果実の肉質を決定する主要な要因である．いずれの果実でも成熟に伴って軟化が起こるが，軟化前と軟化後の細胞壁成分を調べると，ほとんどの果実でセルロース成分には変化がみられない．一方，ヘミセルロースとペクチン成分には，それぞれを構成する分子の低分子化と可溶化がみられ，この変化が果実軟化を引き起こしていると考えられている．

ペクチンの分解に関与する酵素としては，ペクチンメチルエステラーゼ（pectin methylesterase：PME）とポリガラクツロナーゼがよく研究されている（図 11.7 参照）．PME はペクチンのメチルエステル化されている部分を加水分解する活性をもつが，この酵素の活性変化は必ずしも果実の軟化様相に一致しない．PG にはペクチン分子の非還元末端から切断するエキソ型と分子の内部をランダムに切断するエンド型がある．多くの果実において，軟化に伴ってエンド型 PG の活性やその遺伝子発現が急激に増加すること，クライマクテリック型果実では，その酵素活性や遺伝子発現はエチレンに依存することが知られている．ペクチン分子の側鎖の切断にかかわる酵素としてアラビノフラシダーゼなどのグリコシラーゼの存在が知られている．ヘミセルロースを分解する酵素として，古くからセルラーゼ（cellulase，別名エンドグルカナーゼ；endo-$(1 \rightarrow 4)$-β-D-glucanase：EGase）が研究されており，アボカドやセイヨウナシ果実では，果実軟化に伴って，その活性の増加が認められる．キシログルカン分子の切断と再構成を行う酵素として，キシログルカンエンドトランスグリコシラーゼ（xyloglucan endotransglycosylase：XET）が知られており，細胞伸長に伴う細胞壁

の再構成だけでなく，果実軟化に伴うヘミセルロースの低分子化にも関与することが示唆されている．実際，ブドウでは果実軟化に伴ってXET遺伝子の発現が急速に高まる．また，最近，細胞壁の再構成と分解においてエクスパンシン（expansin）が注目されている．エクスパンシンは，セルロース分子とヘミセルロース分子の間の水素結合を切断し，ヘミセルロースに分解酵素が作用可能な環境をつくると想定されている．セイヨウナシやモモなどで，果実軟化に伴って，エクスパンシン遺伝子の発現が高まることが示されている．

4） 色　　素

果実は発育に伴って地色が変化し，さらに成熟が開始すると特有の色を呈するようになるので，果色は収穫適期判定の重要な要素になっている．リンゴやモモ，スモモ，オウトウ，ブドウなどの赤，紫色はアントシアニン色素，カンキツ類やバナナ，カキなどのオレンジ色の果色はカロチノイド色素，アボカドやキウイフルーツの果肉の緑色はクロロフィル色素によっている．なお，いずれの果実でも，成熟開始前には一定量のクロロフィルを含んでいるが，ほとんどの果実で，成熟とともに減少する．クロロフィルの減少は収穫後にも進行し，内生および外生のエチレンによって促進される．バナナ果実の追熟に伴う着色は，クロロフィルの分解により，それ以前に蓄積していたカロチノイドの色が表面に現れるためである．一方，カンキツ果実の収穫後の着色進行やエチレン処理による着色促進には，クロロフィルの分解促進だけでなく，カロチノイド蓄積もかかわっている．なお，クロロフィルの分解過程では，クロロフィルをクロロフィリドに代謝するクロロフィラーゼが鍵酵素とされているが，ペルオキシダーゼの関与も指摘されている．リンゴのアントシアニン生成には，光が重要な要因であり，品種によっては収穫後でも果実を太陽光にさらせば着色を促進させることができる．

11.2　流通と貯蔵の技術

a．流 通 技 術

多くの果実において，樹上で完熟した果実が最も高品質であるが，流通および貯蔵期間を考慮して，完熟よりやや前の段階で収穫される．わが国では，季節を先取りした果実に高価格がつく傾向があり，品質上，問題のある「若採り」が行われる場合があるが，長期的にみると市場の信用を失い，決して有利にはならない．とくに，近年の食味重視の消費傾向からも，収穫後の流通・貯蔵上，許容できる範囲内でできるだけ完熟に近い段階で収穫することが望ましい．

1) 収穫適期の判定法

収穫適期の判断には，暦日のほかに満開後の日数や積算温度，果実の色，有機酸，デンプンおよび可溶性固形物含量などが用いられる．果皮色は最もわかりやすい指標であることから，農林水産省果樹試験場（現独立行政法人農業技術研究機構果樹研究所）が中心となって，ニホンナシ，リンゴ，ブドウ，モモ，カキ，カンキツ類などについては，熟度段階に応じた表面色および地色を集めたカラーチャートが作成されている．種類によっては，品種ごとにつくられており，収穫熟度の適正化，均一化に大きく貢献している．また，簡単に測定できる屈折計指度も，収穫適期と品質のよい指標として広く用いられている．とくに，キウイフルーツなどでは，収穫時期が近づいても外観の変化はないがデンプンの糖化が徐々に進行するので屈折計指度が重要な判定指標になっている．

2) 選別・選果

果実では，工業製品と異なり，本質的に個々の果実間に不均一性があるが，商品としては均一化と規格化が不可欠である．果実の規格は，大きさを基準とした階級（小さい順に SS, S, M, L, LL, 3L など）と形，色，傷の程度などの外観を基準とした等級（良い順に秀，優，良）で構成されている．これらの規格によって，市場価格は，3～10 倍の違いがある．等級選別には，客観基準の設定が難しい面もあるが，基準以下の果実の混入は，全体を不良品と見なされ，低価格となるばかりでなく，その後の市場での信用を失う結果となる．したがって，高価格が期待できる規格の果実を生産する工夫をするとともに，選別段階での細心の注意が必要である．ほとんどの果実で，階級選別は選果機による機械化がなされているが，等級選別は人間の目で行うのが主流である．近年では，重量センサーや CCD カメラ，近赤外センサーを装備し，より客観的で安定した等級および階級選別が可能な大型の自動選果機が登場してきている．

3) 非破壊品質測定技術

果実を破壊することなく，個々の果実の内部品質を測定することができれば，品質を保証して消費者に届けることが可能になり，販売上，大きな利点となる．一般に，着色のよい果実は，食味もすぐれている場合が多いので，ウンシュウミカンでは可視光線を果実に当て，その反射光を CCD カメラで捉え，等級選別を行う選果機が開発されている．しかし，果実の種類によっては，着色度合いと内部品質には必ずしも相関が高くない．そこで，近赤外領域に糖や水が特異的な吸収極大をもつことを利用して，近赤外光を用いた糖度を推定する技術が開発され

ている．図11.8に示したように，近赤外光を照射し反射光を用いたモモの事例では，推定値と実測値の間で相関係数0.97ときわめて高い相関を示している．果皮の薄いモモ，ナシ，リンゴでは反射光の解析で，皮の厚いウンシュウミカンやメロンなどでは透過光の測定によって，精度よく果実の糖度が推定できる．この技術を利用した選果機が実用化されており，販売上の利点だけでなく，そのデータを生産面にフィードバックすることにより栽培技術の改善にも貢献している．

4）コールドチェーン（低温流通）

青果物の鮮度保持技術の基本は低温であり，収穫後できるだけ早く品温を下げ，流通過程を経て消費されるまで低温を維持することが望ましい．コールドチェーンとは，収穫後，急速に品温を下げる予冷（差圧予冷，強制予冷，真空予冷），保冷トラックによる輸送，市場での低温倉庫，小売店での低温ショーケースおよび家庭での冷蔵庫を利用して，収穫から消費まで一貫して低温を維持することをいう．このコールドチェーンは，鮮度低下の早い葉菜類やブロッコリーなどの夏季の流通に広く用いられている．果実類では，野菜類に比べると鮮度低下が緩慢であることとコストの面から，コールドチェーンはあまり普及していないが，一部のイチジクなどで利用されている．また，比較的鮮度低下の早いモモやブドウなどでは，流通中の低温管理の確立は，より完熟に近い段階での収穫を可能にし，店頭での品質向上と棚持ち期間の延長につながる．

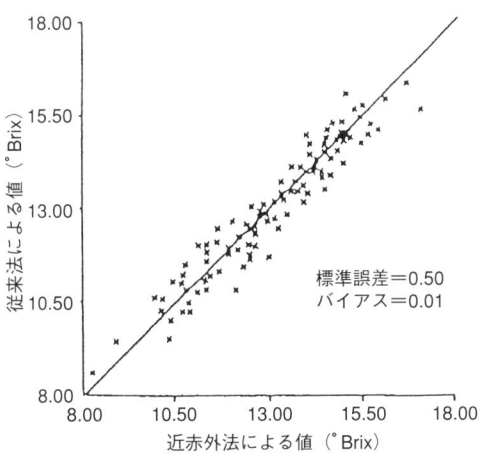

図11.8 モモ果実濃度（°Brix）の近赤外法による値と従来法による値の関係（プレディクション時）[4]

5） 追熟促進技術

バナナ，キウイフルーツ，セイヨウナシ，アボカドなどは成熟開始前のプレクライマクテリック段階で収穫され，追熟過程を経て，初めてその本来の食味を発揮する．追熟誘導処理として，バナナやキウイフルーツではエチレンが用いられている．バナナは緑熟段階の果実が輸入され，輸入業者または卸売り業者によって市場に出荷される直前に，エチレンによる追熟誘導処理（1000ppm エチレン，18～20℃下，24時間）が行われる．処理によって，自己触媒的エチレン生成と呼吸のクライマクテリックが誘導され，処理後2～3日間にデンプンの糖への変換と着色が進行し，適熟段階に達する．キウイフルーツでも，市場の状況に応じて，エチレン処理による追熟誘導が行われる．これらのエチレン処理では，熟期促進効果だけでなく果実熟度の均一化も期待できる．セイヨウナシ果実は低温によってエチレン生成が誘導される性質があり，収穫後，2週間以上の低温処理がなされる．品種によって，追熟開始に必要な低温要求量は異なるが，低温要求の少ない品種でも，処理によって果実熟度の均一化と肉質の改善が期待できる．

6） 渋ガキの脱渋

収穫時の渋ガキは多量の可溶性タンニンを含むため，脱渋処理が必要である．渋ガキの脱渋は，アセトアルデヒドの蓄積とこれを架橋剤としたタンニンの縮合重合による不溶化（脱渋の二過程説）による．各種の脱渋法が開発されているが，商業的にはアルコール脱渋と炭酸ガス脱渋が一般的である．アルコール脱渋は果実 1kg あたり 35～40％エタノール 5～10ml を果実に噴霧し，約1週間，密封することによって行われる．処理されたエタノールが果実中のアルコール脱水素酵素によってアセトアルデヒドに変換され，脱渋が起こる．炭酸ガス脱渋（constant temperature short duration : CTSD）法は 95～100％炭酸ガス下に果実を 16～24 時間保持することによって行う．この処理によって，嫌気呼吸が誘導され，アセトアルデヒドが生成する．処理後，2～3日間果実を空気下に置くと，脱渋反応が完了する．カキ'西条'では，果実をドライアイス（固体炭酸ガス）を入れた袋に詰め，流通中に脱渋させるドライアイス脱渋も行われている．

7） フィルム包装

多くの果実の流通過程において，果実を小分けし，有孔ポリエチレン袋やラップフィルムなどで包装する場合がある．一般に，果実から5％以上の水分損失が起こると，しなびやしわが発生し商品性が低下する．有孔ポリ包装には，取り扱い上の利便性に加えて，顕著に水分蒸散を抑制するので外観上の鮮度保持効果が

ある．最近，カキ果実では，収穫後の水分ストレスがエチレン生成を誘導し，果実軟化を引き起こすことが明らかにされ，有孔ポリエチレン袋包装によって流通中の軟化を抑制できることが示された．また，密封包装を行うと MA 貯蔵効果（後述）も期待でき，一部の渋ガキの流通に用いられている．ただし密封包装ではガス傷害の危険も生じるので，適用する品目と流通環境には注意が必要である．

b. 貯蔵技術

生鮮食料品である果実は，生産に季節性が大きいことが大きな特徴であるが，食品供給としては，年間を通じた安定的供給が理想的である．いくつかの野菜類では，主としてハウス栽培による作型の多様化によって，周年安定供給が達成されている．果樹類でも早期出荷を目的としたハウス栽培が行われているが，周年収穫には至っていない．カンキツ類やリンゴは，比較的貯蔵性の高い果実であり貯蔵技術によって，供給期間の大幅な延長が行われている．とくに，リンゴでは熟期の異なる品種，低温貯蔵および CA 貯蔵（後述）の組み合わせによって，周年供給体制が確立されている．

1）予 措

予措とは，果実の長期貯蔵前に貯蔵期間の延長を目的として行う短期間の前処理を指す．予措の目的と方法は作物によって異なり，乾燥予措，追熟予措，高温予措などがある．

ウンシュウミカンでは，70～80％の湿度条件に1～2週間保持し，果実重量の3～4％を目途に乾燥させる乾燥予措が実施されている．果実表面に萎ちょう層を発達させ貯蔵中の蒸散を抑制し，浮き皮を抑制するとともに病原菌の侵入を防ぐ効果がある．また，長期貯蔵前に収穫時の傷や害虫，病気によって腐敗が始まっている果実を除去し，ほかの果実に腐敗が広がるのを防ぐ効果もある．イヨカンでは着色促進を目的として積極的に昇温させ10～15℃で20日間程度保持する追熟予措が行われている．晩生系ウンシュウミカンやポンカンの着色改善にはさらに高い20℃での保持が効果的であり，高温予措と呼ばれている．サツマイモを貯蔵前に高温高湿下（32～35℃，85～90％相対湿度）に保持し，傷口にコルク層を発達させるキュアリングも予措の一種である．

2）低温貯蔵

果実の貯蔵中の品質低下要因としては，熟度の進行や養分の損耗などによる生理的劣変，代謝異常に基づく生理障害，カビやバクテリアの繁殖による腐敗およ

び水分損失による萎ちょうなどがあげられる．果実の成熟・老化や微生物の生育は代謝作用に基づく生化学的現象であるので，温度によって大きな影響を受ける．また，水分蒸散は飽和水蒸気圧と実際の蒸気圧の差である飽差に依存した物理的現象であるが，飽和水蒸気圧は温度の関数であるので，水分損失も温度によって強い影響を受ける．このように，果実の主要な品質低下要因は，いずれも温度環境に依存しており，低温によって抑制される．したがって，低温貯蔵は貯蔵技術の基本であり，最も効果的な貯蔵方法である（図11.9）．ただし，後述するように果実の種類によっては，低温障害を受けるものがあるので，それらでは限界温度以下で貯蔵するとかえって貯蔵期間が短くなる．低温障害を受けない果実では，貯蔵温度が低いほど貯蔵期間が延長され，低温になるほどわずかな温度低下によって貯蔵期間は大きく延長される．したがって，凍結しない範囲内でできるだけ低い貯蔵温度が望ましい．果実は細胞内に多量の糖などを含んでいるので，モル凝固点降下の作用で凍結温度は0℃以下にある．0℃以下の低温貯蔵は氷温貯蔵と呼ばれている．

常温域における呼吸活性からみた果実の生理活性は，低温域の場合の数倍から10倍以上にもなるので，1日の温度低下の遅れは，その後の低温での貯蔵期間を大幅に短くすることになる．予措の必要なカンキツ類を除けば，低温貯蔵は収穫後できるだけ早く実施することが重要である．

各果実で推奨されている貯蔵温度と貯蔵可能期間を表11.2に示した．実際のリンゴ，キウイフルーツ，ニホンナシ，セイヨウナシ，晩カン類などの貯蔵には，冷蔵装置を用いた低温貯蔵が行われているが，ウンシュウミカンなどではコスト面から，冬季の自然の冷気を利用した低温貯蔵が実施されている．なお，採石場跡の地下坑道やトンネル跡地も，地下の冷気を利用した低コストの低温貯蔵施設として用いられている．

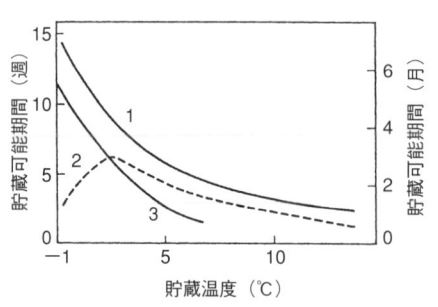

図11.9 果実の貯蔵可能期間と貯蔵温度との関係[5]
1：リンゴ'デリシャス'（月），2：低温感受性リンゴ（月），3：ナシ'バートレット'（週）．

3）CA貯蔵とMA貯蔵

果実の種類によっては，大気下より酸素濃度を下げ，炭酸ガス濃度を上げたガス環境で貯蔵すると通常の大気下よりも貯蔵期間が大幅に延びる場合がある．密閉した貯蔵室で，酸素および炭酸ガス濃度を監視しな

表 11.2　各種果実の最適冷蔵条件と貯蔵期間

果実の種類	貯蔵温度（℃）	相対湿度（%）	貯蔵期間
ミカン	5	85	3〜4 月
ハッサク	4 〜 6	90〜95	3〜5 月
オレンジ	0 〜 1	85〜90	8〜12 週
グレープフルーツ	0 〜10	85〜90	4〜8 週
バナナ	13	85〜95	6〜10 日
ブドウ	−0.5〜 0	85〜90	3〜8 週
ニホンナシ	0 〜 1	85〜90	2〜4 月
リンゴ	−1 〜 0	85〜90	3〜5 月
セイヨウナシ	−1.5〜 0	85〜90	2〜3 月
モモ	0	85〜90	2〜6 月
キウイフルーツ	2 〜 3	80〜100	6〜8 月
カキ	−1 〜 0	85〜90	2 月
アボカド	8 〜13	85〜90	1〜2 週
イチジク	−2 〜 0	85〜90	5〜7 日

ASHRAE Guide and Data Book, 1962[6]，伊庭ら，1985[7]をもとに作成．

がら常に好適濃度になるように人工的に制御する貯蔵法を CA（controlled atmosphere）貯蔵という．CA 貯蔵はエチレン除去装置や低温と組み合わせて行われ，最も理想的な貯蔵法と考えられている．果実をポリエチレン袋で密閉包装し，果実自身の呼吸による酸素の消費と炭酸ガスの排出および袋のガス透過性のバランスによって，簡易に，好適なガス環境をつくりだす貯蔵法を MA（modified atmosphere）貯蔵またはフィルム包装貯蔵という．CA および MA 貯蔵は，適切に実施されれば，低温だけの場合と比較して，果実の貯蔵期間を 1.5〜2.0 倍にも延長できるが，ガス障害を引き起こす危険もある．

i) CA，MA 貯蔵の作用原理　酸素は果実の主要な代謝である呼吸に必須であるので，低濃度酸素環境は直接的に呼吸活性を抑制し，貯蔵期間の延長に寄与する．また，ACC 酸化酵素によって触媒される ACC からエチレンの生成段階は酸化過程であるので，低濃度酸素環境はエチレン生成を抑制する．ただし，過度の低濃度酸素環境は，嫌気呼吸（発酵）を誘導し，アセトアルデヒドやエタノールの蓄積を引き起こし，障害を発生させる．酸素濃度を変化させて果実の炭酸ガス排出量と酸素吸収量を測定すると図 11.10 に示したようなパターンを示し，酸素吸収は酸素濃度低下に応じて低下するが，炭酸ガス排出量は一定濃度以下の低濃度酸素環境では逆に上昇に転じる．このターニングポイントを限界酸素濃度と呼び，この濃度以下では嫌気呼吸が誘導されていることが明らかである．CA

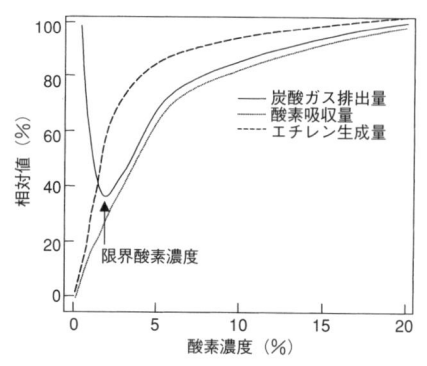

図11.10 酸素濃度と呼吸活性およびエチレン生成量の関係の模式図[8]
モモ果実での測定結果をもとに作図.

貯蔵における最適酸素濃度は，この限界酸素濃度付近にあり，多くの場合に，2～3％である．CA貯蔵のもう1つの要素である高濃度炭酸ガス環境も，以前には，炭酸ガスが呼吸の産物であることなどから呼吸抑制効果があると考えられていたが，実際に高濃度炭酸ガス環境で呼吸活性を測定するとエチレンを生成している果実でしか呼吸抑制効果がみられないことが明らかになった．したがって，高濃度炭酸ガスによる果実の貯蔵期間の延長効果は，主としてエチレン生成やその作用の抑制効果によるものであり，高濃度炭酸ガスには直接的には呼吸を抑制する効果はないと考えられる．ただし，高濃度炭酸ガス環境はPEPカルボキシラーゼによる有機酸合成系を促進し，貯蔵果実の有機酸レベルを高く維持する作用を示すという説もある．なお，過度の高濃度炭酸ガス環境は，果実の代謝に異常を引き起こし，エタノールやアセトアルデヒドの蓄積による異味，異臭の発生やガス障害による褐変を引き起こす．

ⅱ）**CA，MA貯蔵の実際**　表11.3に各果実のCA，MA貯蔵において推奨されているガス濃度とその効果を示した．CA，MA貯蔵の効果が大きい果実の多くは，クライマクテリック型果実に属しており，この点からも，この貯蔵法がエチレンへの作用を介して貯蔵期間の延長に寄与していることが推察される．また，CA，MA貯蔵は，プレクライマクテリック段階の果実を対象にした場合には大きな効果が期待できるが，成熟段階に達した（成熟エチレン生成を開始した）果実ではわずかな効果しか得られない．したがって，実施にあたっては，果実を収穫後できるだけ早く，最適のガス環境におくことが重要である．CA貯蔵は，わが国を含め世界中でリンゴの長期貯蔵に実施されており，これによって，リンゴの周年供給体制が確立している．CA貯蔵には気密性のある貯蔵室とガスの監視・制御装置が必要であるので，コストが高く，リンゴ以外の果実での商業的利用は少ない．一方，MA貯蔵は，低温貯蔵室とポリエチレン袋で実施できるので，安価である．わが国では，一部のカキなどの長期貯蔵に利用されている．

表11.3 果実の CA, MA 貯蔵環境に推奨されている酸素および炭酸ガス濃度 (Kader, 1992[9])より抜粋,加筆)

果実の種類	温度範囲(℃)	酸素濃度(%)	炭酸ガス濃度(%)	効果	利用状況
クライマクテリック型果実					
リンゴ	0～5	1～3	1～3	大	広範に利用
キウイフルーツ	0～5	1～2	3～5	大	一部に利用
セイヨウナシ	0～5	1～3	0～3	大	一部に利用
カキ	0～5	3～5	5～8	大	一部に利用
バナナ	12～15	2～5	2～5	大	一部に利用
アボカド	5～13	2～5	3～10	中	わずかに利用
イチジク	0～5	5～10	15～20	中	わずかに利用
非クライマクテリック型果実					
レモン	10～15	5～10	0～10	中	実用利用なし
オレンジ	5～10	5～10	0～10	中	実用利用なし
ライム	10～15	2～5	1～3	小	実用利用なし
ブドウ	0～5	2～5	1～3	小	実用利用なし
オウトウ	0～5	3～10	10～15	中	一部に利用
オリーブ	5～10	2～3	0～1	小	実用利用なし

c. 貯蔵障害

果実を長期貯蔵すると，貯蔵の条件や期間によって，さまざまな障害が発生するが，このうち，微生物の侵入や物理的な傷害以外で発生する障害を，貯蔵障害または生理障害と呼んでいる．生理障害には多様な種類があり，症状から種々の名前がつけられており，個々の傷害の発生機構は，複雑で明らかにされていないものも多い．

1) 栽培中の要因

栽培中の気象条件や土壌条件が生理障害の発生にかかわっていることは，経験的によく知られているが，その発生機構が解明されている例は少ない．多くの生理障害に要素欠乏がかかわっており，とくにカルシウム欠乏はリンゴの「ビターピット」や「コルクスポット」，セイヨウナシの「コルクスポット」およびアボカドの「尻ぐされ」の発生に関与している．これらの障害は，栽培中または収穫後のカルシウム散布によって軽減される．リンゴの果芯部が水浸状になる「みつ症状」は，収穫時期が遅くなるほど著しくなり，果実内のソルビトール蓄積が関与すると考えられている．「みつ症状」はわが国では特有の芳香と甘みが消費者に好まれ，生理障害とはされていないが，外国では，貯蔵中の内部褐変発生の原因または誘因と考えられている．「こ（虎）斑症」はカンキツの貯蔵中に発生する果皮の斑点状の褐変症状の総称であるが，品種によっては貯蔵中の低温や乾燥

のほかに，収穫熟度や成育中の気象・土壌条件もかかわっていると考えられている．

2) 低温障害

　一般に，熱帯，亜熱帯原産の果実では，凍結温度よりもかなり高い温度で貯蔵しても，果実表面の小さな斑点状の褐変であるピッティングや果肉の内部褐変などの低温障害が発生する．表11.4に低温障害発生の限界温度とその症状を示した．これらの低温障害は，貯蔵中に症状がみられる場合もあるが，多くの場合，常温に戻した後に典型的な症状が顕在化する．低温障害の発生機構にも諸説あるが，現在のところ，生体膜の相転移説が最も有力とされている．これは低温障害を受けやすい果実は，生体膜の構成成分である脂肪酸の組成に低温でゲル化しやすい飽和度の高い成分が多く，低温に遭遇すると生体膜の機能に異常が起こり，代謝異常につながるとの説である．短期間の代謝異常であれば，常温に戻すと回復するが，長期間にわたると，不可逆的な状態に陥り，部分的な細胞死の発生，病徴の顕在化につながる．低温障害の発生は果実熟度や栽培条件，品種などによっても大きく異なる．低温障害の回避策としては，限界温度以下にしないことが最善ではあるが，限界温度以下であっても，低温貯蔵中に一時的に常温に戻す中間昇温，低温順化を期待した段階的な温度低下，収穫後に常温下で熟度を進めた

表11.4　果実の低温障害発生温度と症状（邨田，1980[10]に加筆）

果実の種類	発生温度（℃）	症　状
アボカド	5 ～11	追熟不良，果肉変色
ウメ	5 ～ 6	ピッティング，褐変
オリーブ	7	内部褐変
オレンジ	2 ～ 7	ピッティング，褐変
グレープフルーツ	8 ～10	ピッティング
レモン黄熟果	0 ～ 4.5	ピッティング，じょうのう褐変
レモン緑熟果	11 ～14.5	ピッティング，追熟不良
ハッサク	5 ～ 6	ピッティング，こ斑症
ナツミカン	5 ～ 6	ピッティング
バナナ	13 ～14.5	ピッティング，果皮褐変，追熟不良
パイナップル	4.5～ 7	果芯褐変，追熟不良
パパイア成熟果	7.5～ 8	ピッティング
パパイア未熟果	10	ピッティング，追熟不良
パッションフルーツ	5.5～ 7	オフフレーバー
マンゴー	7 ～11	灰色やけ，追熟不良
リンゴ	2 ～ 3.5	内部褐変，やけ
カキ	5 ～ 7	果肉のゴム質化

後，低温に保持する遅延貯蔵などが効果的な場合がある．
3) ガス障害
　CA貯蔵やMA貯蔵の最適ガス濃度は，果実の耐えられる低濃度酸素および高濃度炭酸ガス濃度の限界付近にあるので，実施条件を誤れば，代謝異常が誘導され，エタノールやアセトアルデヒドの蓄積を伴うガス障害が発生する．とくに高濃度炭酸ガス環境に対する耐性は果実の種類や品種によって大きく異なり，1％以下の高濃度炭酸ガス環境でも，深刻な障害が発生する場合がある．リンゴやセイヨウナシでは，炭酸ガス障害として果芯部分がハート状に褐変する「ブラウンハート」がよく知られている．　　　　　　　　　　　　　　　〔久保康隆〕

文　献

1) 茶珍和雄（1987）：昭和62年度園芸学会秋季大会シンポジウム講演要旨，pp. 129-140.
2) 日和佐京子ほか（未発表）．
3) 杉浦　明ほか（1991）：新果樹園芸学，朝倉書店，p. 179.
4) Kawano, S. *et al.* (1992)：*J. Japan. Soc. Hort. Sci.*, **61**, 445-451.
5) Willis, R. *et al.* (1981)：Postharvest, University of New South Wales Press, Sydneuy, pp. 38-51.
6) American Society of Heating, Refrigerating and Air-Conditioning Engimeers (ASHRAE) Guide and Data Book (1962).
7) 伊庭慶昭ほか（1985）：果実の成熟と貯蔵，養賢堂．
8) 久保康隆ほか（1996）：園学雑，**65**, 403-408.
9) Kader, A. A. (1992)：Postharvest Technology of Horticultural Crops, Division of Agriculture and Natural Resources, University of California, Oakland, pp. 85-92.
10) 邨田卓夫（1980）：コールドチェーン研究，**6**, 42-51.
11) 桜井直樹ほか（1991）：植物細胞壁と多糖類，培風館．
12) Rose, K. C. and Bennett, A. B. (1999)：*Trends in Plant Science*, **4**, 176-183.
13) 緒方邦安ほか（1977）：青果保蔵汎論，建帛社．
14) 森　仁志ほか（1998）：エチレン，植物ホルモンのシグナル伝達（福田裕穂ほか監修），秀潤社，pp. 138-173.

12. 生理障害・自然災害・病虫害

12.1 生 理 障 害

　生理的な異常によって樹体や果実に障害が起こる現象を，一般に生理障害（physiological disorder）と称する．その発生原因としては，日光の直射や気温の変動などの環境要因や，無機成分の過不足や水分の吸収と蒸散の不均衡，器官組織の生長や成熟の不均衡などの内的要因が複雑に関与している．また，果実の生理障害は樹上で発育中に発生するもの以外に収穫後の貯蔵中に発現するものがあるが，この場合も貯蔵条件ばかりでなく収穫前の栽培条件や気象条件が関与していることが多い．

　以下に代表的な果実の生理障害に関して，その症状と発生原因，防止対策などについて述べる．

a. カンキツ

1）浮き皮（peel puffing）

　成熟期の果実に現れる生理障害で，果肉部が発育停止後も果皮のフラベド組織の細胞が肥大を続けるため，果肉部と果皮のアルベド組織との間に空隙が生じる現象をいう．浮き皮果は収穫や貯蔵，流通過程で果皮が傷みやすく，果肉の品質低下も著しい．窒素の肥効が遅くまで続いたり，成熟期に温暖多湿の場合には浮き皮が助長される．

　窒素の遅効きに注意するとともに，カルシウム剤を散布し，果皮からの蒸散を促すと浮き皮を軽減できる．また，摘果剤や成熟促進剤として用いられているエチクロゼートも浮き皮軽減に有効である．

2）こ（虎）斑症（oleocellosis）

　貯蔵中に果皮が不規則な模様状に褐変する生理障害の総称である（図12.1）．褐変部では表面から数層内側の細胞が破壊されており，その上部の表皮は陥没し，油胞が突出してみえる．ハッサクやネーブルオレンジ，'清見'，'セミノール'などの中晩カン類に発生が多い．栽培条件としては土壌が浅く，施肥量の少

ない樹勢の弱い園地で発生が多い傾向がある．また，樹冠の外周に着果した果実の陽光面で発生しやすい傾向もある．

ネーブルオレンジは未熟果や貯蔵中の乾燥によってこ斑症が発生しやすくなるので，予措として20℃でエチレン処理をして追熟を促し，ポリ個装で湿度を適度に保って5〜15℃で貯蔵する必要がある．一方，ハッサクはこのような高温予措や10℃以上の貯蔵温度はこ斑症を助長する．したがって，収穫後すぐにポリ個装して高湿度を保ち，5℃程度で貯蔵する．また，低温貯蔵後4月以降に出庫すると数日でこ斑症が多発するが，出庫時にワックスの塗布処理や50℃の温湯に5分間浸漬処理することによってかなり防止することができる．

図12.1 ハッサクのこ斑症（近泉氏提供）

b. リンゴ

1) みつ症状（water core）

果肉や果心組織の一部で，細胞間隙中の気体が液体に置き換えられて水浸状になる症状である．通常は果心部と果肉部の境界に分布する維管束（果心線）付近から発生し，その後果肉部や果心部に広がる．夏季の高温によって未熟期に発生する早期みつ症状もあるが，通常消費者が目にするみつ症状は成熟期に樹上で発生する．みつ症状が軽い場合には貯蔵中に徐々に消失するが，重い場合には内部褐変障害を誘発する．'ふじ'や'デリシャス'などはみつ症状を顕著に発生するが，'ゴールデン・デリシャス'や'つがる'，'陸奥'などはほとんど発生しない．

みつ症状は収穫時期が遅いほど著しくなることから，成熟の進行と関連づけられている．とくに，バラ科果樹の光合成産物の主要な転流形態であるソルビトール含量が発生部位や発生果実で相対的に高いことから，成熟の進行に伴う細胞膜の透過性の変化やソルビトール代謝能力の低下がソルビトールの細胞間隙への蓄積を生じ，みつ症状発現の生理的原因になっているとの仮説がある．しかし，同じ品種で同程度の成熟度であっても，産地によってみつ症状の程度が異なり，成熟期の気温や果実温度が低いほど顕著であることが最近明らかにされている（図12.2）．

カルシウム散布でみつ症状を軽減できるとの報告もあるが，必ずしも効果は一

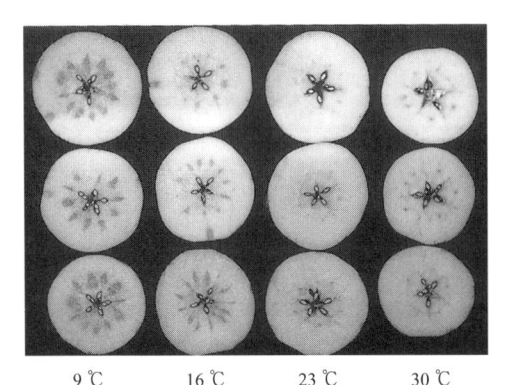

図12.2 成熟期に1カ月間樹上で果実温度処理されたリンゴ（'ふじ'）果実のみつ症状

貫していないようである．欧米ではみつ症状が顕著になる前のやや未熟な段階で収穫して対応しているが，わが国ではみつ症状発生果が消費者に好まれることから，貯蔵用以外はみつ症状を十分出させるためにむしろ収穫を遅らせる傾向もみられる．

2） 斑点性障害

　果皮または果肉部に斑点状の壊死組織が発生する一群の生理障害で，コルクスポット（cork spot）やビターピット（bitter pit），ジョナサンスポット（Jonathan spot）などがある．コルクスポットは成熟前の果実の果肉に発生し，発生部位が表皮直下の場合には果面がくぼみ硬化する．斑点は通常5mmを越え，'デリシャス'などに多く発生する．ビターピットは収穫直前または貯蔵中に果肉部に発生し，果皮直下の場合には果皮も褐変する．斑点の大きさは5mm以下であり，'つがる'や'王林'，'ジョナゴールド'などに発生が多い．ジョナサンスポットは収穫直前または貯蔵中に果皮部に発生し，1〜3mmの褐色の小斑点を生じる．'紅玉（Jonathan）'に発生が多いことから，この名がつけられた．

　これらの斑点性障害は基本的には栄養障害であり，窒素やカリの多施用やカルシウムの不足で起こる．したがって，とくに窒素やカリの施用をひかえ，カルシウムの土壌施用や葉面散布が防止対策の基本である．

c. ナ シ

1） 硬 化 障 害

　とくに果頂部の発育が悪く，果形が扁平となり，果肉が硬化する障害である．果肉の硬化は果頂部から赤道部にかけての表皮近くで著しい．'長十郎'などでは石ナシと称するが，'二十世紀'では果面がユズのように凹凸になるのでゆず肌病という．セイヨウナシ果実にみられるhard endやblack end（尻腐れ）も同様の障害と考えられる．

　発生原因はカルシウム不足であるが，カリの多施用や6，7月の過湿や乾燥が

発生を助長する．

対策としては，深耕や有機質資材の投入などによる土壌物理性の改善と，石灰質資材の施用と窒素やカリの減量施用による土壌化学性の改善があげられる．また，台木としてホクシマメナシを利用するとニホンヤマナシの場合よりも硬化障害の発生が抑制される．

2) みつ症状

リンゴと同様に成熟期に樹上で果肉が水浸状になる障害であるが，発生部位が主に果肉であり，急速に褐変して商品性が低下する点が大きく異なる．'豊水'でとくに問題となっているが，'二十世紀'や'新高'などでも発生する．

'豊水'では，7月が比較的低温で推移すると発生が多く，ジベレリンペーストやエスレル処理で促進されること，さらには発生初期に細胞壁の分解や膜透過性の増大が認められることなどから，みつ症状は一種の過熟（老化）現象と考えられる．また，発生部位ではソルビトールやショ糖の蓄積もみられる．

対策としては，過熟になる前の早めの収穫が基本となる．カルシウム剤の果梗塗布による軽減効果の報告もある．

d. モ モ

1) 核割れ (pit splitting)

内果皮（核）の硬化期に核層が縫合線に沿って裂ける現象である．核割れ果は成熟が早まり，糖度が低く，苦味や渋味を帯びて食味の低下が著しく，日持ちも不良となる．核割れ果の成熟促進には，種皮からの急激なエチレン生成が関与していることが明らかにされている．

強せん定のため樹勢が強い場合や硬核期初期の好天，硬核期直前の強摘果などによって硬核期の果実肥大が促進されると核割れが発生しやすい．

したがって，施肥やせん定によって樹勢を適度に保つとともに，硬核期直前の強い摘果や急激な土壌水分の変動を避けることが防止対策として重要である．

e. ブ ド ウ

1) 縮 果 病

硬核期に果粒の基部や側面の果皮直下に褐色の斑点が現れ，症状が進行すると障害部が陥没したり，果粒全体が暗褐色に萎縮する生理障害である．発生側の果粒基部や果てい部で維管束の褐変もみられる．縮果病はベレゾーン期以降には発

生しない．'マスカット・オブ・アレキサンドリア'で発生が多く，'ピッテロ・ビアンコ'や'甲斐路'にもみられる．なお，縮果病に類似した症状のしみは硬核期前に発生する小褐色斑であるが，通常症状はほとんど進行せず，成熟期には外観上ほとんどみえなくなる．

日中の高温による果粒の水分状態の不均衡や果粒の肥大量が大きいことなどが縮果病の発生原因として示唆されているが，不明な点が多い．

肥培や樹冠拡大，土壌水分，温度などの総合的な管理によって，硬核期の果粒の急激な脱水や急速な肥大を避けることが対策として重要である．また，硬核期に樹冠や果房を遮光することによっても縮果病の発生を抑制できる．

f. カ　キ

1) へたすき

成熟期に果実の基部とへたとの接合部が溝状に裂け，その部分で果肉が黒変し軟化する．大果ほど発生が多く，経済的な損害も大きい．'富有'や'次郎'，'花御所'など果形が扁平な完全甘ガキ（PCNA）の品種群に発生が多い．

原因はへたと果実の発育の不均衡である．夏期の乾燥後，秋に雨が多いと果実の生長を促してへたすきが助長される．

受粉樹の混植や人工受粉によって種子数を増加させるとともに，摘蕾や摘果の際にへたの大きい果実を残したり，肥料の遅効きや土壌水分の急変を避けるなどの対策が必要である．

12.2　自　然　災　害

a. 風害 (wind injury), 潮風害 (salty wind injury)

わが国は夏から秋にかけて台風の襲来が多く，しばしば果樹に壊滅的な打撃を与える．最近では，1991年9月の台風19号や1999年の台風18号によって強風で吹き上げられた海水が沿岸部や島嶼部のカンキツ園に吹きつけられ，樹体の枯死を含む甚大な潮風害が発生した（図12.3）．強風で葉が傷ついている場合には塩分の吸収も早いが，実験的には被塩後のすみやかな水洗で塩害を軽減できることが報告されている．しかし，1991年の台風19号はいわゆる風台風で，雨が少なかったうえに襲来が夜間であったため，スプリンクラーによるすみやかな水洗も困難だったことなどが被害を大きくした．その後の実態調査では，潮風害には防風林や防風垣の効果が高いことが再確認され，被害の激しい樹は残存果を摘果

図 12.3 1999年9月の台風によるカンキツ若木の潮風害．この園は1991年にも潮風害によって樹体が枯死し，改植されていた（愛媛県中島町）．

図 12.4 1991年9月の台風によるリンゴ樹の中間台（M.26）部での折損倒伏．木製の支柱が地際部で腐敗していた（新潟県新潟市）．

して負担を軽くしたほうが樹体の回復には望ましいことが明らかになった．この台風はその後も青森などのリンゴ地帯を襲い，落果や枝の折損，樹の倒伏などの大きな被害をもたらした．とくに矮性台木は浅根性でもろいため，倒伏や接木部または中間台部での折損被害が多かった（図 12.4）．

　強風による早期の落葉は，二次生長を誘発したり貯蔵養分の不足を招き，当年の果実品質を低下させるだけでなく，次年度の生育や結実に悪影響を与える．また，強風による果実や葉，枝の傷からは病原菌が侵入しやすくなる．とくに，カンキツのかいよう病やモモのせん孔病のような細菌病は気孔や傷口からの感染が主体であるので，注意が必要である．また，ブドウやキウイフルーツなどは新梢基部の木化が遅く，春先の強風で折れやすいため，棚への誘引が必要である．

　強風の被害を軽減するためには，防風林や防風垣，防風網，トレリスなどの設置が有効である．とくにリンゴの矮性台木は，皮部率が高くもろいうえに浅根性であるため，支柱やトレリスは必須である．元来果実が落ちやすく，収穫期が台風シーズンにあたるナシが，つる性植物でないにもかかわらず伝統的に棚栽培されるのは，風害防止が目的である．

b. 凍害（freezing injury），霜害（frost injury）

　ほとんどの果樹は，秋季の気温低下に伴って生長を停止するとともに徐々に耐寒性を獲得（hardening）し，厳冬期に最も強くなる．その後，気温の上昇に伴って発芽の準備に入るとともに耐寒性も次第に弱くなる（dehardening）．このよう

な耐寒性の変動は細胞の浸透濃度の変動と密接な関係があり，秋までに蓄えたデンプンをハードニング中に糖に分解して細胞内に蓄積し，細胞内凍結が起こりにくい生理状態にすることによって耐凍性を高めている．十分なハードニング後の耐寒性の程度は遺伝的な要因が大きく，わが国の主要な果樹の中では常緑樹のカンキツが最も弱く，リンゴが最も強い．カンキツの中でもウンシュウミカンは比較的強く，晩カン類は一般に弱い．周囲を海に囲まれたわが国の冬は比較的温暖なため，主な産地で樹体が枯死してしまうほどの低温になることはほとんどないが，冬でも果実をつけている晩カン類では氷点下数℃以下になると果実が凍結し，苦味やす上がりの発生が問題となる．このような果実の凍害を防ぐため，イヨカンやネーブルオレンジ，ハッサクなどはまだ完熟していない段階で厳冬期前に収穫し，貯蔵庫で追熟させて出荷する．早期収穫と追熟では品質が不十分なヒュウガナツや'清見'では防鳥も兼ねて果実への袋掛けが行われる．樹体の凍害防止法としては，アメリカのカンキツ地帯ではスプリンクラーによる散水氷結法が用いられるが，わが国ではこもや寒冷紗などを用いた被覆法が一般的である．

　リンゴやナシ，核果類はカンキツやキウイフルーツ，ブドウなどと比べて発芽期が早いため，耐寒性消失後の春の降霜による霜害がしばしば発生する．発芽期の耐凍性は樹種や品種によって若干の違いがあり，ウメは開花期でも$-7 \sim 8$℃まで耐えるが，リンゴは展葉期には-3.5℃，開花期には-1.5℃程度で組織が凍結枯死する．晴天無風時の夜間には放射冷却によって地表面が冷えるが，風がないため熱の流入がなく，結果として上空より地表面近くの温度が低い逆転層が発生し，霜が降りる．対策としては，防霜ファン（図12.5）で風を起こして逆転層

図12.5　ブドウ園に設置された防霜ファン（アメリカカリフォルニア州ナパバレー）

図 12.6 ブドウ園に設置されたリターンスタック型ヒーター（アメリカカリフォルニア州ナパバレー）

を解消する送風法や，特殊な暖房器（図 12.6）や固形燃料などを用いて果樹園の温度を上げる燃焼法などがある．

c. 雪害（snow damage）

　雪害には樹上に積もった冠雪の重みによるものと，積雪の沈降力によるものがあるが，後者の被害が面積，頻度ともに多い．冠雪による被害は，比重が高くて重い雪が樹上に 50cm 以上堆積すると骨格枝の裂開や折損が起こり，これは若木よりも開心形の成木や老木で発生が多い．棚栽培のナシやブドウ，キウイフルーツなどでは棚の倒壊が起こる．沈降力による被害は積雪後の融雪の過程で起こり，積雪量が多いほど被害も大きくなる．積雪の沈降力は最深積雪の 1/3 から 1/5 の地上高で最大となるため，枝の着生位置が低い若木や矮化栽培樹などで被害が大きい．リンゴの矮化栽培樹では，側枝の性状として長く，基部が太く，頂芽数が多く，高さが低いほど折損が多いことが報告されている．

　雪害対策としては，整枝・せん定に際して主枝は分岐角度を広くとり，高い位置に配置する．また，矮化栽培では側枝の着生位置を高くしたり，交差分岐処理すると効果的である．融雪期に入ったら雪層の切断や消雪剤などを散布して融雪を促進する．積雪地帯のブドウ栽培では，棚を高くして支柱や線材等も強化しているが，棚が完全に埋没してしまうような豪雪時には冠雪荷重と沈降力で施設ごと被害を被る．このような豪雪地域では，棚仕立てよりも棒仕立てや垣根仕立てにして短梢せん定すると雪害が軽減される．

d. 雹害（hail injury）

雹害はその発生時期や，雹の大きさ，量などによって異なるが，葉や果実に対する打撲傷や打撲裂傷が一般的な特徴である．果実の損傷は商品価値を低下させるばかりでなく，傷害が激しい場合には裂果や落果を引き起こす．葉の被害が大きい場合は翌年の花芽着生数や結実率にも悪影響を及ぼす．

防鳥や防虫も兼ねた防雹ネットによる果樹園の被覆以外に今のところ効果的な雹害防止策はない．

12.3　病虫害（damage by disease and pest）

a. 虫　　害

農作物に被害を与える昆虫類やダニ類，線虫類を害虫という．果樹を加害する害虫は数百種類にものぼり，目的生産物である果実を直接食害するものから葉や枝，根などを加害して間接的に果実の品質に悪影響を与えるものなど，加害の様式や部位も多様である．昆虫類の中ではカメムシ類，アブラムシ類，カイガラムシ類などを含むカメムシ目やハマキムシ類，シンクイガ類を含むチョウ目，カミキリムシ類を含むコウチュウ目などに果樹の害虫が多い．ダニ類ではハダニ科のリンゴハダニやナミハダニ，フシダニ科のミカンサビダニなどが重要である．昆虫類やダニ類に属するわが国の主な害虫を表12.1に示した．

線虫類には，寄生部がこぶ状に肥大するネコブセンチュウ科やこぶは形成しないが寄生部を壊死させるネグサレセンチュウ科のように根の内部に寄生するものや，ネセンチュウ科などのように根の外部に寄生するものがある．線虫類が寄生すると，根の生長や養分吸収が抑制される．加害が進行して根の被害が増大すると，地上部では樹勢の衰弱や早期落葉，果実肥大の抑制などの症状が現れるようになる．したがって，地上部に顕著な症状が現れてからの対策では手遅れになることが多い．なお，いや地現象が顕著なモモなどでは，その原因の1つとして線虫類が考えられている．一方，線虫類の中には植物には害を及ぼさず，有害昆虫に寄生して死亡させる有益なものもいる．これらの線虫は共生細菌を保持しており，線虫が昆虫の体内に入ると共生細菌の作用で昆虫が死ぬ．これらの線虫を害虫防除へ利用する研究が進められており，実用化しているものもある．

b. 病　　害

果樹の病害の原因となる病原体には，菌類（糸状菌）や細菌，ファイトプラズ

表 12.1 わが国における果樹の主要害虫

果樹の種類	害虫名	加害の様式と部位	備考
多くの果樹に共通	アブラムシ類	多くは葉や緑枝に寄生し吸汁加害．リンゴコブアブラムシやナシノアブラムシは葉を巻いて萎縮させるため被害大．ブドウネアブラムシやリンゴワタムシのように新梢以外に根や枝に寄生するものもある．	糖分を含む液体を排せつしてスス病を誘発したり，ウイルスを伝播するものもある．
	ダニ類	多くは葉や果実に寄生し加害．被害葉は葉緑体が破壊されて同化機能が低下し，被害果実は外観を損ねる．	薬剤に抵抗性を獲得しやすい．天敵のチリカブリダニ商品化．
	カメムシ類	スギやヒノキで繁殖し，果樹園に飛来して新梢や花，果実に寄生し吸汁加害．果実の被害大きく，被害果は奇形化．	被害部から腐敗菌の侵入誘発．近年大発生を繰り返す．
	カイガラムシ類	葉や枝，果実に寄生し吸汁加害．果実の被害部では着色障害が起こる．	黄斑落葉病や分泌物によりスス病を誘発する場合あり．
	シンクイガ類	幼虫が新梢や芽，果実を食害．新梢は心折れを起こし，果実は奇形または落果．モモシンクイガは果実のみ加害．	フェロモン剤商品化．
	ハマキムシ類	幼虫による葉や芽，果実の食害．通常葉を巻いてその中で食害．果実は表面を食害され，早期落果や腐敗の原因にもなる．	フェロモン剤商品化．
	ヤガ類	成虫が成熟果に口ふんを刺し込んで吸汁加害．加害部位から変色腐敗．	腐敗菌の侵入を増長．
	カミキリムシ類	多くは幹や枝に産卵し，幼虫が形成層や木質部を食害．被害部が枝を一周するとそれより先が枯死．	天敵糸状菌ボーベリア菌商品化．
カンキツ	ミカンハモグリガ	幼虫が若葉や緑枝の表皮下に坑道をつくりながら食害．被害葉は変形．	かいよう病を誘発．
	チャノキイロアザミウマ	幼果期から9月までの果実を加害．加害跡が不定形の傷として残り，商品価値を下げる．	ブドウ，カキ，ビワも加害．
リンゴ	キンモンホソガ	幼虫が葉裏から侵入し，葉肉を食害．食害部は裏側に湾曲し，表からは表皮だけ白く残って見える．	フェロモン剤商品化．
ナシ	ナシグンバイ	葉裏に寄生し吸汁加害．葉の表面は白く葉緑素が抜け，葉裏は排せつ物と脱皮殻で汚染される．	
ブドウ	ブドウスカシバ	新梢に産卵し，幼虫が新梢内部を食害．幼虫の成長に伴って新梢基部に向かって転食．	2〜3年生枝まで被害を受けることもある．
	フタテンヒメヨコバイ	幼虫が葉裏に寄生し吸汁加害．葉は葉緑素が抜け，白いカスリ状となる．	排せつ物で果実を汚染することもある．
モモ	モモハモグリガ	幼虫が葉肉組織をはじめはうずまき状に，その後は波状に食害する．被害の大きい場合は早期落葉する．	
カキ	カキノヘタムシガ	幼虫が芽や果実，まれに枝を食害．果実へは果梗と果実の接合部や果梗の中央部，へたの部分から食入し，果実内部を食害する．	
クリ	クリタマバチ	芽に寄生した越冬幼虫が萌芽期に急成長し，芽を虫こぶ化する．	品種によって抵抗性異なる．抵抗性品種を加害するものも出現．

マ，ウイルス，ウイロイドなどがあり，このうち菌類による病気が約90％を占める．

　菌類は真核生物であり，細胞壁でおおわれたクロロフィルをもたない細胞が糸状に連なって分岐し，繁殖体として胞子を形成する．菌類は気孔や皮目などの自然開口部ばかりでなく，無傷のクチクラや細胞壁から植物体に侵入するものもある．多くの菌類は植物の細胞内や細胞間に菌糸を伸長させて栄養を摂取し増殖するが，多くのうどんこ病菌のように，植物の表層に蔓延した菌糸から吸器を表皮細胞に挿入して栄養を摂取するものもある．

　細菌とファイトプラズマは原核生物であり，前者は細胞壁をもつが，後者はもたない．細菌は$0.2～20\mu m$の大きさで，形状は桿状，球状，らせん状などがあるが，植物病原細菌には桿状が多い．細菌は植物の角皮を貫通できないので，気孔や傷口から侵入する．植物細菌病の最初の発見はナシやリンゴの火傷病（fire blight）であった．クワ萎縮病などの萎黄叢生症状を示す病害は以前ウイルスによるものとみなされていたが，その後マイコプラズマ様微生物によることが判明し，最近では遺伝子解析による新たな分類としてファイトプラズマが採用されている．ファイトプラズマも形状は球状（$0.1～1\mu m$），楕円球状，ひも状，分枝状など多形性で，伝染様式は接ぎ木やヨコバイなどによる虫媒である．

　ウイルスの本体は核酸がタンパク質の外被で包まれたもので，直径$17 nm$の小球状のものから長さ$2\mu m$のひも状のものまで多様な形態をもつ．ウイルスも植物のクチクラ層や細胞壁を貫通して細胞に侵入することはできず，接ぎ木や傷口または昆虫，ダニ，線虫などの吸汁行動を介して侵入する．ウイロイドの病原体はウイルスよりさらに小さく外被タンパク質ももたない低分子量 RNA である．伝染はウイルスと同様であるが，虫媒の例は少なく，せん定や接ぎ木などによる場合が多い．果樹は大部分が接ぎ木繁殖であり，品種更新にあたっては既存の成木に高接ぎされることも多いため，ウイルスやウイロイドの接ぎ木伝染性はとくに重要である．高接ぎに関連した過去の被害例としては，ウイルスの研究がまだ進んでいなかった昭和40年代に，'国光'や'紅玉'から'スターキング・デリシャス'等へ高接ぎ更新されたリンゴで発生した高接ぎ病があげられる．また，最近の例としては，近年頻繁に高接ぎ更新されているカンキツの'不知火'におけるウイロイド複合感染があげられる．ウイルスやウイロイドは現在のところ薬剤による防除ができないため，基本的には無毒苗に更新するしかなく，永年性作物の果樹では経済的な損失がとくに大きい．

表 12.2 菌類や細菌による果樹の主要な病害

果樹の種類	病名	病徴等	備考
多くの果樹に共通	うどんこ病	葉や緑枝，花，果実に寄生し，病斑部に菌糸と分生胞子が白い粉状に発現.	果樹によって病原菌は異なる.
	紋羽病	白紋羽病菌と紫紋羽病菌によって根が侵され，樹体の衰弱や枯死に至る.	一般に被害の進行は白紋羽病で早く，紫紋羽病は慢性型.
	根頭がんしゅ病	土壌生息細菌の感染によって根や幹の地際部にこぶを形成し，樹体を衰弱させ，時に枯死させる.	この細菌の感染機構を利用して遺伝子組換え植物の作出が行われる.
カンキツ	黒点病	葉や枝，果実を侵し，通常は表面に黒い小さな点状に病斑が現れるが，病原菌密度が高いと赤褐色の大きな病斑になる.	主な伝染源の枯れ枝を除去.
	かいよう病	細菌によるもので，葉や枝，果実を侵し，病斑は淡黄色の丸い小さな斑点がしだいにコルク化して表皮が破れ，表面がガサガサになる.	ウンシュウミカンやポンカンは抵抗性あるが，ネーブルやナツミカン，イヨカン，レモンは弱い. ハモグリガの食害部や強風雨時に傷口や気孔から感染しやすい.
リンゴ	モニリア病	葉や花，幼果が侵され，進行すると花（果）そう全体が褐変して腐る.	寒冷積雪地帯に発生多い.
	黒星病	葉や緑枝，果実が侵される．はじめ淡黄色の小斑点から黒緑色のスス状となる.	'ふじ'で多く，'紅玉'や'祝'は抵抗性．薬剤耐性菌出現.
ナシ	赤星病	葉や緑枝，果実が侵される．展葉直後に生じた黄色の小斑点が拡大後，タワシの毛のような毛状体を形成する．病斑の多い葉は落葉する.	ビャクシンが中間宿主となる.
	黒斑病	葉や緑枝，果実を侵す．黒色の小さな病斑がその後拡大し，葉をゆがめたり落葉させ，幼果を裂果させる.	'二十世紀'に最も被害大きい．袋掛けの早期実施．'ゴールド二十世紀'や'幸水'，'豊水'は抵抗性.
ブドウ	黒とう病	若葉や花穂，幼果，緑枝を侵す．淡褐色の小病斑から黒褐色に変わり，病斑部は硬化して葉はゆがみ，果実は奇形化して商品性を失う.	雨のしぶきで伝染する．'マスカット・ベリーA'や'甲州'に発生多く，'デラウエア'には少ない.
	べと病	葉や果実，緑枝を侵す．柔らかい組織に発生し，病斑部には白いカビを生ずる．葉は早期落葉し，果実は肥大を停止し脱粒する.	風で伝染し，短期間に広がるので，予防的防除が重要.
モモ	縮葉病	葉や緑枝に発生．未展開の葉に赤い火膨れ状の病斑を生じ，葉の成長に伴って病斑も拡大し，早期落葉する.	休眠期の薬剤散布で完全防除可能.
	せん孔細菌病	葉や果実，枝を侵す．葉では白いカスリ状の斑点がその後褐色に変化し，穴があいて早期落葉する.	3種類の病原細菌がある．風当たりの強い園で発生多い.
カキ	炭そ病	枝や果実，時に葉に発生．緑枝に暗褐色の斑点が現れ，これが拡大して枝の周囲をとりまくと，その先が枯死する．果実の病斑は黒くくぼむ.	胞子形成や伝搬，組織への侵入には雨滴が必要のため，雨の多い年に多発.

表 12.3 わが国における果樹の主要なウイルスおよびウイロイド病

果樹の種類	病名	病原および病徴等	備考
カンキツ	ステムピッティング病（ハッサク萎縮病）	Citrus tristeza virus（CTV）の強毒系統による．枝や幹の木質部表面に条溝（ピッティング）を生じ，樹勢の衰弱や結実不良，果実肥大抑制などを伴う．	接ぎ木およびアブラムシ類による伝搬．カラタチやウンシュウミカンは抵抗性あるが，多くの晩カン類は罹病性．弱毒系統 CTV の干渉効果利用による被害回避．
	温州萎縮病	Satsuma dwarf virus（SDV）による．春枝の節間がつまり，葉は舟型やさじ型に変形する．	接ぎ木および土壌伝染．ウンシュウミカン以外には病徴はあまり現れない．
	カンキツモザイク病	Citrus mosaic virus（CMV）による．成熟期のウンシュウミカン果実に淡緑色のくぼんだ斑紋が生じ，葉も軽く変形する．	SDV と同じグループのウイルス．接ぎ木および土壌伝染．
	エクソコーティス病	Citrus exocortis viroid（CEVd）による．カラタチ台部に亀裂が入り，樹皮が剥がれる．樹勢衰弱や収量低下．	カラタチが罹病性．接ぎ木伝染．
リンゴ	高接ぎ病	新しい品種に高接ぎ更新後 1～2 年で衰弱や枯死がみられることから高接ぎ病と呼ばれた．病原は Apple chlorotic leafspot virus（ACLV）と Apple stem grooving virus（ASGV），Apple stem pitting virus（ASPV）である．	栽培品種は抵抗性だが，マルバカイドウやミツバカイドウが罹病性のため，これらを台木にしている場合には，地下部が侵され衰弱・枯死する．接ぎ木伝染．
	さび果病	Apple scar skin viroid（ASSVd）による．病徴は果実のみに現れ，放射状または果面全体にコルク層が形成される．	接ぎ木伝染のほかに，種子や花粉を通じて次代へ伝搬．
モモ	モモ斑葉モザイク病	Peach yellow mosaic virus（PYMV）による．春に展葉間もない葉に黄色の斑が入る．樹勢の弱い樹で症状が顕著．	接ぎ木伝染．
ブドウ	リーフロール病	Grapevine leafroll virus による．晩夏に基部葉から葉縁が下方に巻き，黒色系品種では赤変する．着果不良や糖度，着色の低下が起こる．	接ぎ木伝染のほかに，コナカイガラムシによる虫媒もある．
	味無果病	'甲州' での被害が多く，枝葉に病徴は出ないが，果実の糖度が低く，食味と着色が不良となる．リーフロール病とフレック症状の病原ウイルスの複合感染によるとの説と味無果ウイルス病原説がある．	接ぎ木伝染．

わが国における果樹の主要な病害のうち菌類や細菌によるものを表 12.2 に，ウイルスやウイロイドによるものを表 12.3 にそれぞれ示した．

c. 病害虫防除
1） 化学的防除（chemical control）

　化学的防除とは化学農薬を用いて行う病害虫防除のことをいう．化学的防除は速効性で効果が安定しており，また簡便で経済的なため，現在最も一般的な防除法となっている．果樹の病害虫防除に使われる化学農薬には，殺虫剤，殺菌剤，殺ダニ剤，殺線虫剤，誘引剤，忌避剤などがある．このなかでも殺虫剤と殺菌剤，殺ダニ剤は使用量も多く，多種多様な薬剤が開発されている．

　化学的防除を安全かつ効果的に行うためには，各園地の病害虫の発生状況を十分に確認した後，適切な薬剤を安全使用基準に従って使用する必要がある．薬剤の選択や使用方法については，各都道府県で作成されている病害虫防除基準や指針などが参考になる．また，同じ作用機作の薬剤の連続使用によって病害虫が薬剤抵抗性を獲得している場合があるので，薬剤の選択には注意する．とくにダニ類は，繁殖力が旺盛で世代の繰り返しも多いことから薬剤に対する抵抗性を獲得しやすいので，同一系統の薬剤は年1回を原則とし，異なる系統のダニ剤を輪番で使用する．

2） 物理的防除（physical control）

　物理的防除とは適当な農業資材で遮断したり，光や音で誘引，忌避したり，熱処理によって殺すなどの物理的手段による防除のことである．遮断には網掛けによる鳥やカメムシ類，吸蛾類の侵入防止や果実の袋掛けなどが含まれる．夜間活動する害虫の中には紫外部ないし近紫外部の光に誘引される種があり，これらは青色蛍光灯や水銀灯を光源とした誘蛾灯で誘殺できる．また，吸蛾類は黄色灯などで夜間照明すると暗適応化が妨げられ，活動が低下する．この方法はカメムシの被害回避にも有効である．栄養繁殖される果樹ではウイルスの感染は重大であるが，苗木を熱処理してウイルスを不活性化させた後に，その茎頂を採取して培養したり茎頂接ぎ木することにより，ウイルスフリー化が図られている．

3） 耕種的防除（cultural control）

　耕種的防除とは栽培環境を変えたり，病害虫に抵抗性をもつ品種や台木を利用するなどの栽培的な工夫によって病虫害を防ぐことをいう．適切なせん定による通風や採光の改善，せん定枝や落葉の処理，粗皮削り，果樹園およびその周辺の雑草管理などは栽培環境改善の基本的作業である．ナシの赤星病はビャクシンを中間宿主とするので，ナシ園周辺から排除することが望ましい．また，窒素の多用は新梢を徒長させて葉の充実を悪くし，一般に病虫害を受けやすくする．逆

に，栄養状態が悪い場合にも病虫害を受けやすいので，肥培管理を適切に行うことは病害虫防除の面からも重要である．

クリの害虫クリタマバチが1941年に日本で発生以来，品種によって抵抗性が異なることが明らかになり，現在は在来および育成された抵抗性品種が栽培されている．しかし，最近になって抵抗性品種を加害するクリタマバチの系統も出現し，新たな対応をせまられている．一方，病害でもモモやカキの炭そ病やナシの黒斑病，カンキツのかいよう病などに対して品種間で抵抗性が異なることが知られている．ナシの'ゴールド二十世紀'のように，γ線照射によって人為的に突然変異を起こさせ，黒斑病に抵抗性をもたせた品種なども作出されている．

根部を侵す病害虫に対しては抵抗性の台木が望まれる．ブドウではフィロキセラが19世紀後半にヨーロッパのブドウ栽培を危機に陥れるほど猛威を振るったが，北米大陸に自生していた *V. riparia* や *V. rupestris, V. berlandieri* などの抵抗性の種を用いた台木が開発され世界的に利用されている．リンゴでは，リンゴワタムシ抵抗性品種である'ノーザン・スパイ'を親として利用し，M系台木との交雑によってMM系台木が育成された．わが国で広く利用されているマルバカイドウもリンゴワタムシに対して抵抗性がある．線虫による連作障害が激しいモモでは，線虫抵抗性をもつ'オキナワ'と'寿星桃'を用いて筑波系統が日本で育成されている．アメリカでもノモモを交配親にして'ネマガード'や'ネマレッド'などの線虫抵抗性台木が開発されている．

4） 生物的防除 (biological control)

生物的防除とは天敵や微生物を用いた病害虫防除のことをいう．化学農薬中心の防除体系で，環境汚染や抵抗性の出現などの問題が顕在化してきている中，発展が望まれる防除法である．天敵には，捕食性昆虫や鳥などのような捕食性天敵と，寄生蜂や寄生蠅などの寄生性天敵，害虫に病気を起こす糸状菌や細菌，ウイルス，線虫などを総称した微生物天敵がある．

海外からの侵入害虫に対して外部から天敵を導入して防除する方法は，カンキツの害虫であるイセリアカイガラムシに対するベダリアテントウの導入による最初の成功以来，カンキツ害虫のルビーロウムシに対するルビーアカヤドリコバチや，最近ではクリ害虫のクリタマバチに対するチュウゴクオナガコバチの効果が確認されるなどいくつかの成功例がある．しかし，現在の化学農薬中心の防除体系の中では，クワコナカイガラムシの寄生蜂クワコナカイガラヤドリバチのようにその特徴を活かしきれなかった例も多い．

これまで化学農薬による病害虫防除に過剰に依存してきた結果，環境汚染や作物への残留，散布者に対する危害，薬剤抵抗性の発達などの問題が起こっている．その反省のもとに，耕種的防除や生物的防除などを併用して，化学農薬の使用を最小限に抑えた病害虫防除体系を構築しようとする総合的病害虫管理の考え方が提起されている．この概念に基づく防除体系では，まず病害虫の密度の推定に始まり，発生量と被害の予測，防除要否の決定，防除法の決定などいくつかの段階を踏むことになる．果実の外観や品質が重視されるわが国の果樹栽培において，化学農薬中心の防除体系からの脱却は容易なことではないが，フェロモン剤や天敵を利用した生物農薬などの研究も進展しており，この概念にのっとった防除技術のさらなる発展が望まれる． 〔山田　寿〕

文　　献

1) 伊庭慶昭ほか編著（1985）：果実の成熟と貯蔵，養賢堂．
2) 岩堀修一・門屋一臣編（1999）：カンキツ総論，養賢堂．
3) 久能　均ほか（1999）：新編植物病理学概論，養賢堂．
4) 中川昌一監修，堀内昭作・松井弘之編（1996）：日本ブドウ学，養賢堂．
5) 中筋房夫ほか（1997）：害虫防除，朝倉書店．
6) 農山漁村文化協会編（1987）：原色果樹病害虫百科 1～5，農山漁村文化協会．
7) 農山漁村文化協会編：農業技術大系果樹編，農山漁村文化協会．
8) 岡本五郎（1996）：果実の発育とその調節，養賢堂．

上記の例は導入天敵を定着させ，半永久的な防除を行う方法であるが，天敵の定着を必ずしも期待せず，天敵を大量増殖して製剤化し，害虫の発生期間だけ施用して防除する方法も開発されている．これらの製剤は生物農薬と呼ばれ，ハダニ類を捕食するチリカブリダニやチョウ目害虫の天敵細菌である *Bacillus thuringiensis*（BT水和剤），カミキリムシ類の天敵糸状菌である *Beauveria brongniartii*，チョウ目や，コウチュウ目害虫の天敵線虫である *Steinernema carpocapsae* など数種類が農薬登録されている．これらの生物農薬は施用時期や環境条件によって効果が大きく違ってくるため，利用にあたっては化学農薬以上に注意が必要である．

植物がすでにあるウイルスに感染していると，あとから別のウイルスを接種しても感染しなかったり，増殖が抑制されたりしてその病徴が現れないことがあり，この現象を干渉効果（cross protection）という．カンキツのステムピッティング病の原因であるカンキツトリステザウイルス（CTV）ではこの干渉効果がみられ，弱毒系統の CTV に感染していると強毒系統の CTV の感染や増殖を抑制できることが知られている．そこで弱毒系統感染樹を採穂母樹として苗木生産することによって CTV による被害を回避している．

5）その他の防除法と総合的病害虫管理（integrated pest management）

フェロモン剤は生物系農薬の一種であり，有害生物を殺すことを目的とする他の多くの化学薬剤とは性質を異にする．合成の性フェロモンを吸着させた資材を果樹園に大量に配置することによって交尾率を低下させる交信撹乱法や，捕殺効率の高いフェロモントラップを園地に配置して雄成虫を誘殺する大量誘殺法がある．ナシヒメシンクイやキンモンホソガなど数種のチョウ目害虫に対する製剤がすでに市販されている．

不妊化剤や γ 線を用いて人為的に生殖能力を失わせた雄成虫を，大量に放飼して雌成虫と交尾させ，不受精卵を生ませて防除する不妊虫放飼法は，島などの隔離された地域から特定害虫を根絶させる場合によく用いられる．この方法により，南西諸島と小笠原諸島でミカンコミバエの根絶に成功している．

世界規模での人間の移動が盛んになるにつれて，これまでわが国に定着していなかった新たな病害虫の侵入の機会が増大している．そのため植物防疫法に基づいて，特定の病害虫に対してそれらが分布している地域からの宿主植物の輸入禁止したり，空港や港で厳重な監視が行われている．これを，植物検疫（plant quarantine）という．

索　引

ア　行

秋果　51
アクアポリン　182
アグロバクテリウム法　77
アセトアルデヒド　210
apple zone　15
S-アデノシルメチオニン　198
亜表皮細胞　43
アポプラスト　135, 180
アミノ酸　192
1-アミノシクロプロパン-1-
　　カルボン酸　27, 198
雨よけ施設　94
Ri プラスミド　77
アルコール脱渋　210
RuBP カルボキシラーゼ/オキシ
　　ゲナーゼ　133
アレロパシー　24, 32
暗渠排水　83, 107
アンズ　45
アントシアニン　193, 207
暗反応　133

EREBP　201
ERS　121, 201
ERS3　201
育種　69
石ナシ　220
移植　86
イチジク　51
ETR1　121, 201
遺伝子組換え　21, 29, 77
遺伝資源　71
いや地　84
陰芽　152

ウイルス　228
ウイルス検定　67
ウイルスフリー　66
ウイロイド　228
ウィンドファン　26
植え穴　88
植え付け　88
浮き皮　218

ウメ　45

永久しおれ点　100
栄養生長　1
栄養特性　119
栄養繁殖　58
AOA　202
エクスパンシン　207
ACC　27, 199
ACC 合成酵素　199
ACC 酸化酵素　121, 199
SAM　198
枝変わり　72
エタノール　27, 104
エチレン　24, 103, 136, 196,
　　198, 221
エチレン信号伝達経路　200
X 字型整枝　155
H 字型整枝　155
ABA　19, 136, 198
AVG　202
MA 貯蔵　212
塩類集積　102

オウトウ　49
オーキシン　120, 136, 162, 184
オリーブ　54
オールバック式　145
温室効果　25
温度指数　16

カ　行

外果皮　35
改植　84
開心自然形　143
外生菌根菌　108
害虫　226
開張性　150
加温　96
化学的防除　231
花芽　139, 146
花芽形成　158
カキ　43
夏季せん定　89, 140
核果類　37

隔年結果　139, 174
隔年交互結実　13
学名　33
核割れ　174, 221
果梗枝　149
仮軸性　147
果実内成分　188
過剰障害　122
芽条変異　6, 39
下垂枝　139
ガス障害　217
果皮　35
カラーチャート　128, 194, 208
カラムナー型　8, 70
カロチノイド　193, 207
カンキツ　53
環境保全　7, 29
還元物質　103
干渉効果　30, 233
緩衝能　113
環状剥皮　135, 163
完全甘ガキ　191
官庁育種　81
間伐　86

キウイフルーツ　50
偽果　35
気根　104
気根束　90
キシログルカン　205
キシログルカンエンドトランス
　　グリコシラーゼ　206
犠牲芽せん定　141
偽単為結果　171
擬頂芽　147
拮抗作用　122
機能性食品　1
基肥　131, 132
キメラ　74
客土　83, 107
キャノピ　139
吸枝　139
休眠　18
休眠枝挿し　64
休眠打破　19, 94
強勢台木　94

強せん定　142
切り返しせん定　141
切り接ぎ　61
菌根（菌）　108
近赤外光　208
菌類　226

偶発実生　39
組換え DNA 実験指針　79
クライマクテリック型果実　188, 195
クリ　50
β-クリプトキサンチン　9
クロロフィル　128, 193, 207

計画密植栽培　2, 86
形態の分化期　158
茎頂接ぎ木法　66
茎頂培養法　66
系統台木　61
結果母枝　139
結実　163
chemigation system　129
限界酸素濃度　213
堅果類　37
原形質連絡　180
減数分裂　163

香気成分　192
光合成　17, 21
交雑育種　72
交雑和合性　86
光周性　22
後熟　187
耕種的防除　231
更新せん定　152
好適土壌水分　105
硬度計　194
交配不和合　166
高品質果実　7
高木性果樹　37
呼吸代謝　195
こ（虎）斑症　215, 218
コルクスポット　215, 220
コールドチェーン　209
根域制限　7, 89
混合花芽　146
根粒菌　116

サ　行

細菌　226
栽植　85

サイトカイニン　19, 120, 136, 162, 184
細胞育種　74
細胞肥大　178
細胞分裂　178
在来品種　38
作型　94
挿し木繁殖　63
雑草防除法　117
散水灌漑　105
酸性土壌　111

シアナミド　19, 94
CA 貯蔵　212
C/N 率　113
紫外線　22
自家不和合性　40, 85, 166
自家和合性　166
敷わら　82
自己せん定　147
システム 1 エチレン　202
システム 2 エチレン　202
雌性先熟　166
施設栽培　7, 94
自然分類法　33
持続可能な果樹栽培　99
湿害　103
CTR1　201
自動的単為結果　169
citrus zone　16
自発休眠　19
渋味　93, 190
ジベレリン　19, 136, 162, 184
子房下位　35
子房上位　35
子房中位　35
子房壁　35
弱せん定　142
雌雄異花　165
雌雄異株　50, 165
獣害　30
集合果　35
雌雄同株　165
重複受精　164
樹冠　86, 139
主幹形　142
縮果病　221
種子形成　163
種子繁殖　58
珠心胚　171
珠心胚実生　39, 61
珠心胚実生法　67
樹体栄養　122

種苗法　81
受粉樹　85
受容体タンパク質　121
主要品種　38
ジューンドロップ　172
漿果　36
硝酸イオン　7
硝酸汚染　29
上偏生長　104
常緑果樹　53
常緑性　36
植物検疫　233
植物ホルモン　161, 184
除草剤　117
ジョナサンスポット　220
人為分類法　35
真果　35
仁果類　37
シンク　135
シンク力　185
深耕　112
人工受粉　168
浸透ポテンシャル　181
シンプラスト　135, 180

水源かん養林　82
水分ストレス　100
水分生理　99
水平式　145
ストレスエチレン　198
スパー型　8, 90
スプリンクラー　24
スプリンクラー灌漑　106
スモモ　48
スレンダースピンドル　91

清耕法　115
整枝　138
整枝法　91
成熟　187
成熟抑制因子　198
生殖生長　1, 157
生物的防除　232
成木相　71, 157
生理障害　215, 218
生理的分化期　158
生理的落果　172
ゼオライト　115
積算温度　16, 182
雪害　225
石灰窒素　94
接触刺激形態形成　24
折衷式　145

施肥　125
セルラーゼ　206
セルロース　193, 205
線虫　32, 226
せん定　138
全容易有効水分量　106

霜害　223
早期検定法　70
総合的病害虫管理　233
草生　82
草生法　115
相転移説　216
属間雑種　76
ソース　135
粗皮病　125
ソルビトール　136, 189, 203

タ　行

耐寒性　19, 20, 223
耐乾性　105
台木　59
体細胞雑種　76
体細胞変異　68
耐湿性　105
耐水性　23
タイベック　13
高接ぎ更新　62
立木仕立て　89
他動的単為結果　169
棚仕立て　144
多胚現象　39
多胚性　171
単為結果　169, 178
単為結果性　43
単為結実　169
単為生殖　171
単一S字型生長曲線　177, 186
単果　36
単芽　146
断根　142
炭酸ガス施用　97
炭酸ガス脱渋　210
単純花芽　146
短梢せん定　155
炭素/窒素率　113
タンニン　191
単胚性　6

地下水位　27, 83
地下冷却　13
窒素飢餓　114

窒素不足　114
地表灌漑　106
着色　17, 22
虫害　226
中果皮　35
中間台木　58, 91, 93
鳥害　30
頂芽優勢性　150
長日処理　97
長梢せん定　155
潮風害　25, 222
頂部優勢性　150
貯蔵技術　211
貯蔵障害　215

追熟　50, 187, 195
追熟誘導処理　210
追肥　131, 132
通気組織　104
接ぎ木親和性　60
接ぎ木繁殖　58
接ぎ木不親和　3, 60, 93
つる性果樹　37

Tiプラスミド　77
DNAマーカー　70
低温障害　216
低温耐性　21
低温貯蔵　211
低温要求量　18
低木性果樹　37
摘果　174, 184
摘花　184
電照　97
天敵　30, 232
点滴灌水　106
デンプン　203

糖　188
凍害　223
冬季せん定　140
同軸性　147
毒物質　84
土壌改良　111
土壌改良資材　114
土壌乾燥　102
土壌管理　107
土壌湿度　28
土壌水分　161, 183
土壌線虫　84
土壌通気　28, 109, 124
土壌反応　28
土壌pH　124

土壌保全　117
土壌流亡　117
徒長枝　139
突然変異育種　72
共台　89
トランスポーター　181
取り木　65

ナ　行

内外生菌根菌　108
内果皮　35
内生菌根菌　108
ナシ　40
夏果　51

二期作　11, 96
二重S字型生長曲線　177, 186
二重接ぎ　62
日長　97

熱処理法　66
熱帯果樹　57
粘土質　83

ハ　行

盃状形　145
倍数性育種　73
バイナリーベクター法　78
胚培養　75
パクロブトラゾール　89
発育　177
発育枝　139
ハードニング　224
花芽　139, 146
花芽形成　158
花芽分化　17, 21
葉芽　139, 146
繁殖　58

光呼吸　134
光中断　98
光飽和点　133
光補償点　133
微気象　82
非クライマクテリック型果実
　　188, 195
ビターピット　215, 220
ビタミンC　9, 22
必須元素　120, 122
非破壊品質測定　208
日焼け　22

氷温貯蔵　212
病害　226
雹害　226
病原体　226
病虫害　226
微量要素　130
ビワ　54

ファイトプラズマ　226
fertigation system　98, 129
VA 菌根菌　8, 30, 108, 124
フィロキセラ　3, 29, 232
風害　222
不可吸態　125
不可吸態化　98
不完全甘ガキ　191
副芽　146
複芽　146
複合果　35
不結実　167
不時栽培　11
沸石　115
物理的防除　231
不定芽　68, 152
不定根　64
不定胚　68
ブドウ　42
不稔花粉　167
プラストファガ　51
ブルーベリー　52
プロアントシアニジン　191
分化全能性　67
分類　33

ペクチン　193, 205
ペクチンメチルエステラーゼ　206
ヘスペリジン　9
へたすき　222
ヘミセルロース　193, 205
ベレゾーン　180
変則主幹形　142

膨圧　182
放射冷却　26
防霜ファン　224
防風林　24, 82
穂木　59
圃場容水量　100
ボックス栽培　89
ポリガラクツロナーゼ　206
ポリフェノール　10

マ　行

間引きせん定　141
マルチ法　116

水管理　99, 105
水ポテンシャル　99, 181
みつ症状　215, 219, 221
民間育種　80

無核果　169
無限生長　147

明渠排水　106
明反応　133
芽傷　141
メドウオーチャード　11, 89
メリクロン　68
メルティング　188

木本作物　1
基肥　131, 132
モモ　45
盛り土　107

ヤ　行

ヤマモモ　54
Yang 回路　199

有機酸　188
有機物　132

有機物施用　112
有限生長　147
有効受粉期間　165
有効水　100
有効積算温度　16
有効土層　109
雄性不稔性　47
ゆず肌病　220
UPOV 条約　81

陽イオン交換能　113
葉芽　139, 146
葉果比　184
幼若相　69, 157
葉分析　127
幼木期　158
葉面散布　130
予措　211
予冷　209

ラ　行

落葉果樹　40
落葉性　37

離層　174
リーチング　24
流通技術　207
量的形質　69
緑枝挿し　64
リンゴ　40
鱗片剥皮　19

礼肥　131
裂果　23
連作障害　84

ワ　行

矮化剤　89
矮化栽培　89
矮性台木　3, 40, 90, 94, 152

著者代表略歴

水谷房雄（みずたに・ふさお）
1947年　愛媛県に生まれる
1972年　京都大学大学院農学研究科修士課程修了
現　在　愛媛大学農学部教授
　　　　農学博士

最新果樹園芸学　　　　　　　　　定価はカバーに表示

2002年 9月25日　初版第 1 刷
2013年 9月20日　　　　第10刷

　　　　　　　　　　　　　　　著者代表　水　谷　房　雄
　　　　　　　　　　　　　　　発行者　　朝　倉　邦　造
　　　　　　　　　　　　　　　発行所　　株式会社　朝　倉　書　店
　　　　　　　　　　　　　　　　　東京都新宿区新小川町 6-29
　　　　　　　　　　　　　　　　　郵便番号　162-8707
　　　　　　　　　　　　　　　　　電話　03(3260)0141
〈検印省略〉　　　　　　　　　　　　FAX　03(3260)0180
　　　　　　　　　　　　　　　　　http://www.asakura.co.jp

Ⓒ 2002〈無断複写・転載を禁ず〉　　　　　　シナノ・渡辺製本

ISBN 978-4-254-41025-9　C3061　　Printed in Japan

JCOPY 〈(社)出版者著作権管理機構 委託出版物〉

本書の無断複写は著作権法上での例外を除き禁じられています．複写される場合は，そのつど事前に，(社)出版者著作権管理機構（電話03-3513-6969，FAX 03-3513-6979，e-mail: info@jcopy.or.jp）の許諾を得てください．

吉田義雄・長井晃四郎・田中寛康・長谷嘉臣編

最新 果樹園芸技術ハンドブック
（普及版）

41029-7 C3061　　A5判 904頁 本体28000円

各種果実について，その経営上の特性，栽培品種の伝搬，品種の解説，栽培管理，出荷，貯蔵，加工，災害防止や生理障害，病虫害の防除などについて詳しく解説。専門家だけでなく，園芸を学ぶ学生や一般園芸愛好家にもわかるよう解説。〔内容〕リンゴ／ニホンナシ／セイヨウナシ／マルメロ／カリン／モモ／スモモ／アンズ／ウメ／オウトウ／ブドウ／カキ／キウイフルーツ／クリ／クルミ／イチジク／小果類／アケビ／ハスカップ／温州ミカン／中晩生カンキツ類／ビワ／ヤマモモ

石川県大 杉浦　明・近畿大 宇都宮直樹・香川大 片岡郁雄・岡山大 久保田尚浩・京大 米森敬三編

果実の事典

43095-0 C3561　　A5判 636頁 本体20000円

果実（フルーツ，ナッツ）は，太古より生命の糧として人類の文明を支え，現代においても食生活に潤いを与える嗜好食品，あるいは機能性栄養成分の宝庫としてその役割を広げている。本書は，そうした果実について来歴，形態，栽培から利用加工，栄養まで，総合的に解説した事典である。〔内容〕総論（果実の植物学／歴史／美味しさと栄養成分／利用加工／生産と消費）各論（リンゴ／カンキツ類／ブドウ／ナシ／モモ／イチゴ／メロン／バナナ／マンゴー／クリ／クルミ／他）

東北大 西尾　剛編著
見てわかる農学シリーズ1

遺伝学の基礎

40541-5 C3361　　B5判 180頁 本体3600円

農学系の学生のための遺伝学入門書。メンデルの古典遺伝学から最先端の分子遺伝学まで，図やコラムを豊富に用い「見やすく」「わかりやすい」解説をこころがけた。1章が講義1回用で，全15章からなり，セメスター授業に最適の構成。

東大 森田茂紀・大阪府大 大門弘幸・東大 阿部　淳編著

栽培学
―環境と持続的農業―

41028-0 C3061　　B5判 240頁 本体4500円

人口増加が続く中で食糧問題や環境問題は地球規模で深刻度を増してきている。そのため問題解決型学問である農学，中でも総合科学としての栽培学に期待されるところが大きくなってきている。本書は栽培学の全てを詳述した学部学生向教科書

園芸学会監修

日本の園芸（普及版）

41030-3 C3061　　B5判 232頁 本体4200円

全体を総論と果樹・野菜・花きの三つの各論に分け，日本の園芸事情全般について網羅的に解説。〔内容〕日本の園芸の特徴／地理・気象条件／市場・流通システム／各種作物の歴史／主要品種／生産・消費・作型／日本の特徴的な栽培技術／他

前農工大 福嶋　司編著

植生管理学

42029-6 C3061　　B5判 256頁 本体5800円

生態系を支えている植物群落をどのように保護・管理していくのか，自然保護の立場から実例に基づき平易に解説した初の成書。植物および植物群落の体質・機能を解明し，人間と植物とのよりよい関係はどうあるべきかについて考察

前東農大 根本正之著

雑草生態学

42030-2 C3061　　A5判 184頁 本体4000円

私たちの身近でみられる雑草達のたくましい生きざまを，生態学の視点からとらえる。光合成など植物生態学の基本から個体群の生態学，群集生態学へと順を追って解説し，植物生態学の基本を学ぶ入門書としても好適

前鹿児島大 伊藤三郎編
食物と健康の科学シリーズ

果実の機能と科学

43541-2 C3361　　A5判 244頁 本体4500円

高い機能性と嗜好性をあわせもつすぐれた食品である果実について，生理・生化学，栄養機能といった様々な側面から解説した最新の書。〔内容〕果実の植物学／成熟生理と生化学／栄養・食品化学／健康科学／各種果実の機能特性／他

上記価格（税別）は2013年8月現在